랍비들이 풀어 쓴 창세 신화

랍비들이 풀어 쓴

창세
신화

번역·주해 조철수

세계에서도 몇 명밖에 되지 않은 수메르어 전공자다. 1969년 연세대학교 경영학과에 입학하여 1976년 신학과를 졸업하고, 그 해 이스라엘로 유학을 떠나 예루살렘 히브리 대학교에서 앗시리아학, 이집트학, 고대 셈어, 성서학을 공부했다. 수메르어 문법으로 박사 학위를 받았고, 1983년부터 같은 대학교 앗시리아학과에서 수메르어와 고대 메소포타미아 문헌을 가르쳤다. 1982년부터 히브리 대학과 이스라엘학술원의 지원을 받은 수메르어 사전 편찬 작업에 참가했다. 지은책으로 〈고대 메소포타미아에 새겨진 한국신화의 비밀〉, 〈유대교와 예수〉, 〈메소포타미아와 히브리 신화〉, 〈사람이 없었다 神도 없었다〉가 있고, 근동 지역의 고대 문헌을 한국어로 옮기고 해제를 붙인 〈잠언 미드라쉬〉, 〈수메르 신화〉, 〈선조들의 어록〉, 〈사해 문헌 1〉 등의 편역서를 냈다.

랍비들이 풀어 쓴 창세 신화

초판 1쇄 인쇄 2008년 9월 20일
초판 1쇄 발행 2008년 9월 25일

번역·주해 조철수
펴낸이 이영선
펴낸곳 서해문집

주간 강영선
편집장 김선정
편집 김정민 김문정 이윤희 최수연 임경훈
디자인 오성희 김민정 김현주
마케팅 김일신 박성욱
관리 박정래 손미경

출판등록 1989년 3월 16일 (제406-2005-000047호)
주소 경기도 파주시 교하읍 문발리 파주출판도시 498-7
전화 (031)955-7470 | **팩스** (031)955-7469
홈페이지 www.booksea.co.kr | **이메일** shmj21@hanmail.net

ISBN 978-89-7483-359-6 93230
값은 뒤표지에 있습니다.

랍비들이 풀어 쓴 **창세 신화**

조철수 번역·주해

사랑하는 아내에게

'나(지혜)는 그분(하느님) 곁에서 조언자였으며
나는 하루하루 (그분의) 즐거움이었다.'

[잠언 8,30]

랍비들

기원전 3세기 초반부터 지중해 동쪽 지역에 헬레니즘이라는 새로운 문화가 형성되었다. 이 지역에 유대인들이 많이 살고 있었으며 여유 있는 유대인들은 자식들에게 그리스 교육을 받게 하였다. 그리스 교육은 공공 분야의 직업이나 국제상업으로 진출하여 출세하는 발판이 되었다. 한편 유대교 전통을 지키는 유대인들은 히브리 성서에 전해진 법규를 생활의 원칙으로 삼아 일상생활에 적용하며 살았다. 따라서 헬레니즘의 영향을 받은 유대인들의 일상생활은 유대교의 전통과 규례에서 자연히 멀어져 가는 경향을 보였다. 새로운 문화에 익숙해진 많은 유대인들은 유대교 규례를 원칙적으로 지키기가 매우 어려워졌으며, 이로 인해 유대인들 사이에 종교적인 문제뿐 아니라 사회적인 불안과 갈등이 팽배해졌다.

헬레니즘 시기의 유대교 현인들은, 유대교의 원칙은 그 시대에 맞게 새롭게 해석되어야만 지켜질 수 있다고 판단했다. 그래서 고대 그리스 교육의 논리학, 수사학 등을 습득하여 모세오경의 법규 해석에 활용했다. 유대교 현인들과 랍비들은 성경을 배우고 가르치기 위해 추론, 연장, 삼단논리, 비유, 병행, 모순, 예화 등 해석의 논리 체계를 발전시켜 성경 해석 연구에 중요한 기반을 구축했다. 이렇게 개발된 법도와 규범에 의거해 전통적인 유대교는 유지될 수 있었으며, 성경 해석의 폭도 넓어지고 그 깊이도 깊어졌다.

'랍비'라는 직업이 생긴 시기는 기원전 1세기 말에서 서기 1세기 초 사이이며, 신약성경에도 언급되는 바리새라는 유대교 분파에서 형성된 지식 계층이다. 초기 랍비들은 주로 모세오경에 나오는 법규를 당시 상황에 적용할 수 있게 해석해서 유대인들의 일상생활이 종교 규례에 얽매이지 않게 하는 일을 담당했다. 랍비들은 유대인들의 회당이나 신학교에서 탈무드 같은 종교 문헌을 가르치고 배우며 할례식, 성년식, 혼례식, 장례식 등 유대교 의례에 참석할 의무를 지니고 있었다.

풀어 쓴

유대교는 토라 위에 세워진 종교다. 초기 유대교 전승에 따르면, 토라는 모세가 시나이 산에서 하느님께 받은 '모세 계약법'을 가리키며, 또한 히브리 성경에 전해진 '법규, 규범, 도리' 등 하느님의 가르침을 뜻한다. 넓은 의미의 토라는 모세오경의 법조항뿐 아니라 사회규범, 종교 규례 등을 통괄하는 총칭으로, '하느님의 가르침'이란 뜻이다.

한글 성경은 토라를 흔히 '율법'이라고 옮긴다. 이는 토라를 그리스어 성경 『칠십인역』에 노모스(νομός)로, 그리고 라틴어 성경 『불가타』에 렉스(lex, 법)로 번역한 사례를 따른 것이다. 토라를 '율법'이라고 번역하는 것은 한정적이다. 히브리어 고유명사 '토라(Torah)'로 표기하는 것이 바람직하다.

1~4세기의 랍비들을 중심으로 형성된 유대교의 가장 두드러진 특징은 토라 공부에 대한 열정이라고 볼 수 있다. 〔'토라 공부'라고 표현

할 때 토라는 미쉬나와 미드라쉬를 포함한다. 미쉬나는 모세 계약법의 법 해석을 뜻하며, 미드라쉬는 모세오경을 포함한 히브리 성경 구절의 해석을 뜻한다. 미드라쉬는 토라 해석이라고 말할 수 있다.] 이 당시 랍비들은 유대교 공동체를 유지하는 방안으로 일상생활 지침서를 편집하게 됐으며, 200년경 『미쉬나』라는 이름으로 유대교 성문서聖文書를 편찬했다. 유대교의 일상생활 지침서 『미쉬나』는 음식 규례와 명절 관습, 혼인 계약서, 심지어 이혼서, 상해에 대한 보상 문제 등 다양한 부분을 세부적으로 규제했다. 따라서 유대인들은 자치적인 공동체를 이루고 살아야 좀 더 편리하게 살 수 있었다. 한편 『미쉬나』에 빠진 부분이나 좀 더 첨부할 판례들을 모아 『토세프타』라는 이름으로 편집되었다(300년경). 이후 『미쉬나』와 『토세프타』를 근거로 하여 더욱 많은 예를 첨가해 400년경 『예루살렘 탈무드』를 만들었고, 이보다 더 총체적으로 엮은 것이 600년경에 편집한 『바빌로니아 탈무드』다.

성경 해석은 모세오경의 법규에만 국한되지 않았으며, 창세기나 출애굽기 등에 전해진 이야기에도 적용되어 '미드라쉬(토라 해석)'라는 독특한 장르가 탄생했다. 미드라쉬는 '다라쉬(요구하다, 조사하다)'라는 동사에서 파생한 동명사이며, 인용된 성경 구절의 의미를 다른 구절과 비교 대조하여 다양한 뜻을 찾아보려는 해석 작업이다. 즉 성경 구절의 의미를 **풀어 쓰는** 방법이다. 일반적으로 미드라쉬의 한 단락마다 한 문장의 해석이나 한 구절의 해석, 더 나아가 한 단어에 대한 여러 랍비들의 의견이 소개된다. 이렇게 인용된 문구에 대한 해석이 전개된다. 그러나 인용구는 문맥을 보충하기 위해 인용된 구절들의 나열이 아니라 처음 시작한 본문을 설명하기 위한 것이기 때문에 늘 본문으로 돌아간다.

미드라쉬는 주요 명제에 대해 끊임없이 탐구하며, 그러면서 그 내용이 조금씩 진보된다. 때로는 한 구절에 대해 여러 랍비들의 상반된 해석을 볼 수 있다. 한 랍비는 이렇게 해석하고, 다른 랍비는 그와 반대로, 또 다른 랍비는 앞에 인용된 랍비의 의견에 원칙적으로 찬성하면서 다른 방식으로 설명한다. 또한 자신의 논지를 좀 더 쉽게 설명하기 위해 비유를 들기도 한다. 이처럼 랍비들은 성경 구절을 해석하기 위해 성경에서 적절한 인용구를 찾거나 비유를 들어 자신의 논지를 입증하려고 애쓴다. 성경의 한 구절이 한 뜻만으로 설명되는 것이 아니라 여러 뜻으로 이해될 수 있다는 것을 보여준다. 한 예로 『바빌로니아 탈무드』에 수록된 아래 단락은 매우 시사적이다.

'내(하느님의) 말이 불과 같고 바위를 조각내는 망치와 같지 않느냐? 주님의 말씀이다'(예레미야 23,29). 이것은 망치가 바위를 여러 조각으로 부수는 것처럼 한 구절도 여러 뜻으로 이해될 수 있다는 것을 가르친다(『바빌로니아 탈무드』, 「산헤드린」, 34a).

미드라쉬에 인용되는 성경 구절은 역사적으로 제약을 받지 않으며, 그 문맥에 맞는 구절을 인용하여 입증 문구로 제시한다. 즉 성경에 전개되는 역사성에 제약을 받지 않는다. 예를 들면 다음과 같다.

찬미받으시는 거룩하신 분이 말씀하셨다.
"세상이 암흑 속에서 얼마나 살아가겠는가? 빛이 올 것이다."
하느님이 이렇게 말씀하셨다.
'빛이 있어라'(창세기 1,3).
이것은 아브라함을 뜻한다. 이렇게 쓰여 있다. '누가 동방에서 정의를 부르짖는 이를 그분의 발에 두시려고 일으켰는가?'(이사야 41,2). 여기에서 '일으키다'를 '빛을 내다'로 읽고 (이해하시오)(『창세기 미드라쉬 랍바』, 2,3 ; 본서 5장).

창세기 1,3의 '빛'이 아브라함을 가리킨다고 해석하면서 그 입증 문구를 이사야 41장에서 들고 온다. 역사적으로 이사야 41장에서 말하는 '동방에서 정의를 부르짖는 이'는 바빌로니아에 유배되어와 살던 이스라엘 사람들에게 해방령을 내린 페르시아 왕 코레쉬(고레스)를 가리킨다. 아브라함이 살던 시기(기원전 19세기경)와 코레쉬의 재위 기간(기원전 6세기 후반)은 매우 다르지만 랍비들은 그러한 시공간이나 역사성 자체에 얽매이지 않고 자유롭게 성경 구절을 인용하여 해석한다. [그래서 미드라쉬에는 전前도, 후後도 없다.]

랍비들은 히브리 성경뿐 아니라 랍비들의 미드라쉬에서도 하느님의 계시를 읽을 수 있다고 믿었다. 미드라쉬에는 "찬미받으시는 거룩하신 분이 말씀하셨다"라고 하는 등 히브리 성경에 전해지지 않은 하느님의 말씀을 이야기하는 구절이 종종 실려 있다. 위에서 예를 든 창세기 1,3에 대한 미드라쉬 단락에 나오는 "찬미받으시는 거룩하신 분이 말씀하셨다. 세상이 암흑 속에서 얼마나 살아가겠는가? 빛이 올 것이다"라는 문구는 히브리 성경에는 나오지 않는다. 이러한 인용문들은 구전으로 전해지기도 했으며, 때로는 랍비들이 어떤 특정한 상황에서 하느님의 계시를 받아 전한 내용이기도 하다.

독자들은 상상력을 활용해야 미드라쉬를 보다 활기차고 심도 있게 이해할 수 있다. 미드라쉬는 상상력의 보고寶庫다. 여러 번 반복되면서 때로는 새롭게, 때로는 꽉 막힌 상태에서 헤매게 되지만, 미드라쉬를 읽고 배우는 독자는 읽는 과정에서 자신의 이해와 의견을 형성하여 한마디 할 수 있는 여백을 찾을 수 있다. 그래서 미드라쉬는 그 자체가 독서의 즐거움이다.

미드라쉬는 이처럼 성경을 해석한다는 뜻도 있지만, '토라 해석서'라는 뜻으로도 사용된다. 히브리 성경의 한 책을 순차로 해석하여 편집한 것을 미드라쉬(토라 해석서)라고도 부른다. 예를 들어 창세기 미드라쉬는 창세기의 구절을 순서대로 풀이한 책이다.

'성경 미드라쉬'라는 문학적 장르가 생겨난 가장 초기의 연대를 정확히 추정하기는 어렵다. 그런데 사해 문헌을 보면 적어도 기원전 2세기에 문학적 유형으로 자리 잡고 있었음을 확실히 알 수 있다. 또한 복음서에서도 미드라쉬의 사례를 충분히 읽을 수 있다. 한편 첫 번째 미드라쉬(해석서)가 레위기에 대한 것이라는 점에 착안하면 유대교에서 토라 해석(미드라쉬)이 발생한 연유는 종교 규례의 해석과 관계됨을 쉽게 알 수 있다. 200년경 레위기와 출애굽기에 대한 미드라쉬가 편집됐으며, 그다음 단계에서 민수기와 신명기의 미드라쉬가 만들어졌다. 창세기 미드라쉬의 편집 연대는 400~600년이다. 〔『창세기 미드라쉬 랍바』가 400년경에 편집됐지만 그 내용에 언급되는 랍비들은 대부분 2~3세기의 인물들이다.〕 창세기 미드라쉬가 편집되던 시기에 명절이나 주제에 따라 편집된 랍비들의 해설집(『카하나 랍비』, 『랍바티』, 『나탄 랍비의 어록』 등)이 만들어졌으며, 이후 축제오경, 잠언, 시편 등의 미드라쉬가 편집됐다.

랍비들이 풀어 쓴

미쉬나와 미드라쉬는 유대교 문헌에서 두 기둥을 이룬다. 미쉬나는 주로 토라의 법규를 주제별로 논하며, 미드라쉬는 토라의 이야기에 대한 해석이다. 그러나 미쉬나와 미드라쉬에 열거되는 랍비들은 서로 다른 사람이 아니라 거의 같은 인물들이다. 따라서 미드라쉬에 나오는 비유나 예화 혹은 특정한 성경 구절의 해석 등이 탈무드에도 많이 수록되어 있다. 이렇게 성경 이해에 끊임없이 노력한 랍비들이 유대교의 근본 체계를 이룩했다.

성경 본문을 해석하는 랍비들의 기본 입장은 자신이 당면한 인생의 제반 문제를 성경에 투사하여 삶의 의미와 인간 구원의 길을 찾으려는 데 있었다. 그래서 본문에 다양한 질문을 던지며 서로 다른 의견을 제시하고, 이러한 논쟁 과정에서 삶이 직면한 문제에 대한 대응책을 추구했다.

창세 신화

여기서 창세 신화는 히브리 성경 창세기 1-3장의 이야기를 뜻한다. 창세기 1-3장은 하느님이 하늘과 땅을 만들어내고, 하느님과 닮은 사람을 만들어 동산에 두고 그에게 땅을 일구고 열매나무들을 가꾸라고 했는데, 그 사람의 아내가 뱀의 교묘한 속임수에 넘어가 잘못하게 되어 결국 동산에서 쫓겨나는 이야기다. 이런 이야기의 원형은 고대 메소포타미아 창세 신화에서 찾아볼 수 있다.

신화는 신(들)의 이야기(myth)다. 하느님이 "빛이 있어라" 하니까 빛이 있고, 흙으로 사람을 만들어 그 콧속에 생명의 숨을 불어넣으니 살아 움직이는 생명이 됐으며, 남자의 갈빗대로 여자를 만들어 그의 아내로 삼게 했다는 이야기 등은 신화의 범주에 속한다. 또한 뱀이 여자와 대화를 할 수 있는 것은 그 뱀이 뱀의 형상을 한 신이기 때문에 가능하다. 〔적어도 고대 메소포타미아 신화에서는 그렇다.〕 이처럼 창세기 1-3장은 고대 메소포타미아 창세 신화의 전형적인 틀과 내용을 지니고 있다.

또한 창세기 1-3장이 이러한 신화적 요소로 핵심을 이루고 있기 때문에 시공간과 특정한 사건에 구애받지 않고 보편적으로 이해됐다고 할 수 있다. 한 민족의 하느님이 하늘과 땅, 인간을 만들고 동산에 최초의 남자와 여자를 살게 했으나, 그들이 죄를 지어 그곳에서 그들을 내보내야 했다는 이야기가 인류의 보편적인 신화로 승화됐다. 아마도 이런 이유 때문에 창세기 1-3장의 내용이 유럽의 예술과 문학 등에 깊은 영향을 주었다고 볼 수 있다. 물론 그 영향은 일차적으로 그리스도교의 전파 때문이겠지만, 창세기의 창세 이야기나 에덴동산 이야기는 인류의 보편적인 신화로 여겨져 왔다. 〔적어도 유럽에서는 그랬다.〕

랍비들이 풀어 쓴 창세 신화

본서에서는 이처럼 유일신교의 보편적인 창세 신화를 가장 대표적으로 알려주는 본문(창세기 1-3장)에 대한 랍비들의 해석(미드라쉬)을 알아보고자 한다. 창세기 1-3장의 미드라쉬는 한 민족(이스라엘)의 하느님이 인류의 하느님이라고 천명하는 신학적 질문과 답변을 모아놓은 것이다. 그리스도교가 유럽의 보편적인 종교로 승화된 이유는 조금 다른 역사적 맥락에서 찾아볼 수 있지만, 랍비들이 엮은 창세기 미드라쉬에서는 유대교 신학의 근본이 되는 내용을 읽어볼 수 있다.

성경은 믿는 이들만 읽는 책이 아니다. 인문학적 소양으로 성경을 읽는 가운데서도 믿음과 세상사는 매우 밀접하게 연관되어 있음을 발견하게 된다. 특히 랍비들이 풀어 쓴 토라 해석서(미드라쉬)에서 이러한 점을 더욱더 많이 알게 된다. 또한 초기 랍비들의 미드라쉬 독서를 통해 신약성경의 내용을 조금이나마 당시 문화와 가까운 맥락에서 이해해볼 수 있다. 특히 창세기 1-3장의 미드라쉬를 읽으면서 복음서에 수록된 예수의 가르침과 연결되는 부분을 찾아볼 수 있다.

미드라쉬는 여느 그리스도교의 성경 해석과 매우 다르다. 본문을 앞뒤로 반복해서 읽으면서 서로 연결해보아야 한다. 이렇게 본문 이해에 적극적으로 참여할 때 읽는 즐거움이 배가된다.

이 책은 창세기 1-3장 가운데 구절을 선택하여 그에 대한 미드라쉬의 번역과 주해를 담았으며, 그 미드라쉬 가운데 우리가 이해하기에 조금 먼 내용은 뺐다. 창세기 미드라쉬의 책 이름은 『창세기 미드라쉬 랍바』다. 〔랍바는 '큰, 많은, 대大' 등을 뜻한다.〕

창세기 1-3장 미드라쉬의 본문과 주해는 『성서와 함께』에 2005년 1월부터 2006년 7월까지 연재된 글을 보충한 것이다. 역주자 후기의 일부는 『죽음 – 삶의 현장에서 이해하기』(한국문화신학회, 2004) 13~43쪽에 게재된 논문 「고대 근동과 유대교의 죽음관」을 보완한 것이다. 출판을 맡아준 서해문집에 감사드린다.

창세기 2,18의 미드라쉬(본서 16장)는 졸자의 옆에서 늘 보살펴주는 아내를 연상케 한다.

2008년 9월

조철수

1. 이 책에 인용된 성경 구절은 역주자의 번역이다.

2. 히브리 성경에서 신을 뜻하는 단어 '엘로힘'은 단수로 쓰이면 이스라엘의 신을 가리키며, 복수로 사용되면 이방신들을 뜻한다. 우리말 번역 성경들은 단수 엘로힘을 '하느님' 혹은 '하나님'으로 표기하는데, 히브리 성경에서 단수로 사용된 엘로힘은 하나의 신을 뜻한다. 대표할 만한 예로 '들어라, 이스라엘아. 야웨는 우리의 엘로힘이며 야웨는 하나다'(신명기 6,4)라는 구절을 들 수 있다. 한편 히브리 성경에 반영된 이른 시기의 전승에서 엘로힘이 하늘에 있는 모습으로 이야기하는 문맥을 흔히 볼 수 있다. 예를 들어 '엘로힘에게 노래하라 ……. 구름 타고 달리시는 분을 칭송하라'(시편 68,5). 야웨 엘로힘이 하나라는 관점에서 단수 엘로힘을 '하나님'이라고 표현할 수 있겠지만, 이 책에서는 고대 메소포타미아 문화의 전통적인 신관에서 이해되는 언어로 '하느님'이라고 표기한다.

3. 이스라엘의 하느님 이름(יהוה)은 YHWH(YHVH, JHVH)로 음사하며, 흔히 '여호아', 최근에는 '야훼'라고 음역하는 성경도 있지만, 이러한 음역은 잘못된 것이다. 3~4세기의 초대 교부들은 이 이름을 그리스어로 'Ιαουαι/ε 혹은 'Ιαβε'라고 음역했다(*The Hebrew & Aramaic LEXICON of the Old Testament*. Vol. 2, E. J. Brill, 1995, p. 395). 〔Ιαουαι 의 모음 방식은

'아도나이'의 모음(a-ou-ai)을 차용한 것이다.〕우리말 공동번역 성서 (1977년)에 처음으로 '야훼'라고 표기했는데, 이것은 그 번역자들이 Yahweh를 Ya-hweh로 음절을 나누어 음역한 것 같다. 그러나 이렇게 /hwe/를 하나의 음절로 만드는 것은 우리말에서나 가능하다. 히브리어 에서는 자음자 /h/와 /w/에 모음을 첨가하여 /hwe(훼)/로 발음할 수 없다. 왜냐하면 /h/와 /w/는 각각 자음자이며, 한 음절은 자음+모음으로만 발음되기 때문이다. 따라서 '야훼'라는 음역은 잘못된 것이다. 히브리어 문법에 준하면 YHWH는 /yah-weh(야웨)/로 음역할 수 있다.

고대 이스라엘에서는 이른 시기부터(적어도 기원전 5세기경) 하느님의 이름을 우회적으로 '아도나이(나의 주님)'라고 불렀다. 초기 유대교 시대부터는 '현존하신 분(쉐키나)', '편재하신 분(마콤)' 혹은 '찬미받으시는 거룩하신 분' 등이 추가됐다. 이 책에서는 하느님의 이름을 유대교 전통에 따라 '주님'이라고 표기한다.

4. 성경에 나오는 고유명사의 표기는 원어에 준하여 음역했고, 필요한 경우 『성경전서 개역 한글판』(대한성서공회)의 표기를 괄호 안에 적어 넣었다. 한편 아벨, 다윗, 솔로몬처럼 우리에게 익숙해진 이름은 그대로 사용했다. 본서에 인용된 성경의 책명은 『성경전서 개역 한글판』의 표기를 따랐다. 그리스도교에서는 복음서와 서신 등을 합하여 신약이라고 부르기 때문에 그리스도 탄생 이전 시대의 말씀은 구약이라고 하며, 유대교에서는 구약을 히브리 성경이라고 말한다.

5. 랍비의 이름은 히브리어로 '랍비 아무개-1 벤/바르 아무개-2'라고 표기한다. 〔예를 들어 랍비 요하난 벤 자카이 혹은 랍비 탄후마 바르 아바.〕이는 '아무개-2의 아들 아무개-1 랍비'라는 뜻이다. 〔히브리어 '벤'과 아람어 '바르'는 '아들'이라는 뜻이다.〕이 책에서는 '아무개-1 벤/바르 아무개-2 랍비'라고 음역한다. 랍비의 아버지도 랍비인 경우에는 '랍비 아무개-1 벤/바르 랍비 아무개-2'라고 표기한다. 이 경우 '아무개-2 랍비의 아들 아무개-1 랍비'라고 번역한다.

에덴동산 이야기가 왜 안식일 앞에 나와야 할까

랍비 유대교는 2000여 년 동안 다종교 문화 사회에서 유대교의 전통을 지키고 유대인들의 정체성을 잃지 않게 했다. 그 힘은 랍비들의 토라 해석에 있으며 토라 해석은 종교의 구심점을 이루고 있다. 토라 해석을 모아놓은 문헌이 탈무드와 미드라쉬다. 따라서 탈무드와 미드라쉬에서 유대교의 구원관을 찾을 수 있다.

유대인의 구원이 유대인 사회에서 가장 중점적으로 논의된 시기는 2세기에서 5세기 사이라고 볼 수 있다. 초기 유대교 랍비들의 활동 시기를 『미쉬나』의 편찬 연도(200년)를 중심으로 전기(10~220년)와 후기(200~500년)로 나누고, 그들의 활동 지역을 이스라엘 땅('이스라엘 땅'은 고유명사로 예루살렘을 포함한 유대아 지역을 뜻한다)과 바빌로니아로 구별한다. 전기 랍비들을 타나임(복수)이라고 부르며, 후기 랍비들을 아모라임(복수)이라고 한다. '타나(단수)'는 아람어로 '가르치다'라는 낱말에서 파생한 명사로 '선생'을 뜻하고, 아모라(단수)는 히브리어 '아마르(말하다)'에서 나온 낱말로 '해설자'를 뜻하며 탈무드에서 사용됐다. 창세기 1-3장의 미드라쉬에 언급되는 대부분의 랍비들은 아모라임 1~3세대(200~375년) 학자들이며 대부분 이스라엘 땅에서 활동했다. 그러나 3세기 초반에 이스라엘 땅에서 활동한 아모라임 1세대 랍비들은 대부분 타나임 4~5세대(145~200년) 랍비들의 수제자들이다.

이 시기에 랍비들은 이스라엘의 구원에 대해 다양한 토라 해석을 하기 시작했다. 이러한 이스라엘 공동체의 구원관을 가장 중심적으로 편집한 책이 창세기 미드라쉬이며, 특히 창세기 1-3장의 미드라쉬에 이스라엘의 구원에 대한 많은 랍비들의 해석이 집약된 것을 볼 수 있다. 랍비들이 해석하는 이스라엘은 하느님의 가르침을 믿고 배우며 행하는 믿음의 공동체를 말한다. 그리고 이 믿음의 공동체 사람들은 토라(하느님의 가르침)를 공부함으로써 오는 세상(메시아 시대)에 구원받을 수 있다고 확신한다. 오는 미래가 무엇인지 창세기 1-3장의 미드라쉬는 연결되는 구절에서 누누이 설명한다. 오는 세상에 인간은 어떻게 하면 하느님의 나라(천국)에서 영원한 삶을 누릴 수 있는지에 대해서도 반복적으로 풀이한다.

창세기 1-3장에 전해진 창세 이야기는 인간 창조에 대해 두 번 이야기한다. 하나는 창세기 1장에 나오는 '우리의 **모습**으로 우리와 **닮게** 사람을 만들자'(창세기 1,26)이며, 다른 하나는 창세기 2장에 나오는 '주님 하느님은 땅에서 (모은) **흙**으로 아담을 빚으시고, 그의 콧속에 **생명의 숨**을 불어넣어서, 그 사람(아담)은 **살아 있는 목숨**이 됐다'(창세기 2,7)는 구절이다. 그렇다면 하느님은 사람을 두 번 창조했느냐는 의문이 제기된다.

현대 성서학자들은 고대 이스라엘 사회에 인간 창조에 대한 서로 다른 전승이 있었고, 이러한 전승이 후대에 한 책으로 엮일 때 두 번의 인간 창조 이야기로 전해졌다고 설명한다. 또한 히브리 성경에 전해진 인간 창조 신화를 고대 메소포타미아 창세 신화와 비교해보아도 인간 창조의 두 가지 이야기가 고대 메소포타미아 사회에 있었다는 것을 알 수 있다. [전자는 「에누마 엘리쉬」 첫 번째 토판 15-16, "안샤르(수평선 신)는 그의 자식 아누(하늘 신)를 그와 **닮게** 만들었다. 그리고 아누는 누딤무드(지하수 신)를 그의 모습으로 낳았다", 후자는 「아트라하시스의 태초 이야기」 첫 번째 토판 225-229, "닌투(출산 모신)는 그(반란한 작은 신)의 살과 피에 **점토**를 섞었다. 지금부터 영원히 북(鼓動) 소리를 듣는다. 신의 살에서 **혼**이 생겼다. **생명**이 그의 징표라고 알렸다" 등에서 그 유사한 점들을 읽어볼 수 있다. : 『수메르 신화』(조철수, 서해

문집, 2003) 1부 5장과 3장 참조]

　그러나 1~4세기의 토라 해석자들인 랍비들은 이것이 두 번의 인간 창조 이야기가 아니라 하느님이 사람을 만든 것은 창조 엿샛날에 생긴 단 한 번의 사건이며, 그다음 날은 거룩한 안식일이라는 것이다. 창조 엿샛날에 하느님이 만든 그 사람이 바로 에덴동산에서 죄를 짓게 된 아담이고, 아담과 그의 아내는 죄를 지었기 때문에 에덴동산에서 쫓겨났다고 한다. 따라서 에덴동산 이야기는 창조 엿샛날에 생긴 사건이다. 그런데 아담과 하와가 언제 쫓겨났느냐 하는 의문이 생긴다. 즉 창조 역사의 마지막 날인 거룩한 안식일이 지나서 그들이 쫓겨났는지, 아니면 안식일이 시작하기 직전에 쫓겨났는지를 두고 심각한 논쟁이 벌어졌다. 왜냐하면 안식일은 거룩한 날이기 때문에 죄인들이 그 거룩한 안식일에 하느님과 함께 지낼 수 있느냐 하는 것이다. 어떤 랍비는 가능하다 하고, 다른 랍비는 불가능하다고 논박했다. 이렇게 랍비들이 논박할 수 있는 가능성은 상상력을 긍정적으로 받아들였기 때문이다. 물론 그 상상은 허상이나 망상이 아니고 성경의 울타리 안에서 허용된다.

　본서의 차례를 보면 그 순서가 여느 창세기 입문서나 창세와 관련된 책의 순서와는 판이하게 다르다. 창세기 1-3장의 순서는 창세 하룻날부터 엿샛날의 인간 창조, 그리고 나서 안식일의 순서이며, 그다음에 에덴동산 이야기가 나온다. 그러나 본서의 순서는 창세 이후 인간 창조 그리고 그다음에 에덴동산 이야기가 나오며, 안식일 신화는 마지막인 것을 알 수 있다. 그 이유는 아담과 그의 아내가 안식일이 시작되기 바로 전에 에덴동산에서 쫓겨나갔다는 미드라쉬의 견해에 동조하기 때문이다(『창세기 미드라쉬 랍바』 11,2 : 본서 23장 참조).

　고대 메소포타미아 창세 신화와 비교해보아도 창세 신화의 마지막 단계는 신(들)이 쉬는 안식일 신화라고 생각된다. 고대 메소포타미아의 창세 신화 「에누마 엘리쉬」에 따르면, 지하수 신의 아들 마르둑은 바다의 우두머리 여신 티야마트를 죽이고 그 시신을 갈라 말린 물고기처럼 둘로 나누어 하늘과 땅, 별과 태양, 달, 산, 초목 등 세상을 만든다. 그리고 티야마트의 남편을 잡아 처형하고 그의 피로 (점토를 섞어서) 사람을 만들게 했다. 마르둑은 사람들로 하여금 노동을 하게 임무를 정해주고, 작은 신들의 노역을 그들에게 감당시켜 모든 신들이 쉴 수 있게 만들었다. 이리하여 마르둑은 신들의 왕으로 추대되어 신들 중에 가장 높은 왕좌에 앉게 되고, 신들은 그 앞에 엎드려 그가 신들의 왕이라고 맹세한다. 「에누마 엘리쉬」는 여기에서 끝난다.

유대교에서 안식은 중요한 주제다. 하느님이 엿새 동안 세상을 창조하고 그다음 날은 쉬는 날로 정하여 그날을 거룩하게 했기 때문이다. 유대인에게 안식일은 거룩한 날이며 기쁜 날이다. 유대인들은 안식일에 회당에 모여 예배를 드리며 창조주를 찬양한다. 아담과 하와가 안식일이 시작되기 전에 에덴동산에서 쫓겨나갔다는 해석은 안식일이 거룩한 날이라는 점에 착안한 것이다. 유대교 문헌에서 거룩한 안식일을 '연회장으로 들어가는 복도'로 비유하는 예화를 종종 읽을 수 있다. 연회장은 하늘의 왕국을 은유적으로 표현한다. 하느님 나라로 가는 여정에 들어서는 복도가 안식일이라는 뜻이다. 안식일은 오는 세상을 맛보는 날이라고도 할 수 있다. 안식일에 하느님 나라를 미리 경험하는 것이다. 그래서 하느님이 쉬는 날은 복 받는 날이며 기쁜 날이다.

창세기 1-3장, 『창세기 미드라쉬 랍바』와 본서의 차례 대조표

창세기 1-3장의 미드라쉬 가운데 본서에 번역한 부분은 다음과 같다.

창세기	창세기 미드라쉬	본서
1,1	1,1	1
1,1	1,2-3	2
1,1	1,4-5	3
1,1	1,6-9*	4
1,2	2,1-3	5
1,2	2,4-5	6
1,3-5	3,1-9	7
1,26	8,1-2	8
1,26	8,3-7	9
1,26	8,8-13	10
1,31	9,1-6	11
1,31	9,7-14	12
2,3	11,1-2	23
2,3	11,3-6	24
2,7	14,1-5	13
2,7	14,6-10	14
2,8-9	15,1-7**	15
2,18	17,1-3	16
2,19,21	17,4-8	17
3,1-2	19,1-4	18
3,6-8	19,5-8	19
3,9-13	19,9-12	20
3,14	20,1-9***	21
3,22-24	21,1-8	22

우리가 이해하기에 조금 거리가 먼 내용은 뺐다.
*1,10-15 / ** 15,1의 다음 단락 / *** 20,3-6과 20,8의 다음 단락 그리고 20,10

I
창세 신화

천지 창조

처음에 하느님이 하늘과 땅을 만들어내셨다.

땅은 불모지에 비었다.

어둠이 깊은 물 위에, 하느님의 바람(기운)이 수면 위에 일고 있었다.

하느님이 말씀하셨다.

"빛이 있어라!" 그러자 빛이 있었다.

하느님이 빛을 보시니 참 좋았다.

하느님이 빛과 어둠 사이를 갈라놓으셨다.

하느님이 빛을 낮이라 부르셨고, 어둠을 밤이라 부르셨다.

저녁이 되고 아침이 됐다. 하루(첫날).

[창세기 1, 1-3]

하느님은 세상을 어떻게 만들어냈을까

[1,1]

'처음에 하느님이 하늘과 땅을 만들어내셨다'(창세기 1,1).*

호사야 랍바 랍비는[1] (이 구절을 설명하기 위해 아래 구절을) 열었다.[2]
'나(지혜)는 그분(하느님) 곁에서 조언자(아몬)였으며 나는 하루하루 (그분의) 즐거움이었다'(잠언 8,30).[3]

(그는 말했다.)

"조언자(아몬)는 '가정교사,' 아몬은 '덮인,' '숨겨진' 또는 '위대한' 이라는 뜻이다.

아몬은 가정교사다. (성경에) 이렇게 말한다. '선생(오멘)이 갓난아기를 데리고 가듯이'(민수기 11,12).[4]

아몬은 '덮인'(이라는 뜻)이다. 이렇게 말한다. '자주색 천에 싸여 있던 자들이(하-에무님)'(애가 4,5).

아몬은 '숨겨진'이라는 뜻이다. 이렇게 말한다. '그(모르데카이)는 하다사를 숨겼다(오멘)'(에스더, 2,7).[5] 아몬은 '위대한' 이라는 뜻이다. 이렇게 쓰여 있다. '네(니느웨)가 노아몬보다 더 나으냐?'(나훔 3,8). 이 구절은 아람어로 '네가 강 사이에 있는 위대한 알렉산드리아보다 나으냐?'고 번역한다.[6]"

주해

* 미드라쉬 본문에는 성경 책명과 장절수가 명기되어 있지 않다.

1 호샤야 랍바 랍비는 3세기 중반에 이스라엘 땅의 도시 케사리아에서 활동한 학자로, '미쉬나의 아버지'라고 불릴 정도로 법도(할라카)에 해박한 지식을 가지고 있었다.

2 아무개 랍비가 '열다'라고 말하는 것은 본문을 설명하기 위해 다른 성경 구절을 인용했다는 뜻이다. 여기에서 '열다'라는 동사는 랍비 문헌의 전문 용어로, 성경 두루마리를 펴서 필요한 구절을 인용한다는 뜻이다. 즉 본문을 설명하기 위해 성경 구절을 인용하고 그 인용 구절을 해석하여 본문의 뜻을 밝히려는 것이다. 즉 창세기 1,1의 내용을 파악하기 위해 잠언 8,30을 열어 그 의미를 찾아보겠다는 시도다.

3 잠언의 주제는 지혜이며 창세기 1,1의 의미를 지혜의 테두리에서 찾아보겠다는 의도를 여기서 읽을 수 있다. 잠언 8,30은 8,22에서 그 단락이 시작하며, 이 단락은 창조 이전에 지혜가 만들어졌다는 것을 이야기한다. '주님은 그분의 길 처음에 나(지혜)를 소유하셨고 옛날 그분의 작업의 이전이다'(잠언 8,22). 창세기 1,1의 첫 문구가 '처음에(베-레쉬트)'이며, 그 단어를 이해하기 위해 잠언 8,22의 '그분의 길 처음'에서 '처음(레쉬트)'을 찾은 것이다. 이것을 기점으로 해서 잠언 8,30의 '아몬(조언자)'이라는 단어가 지혜와 창조 작업을 연결할 수 있다는 가능성을 발견한다. 그 열쇠는 아몬의 3자음자(אמן)다. 성경에서 이 3자음자로 된 인용구를 제시하며 '조언자, 가정교사, 덮인, 숨겨진, 위대한' 등의 뜻을 찾아낸 것이다.

4 흔히 '조언자'를 '작은 아이'라고 번역하지만, 이 미드라쉬의 맥락에 비추어보면 '조언자'라는 뜻이 더 어울린다.

5 흔히 '그가 하다사를 키웠다'고 번역한다. 호샤야 랍비가 '숨겼다'고 번역할 수 있는 근거는 하다사의 탄생과 성장에 대한 이야기에서 찾아볼 수 있다. 하다사는 매우 아름다운 아이로 태어났으며, 그녀의 삼촌 모르데카이(모르드개)는 그녀가 매우 아름답다는 것을 알고 그녀를 숨겨서 키웠다. 왜냐하면 이방인들이 그녀를 보고 아내로 데려가지 못하게 하기 위해서였다. 페르시아 왕이 미녀 경연 잔치를 베풀었을 때 모르데카이는 그녀를 잔

치에 데려갔으며, 결국 왕은 그녀를 보고 그의 아내로 삼았다. 이런 계기로 하다사는 유대인들을 구할 수 있었다는 이야기다. 모르데카이가 하다사를 키운 것은 그녀를 숨겨놓고 키웠다고 풀이할 수 있다. 〔'모르데카이'는 바빌로니아의 최고신 '마르둑'의 히브리어 음역이다. 에스더는 히브리어로 '에스테르'이며, 이는 바빌로니아 여신 '이쉬타르'의 음역이다.〕

6 '노아몬'에서 '노'는 이집트 도시 테베를 뜻하며, '아몬'은 그 도시의 수호신 아몬을 가리킨다. 따라서 아몬은 신을 뜻하기 때문에 '위대하다'고 풀이한다.

다른 설명[1]

'아몬.'

이것은 기능공(우만)이다. 토라는 말한다. "나는 찬미받으시는 거룩하신 분의 일하는 도구다."[2]

세상사世上事로 (이렇게 비유할 수 있다). 왕이 왕궁을 지을 때 그는 자신의 기술로 짓는 것이 아니라 건축가의 기술로 짓는다. 더군다나 건축가는 자기 자신의 머리로 짓는 것이 아니라 방과 문들을 어떻게 배정하는지를 알기 위해 계획서와 도면을 사용한다. 이처럼 하느님은 토라를 들여다보고 세상을 만들어내셨다.[3]

그래서 토라는 말한다. "처음에 하느님이 하늘과 땅을 만들어내셨다."

'처음'은 토라를 가리킨다. 이렇게 말한다. '주님은 그분의 길 처음에 나(지혜)를 소유하셨다' (잠언 8,22).[4]

주해

1 '다른 설명'은 그 구절에 대해 다른 사람(들)의 의견을 첨부하는 방법을 말한다.

2 '찬미받으시는 거룩하신 분'은 하느님을 뜻하는 우회적인 표현으로, 초기 유대교 문헌에 가장 많이 사용됐다. 토라는 하느님의 도구이기 때문에 '조언자(아몬)'를 기능공으로 해석할 수 있다.

3 토라를 의인화하여 건축가로 설정한 것이다. 또한 왕이 그의 왕궁을 짓는 비유를 들어 좀 더 이해하기 쉽게 풀이한다. 건축가의 계획서와 도면을 토라(히브리 성경)의 여러 책(창세기, 이사야, 욥기, 시편 등)으로 비유한 것이다. 따라서 하느님의 창조 이전에 토라가 있었으며, 하느님은 토라를 보고 창조를 했다는 해석이다. 토라의 신비함이 여기에 있다.

4 하느님이 '처음에' 하늘과 땅을 만들어낸 그 숨겨져 가려진 위대한 토라(가르침)를 잠언 8,22에서 찾아낼 수 있다. 잠언의 맥락에서 처음에 하느님이 소유한 것은 지혜를 가리킨다. 그러나 랍비들은 그 지혜가 바로 토라라고 해석한다. 창조와 토라를 연결하는 고리가 '처음에'라는 문구에서 발견된다. 따라서 '처음에'(토라)에서 제시하는 길을 따라 구원의 역사歷史가 펼쳐진다.

이와 같은 방법이 사용된 단락을 요한복음에서 읽을 수 있다. '처음에 말씀이 있었다. 말씀은 하느님과 함께 있었다'(요한복음 1,1). 여기에서 '말씀'은 위의 창세기 미드라쉬와 비교하면 토라에 해당한다. 요한복음에서 '하느님과 함께 있었던 말씀'은 천지 창조 이전에 존재했다는 논리임을 알 수 있다. 이 말씀이 곧 그리스도가 됐으며, 그리스도를 믿음으로써 세상에서 구원될 수 있다는 초대 교회의 교리는 위의 창세기 미드라쉬와 상통한다.

02 하느님 홀로
세상을 만들어냈다

[1,2]

씨크닌의 예호슈아 랍비는 레비 랍비의 이름으로 (아래 구절을) 열었다.[1]

'(주님)은 그분이 하신 일의 힘을 그분의 백성에게 알리시니 민족들의 유산을 그들에게 주기 위해서다'(시편 111,6).[2]

찬미받으시는 거룩하신 분이 하룻날과 이튿날에 만들어내신 것을 이스라엘에 밝히신 이유가 무엇일까?

별들과 별자리들을 예배하는 자들이 이스라엘 사람들에게 "너희는 약탈꾼들의 나라가 아니냐?" 하며 이스라엘을 비웃지 못하게 하려는 것이다.[3]

그러나 이스라엘은 그들에게 대답한다. "그렇다면 너희는 어떠하냐? 너희 손에는 약탈품이 없느냐? '카프토르에서 떠나온 카프토르 사람들이 그들을 무너뜨리고 그들 대신에 거주했다'(신명기 2,23)고 하지 않았느냐?"[4]

이 세상과 이 세상 모든 것은 찬미받으시는 거룩하신 분의 것이다. 그분이 원하시면 그분은 너희에게 그것을 주시며, 그분이 원하시면 그분은 너희에게서 그것을 빼앗아 우리에게 주신다. 이렇게 쓰여 있다. "그분이 민족들의 유산을 너희에게 주시기 위해 그분은 그분의 행하심의 권능을 그분의 백성에게 알리셨다."

그분은 모든 세대를 위해 그들에게 (창조를) 알리셨다.[5]

1 유대교 문헌에서는 종종 말한 사람의 이름으로 말하는 경우를 볼 수 있다. 이는 자기 선생이나 때로는 자기 동료의 언명과 해석을 전하는 경우다. 이 것은 랍비 유대교의 매우 중요한 규범이다. 어느 선생이나 동료가 한 말을 그의 이름으로 인용하는 것은 토라의 권한을 얻는(즉 토라 선생이 되는) 48가 지 자격 가운데 하나이며, 이러한 사람이야말로 세상에 구원을 가져온다 고 설명한다(「선조들의 어록」, 6,6). 씨크닌의 예호슈아 랍비는 씨크닌이라는 지 역 출신이며 레비 랍비와 함께 3세기에 이스라엘 땅에서 활동하던 해설자 였다.

2 하느님이 하신 일은 세상 창조를 뜻한다. 창조의 힘은 이스라엘 백성이 그 땅에 살 수 있게 됐던 일의 유래와 관련된다. 하느님이 다른 민족들이 살 고 있던 정착지를 이스라엘 백성에게 준 목적과 하느님의 창조 사이에 어 떤 관계가 있는지를 설명한다.

3 '별들과 별자리를 예배하는 자들'은 별이나 별자리 신상에 예배하는 우상 숭배자들을 뜻하며, 여기에서는 아브람이 가나안 땅에 이주해오기 전에 살고 있었던 민족들을 뜻한다.

4 이스라엘 땅에 살고 있는 주민들도 원래는 외지에서 들어와 땅을 차지하 게 됐다는 역사적 사실을 이야기한다.

5 이스라엘 백성에게 하느님의 창조의 힘을 이야기하는 것은 다음 세대들, 즉 미래의 이스라엘 공동체를 구원하기 위한 것이다. 이스라엘 백성에게 는 이스라엘 땅에 살 권리가 있다는 주장이다. 그와 같은 권리가 하느님의 창조 역사에 근거한다고 주장하는 이유는 2~3세기 유대인 사회의 역사 적, 문화적인 배경에서 찾을 수 있다. 70년 로마군에 의해 예루살렘 성전 이 무너진 이후 유대인의 종교 생활 구심점은 사제가 주축이 된 성전에서 랍비들이 담당하는 회당과 토라 공부 학교(베트 미드라쉬)로 옮겨갔다. 〔토 라 공부 학교에서 토라의 해석과 미쉬나를 배웠다.〕

132~135년 로마에 대한 항쟁이 다시 일어났다. 하드리아누스가 로마의

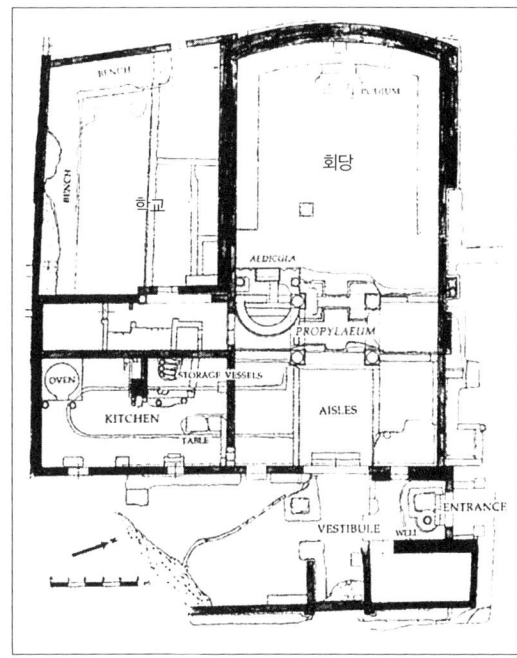

회당과 토라 공부 학교
5~6세기의 회당 건물. 한 건물의 중앙 부분이 회당이며, 그 옆이 토라 공부 학교다. 이처럼 한 건물에 회당과 학교가 함께 있는 경우도 있다.

황제가 되자 유대인 평화 정책을 폈다. 그는 유대인들이 예루살렘에 들어와 성전을 개축할 수 있게 허락했다. 그런데 어느 날 그의 딸이 피살됐으며, 항간에 유대인들이 그녀를 죽였다는 소문이 돌았다. 이에 화가 난 하드리아누스 황제는 유대인의 종교 의식인 할례를 금지하고 안식일을 지키지 못하게 하는 법령을 선포했다. 이러한 종교 탄압에 항거하여 유대인들은 자주 독립을 계획하게 됐으며, 제2차 항쟁을 주도한 인물은 바르 코시바였다. 아키바 랍비는 그를 유대인의 메시아로 선언하고 그의 이름을 바르 코크바('별의 아들')라는 메시아 이름으로 정해주었다. 바르 코크바 항쟁은 3년도 채 가지 못하고 로마군에 의해 진압됐으며, 반란군은 모두 처형됐고, 예루살렘은 유대인이 들어가지 못하는 도시로 전락했다. 이렇게 어려운 상황에서 랍비들은 이스라엘의 구원에 대해 이야기했으며, 이스라엘 땅에 살 권리를 성경 본문에서 찾는 데 심혈을 기울였다.

[1,3]

> '처음에 하느님이 만들어내셨다.'

탄후마 랍비는[1] (아래 구절을) 열었다.[2]

'참으로 당신은 위대하시며 이적들을 행하십니다. 당신은 홀로 하느님입니다' (시편 86,10).

탄훔 벤 히야 랍비는 말했다.[3]

"만일 이 가죽부대에 바늘구멍만 한 구멍들이 생기면 그 속의 바람이 모두 빠져버린다.[4] 그러나 사람은 여러 틈과 구멍(입, 콧구멍, 귓구멍 등)이 있도록 만들어졌는데도 그 바람이 빠져나가지 않는다.[5] 누가 그렇게 만들었을까?

'당신은 홀로 하느님입니다.'"[6]

주 해

[1] 탄후마 랍비는 탄후마 바르 아바 랍비를 말한다. 그는 아모라임 2세대 (279~320년)에 속하며 이스라엘 땅에서 활동했다.

[2] '아무개 랍비가 (아래 구절을) 열었다'고 시작하는 문단의 구조는 아래와 같이 볼 수 있다.

Ⓐ ———— 본문 ————
아무개 랍비는 (B를) 열었다.
Ⓑ ———— 인용문 ————
아무개 랍비는 (B에 대해) 말했다.
Ⓒ ———— 인용문 해석 ————
Ⓓ ———— 본문 해석 ————

이와 비슷한 예를 누가복음(4,16-21)에서 볼 수 있다. 위의 구조와 대비해서 다음과 같이 읽어 본다. 예수는 안식일에 회당으로 들어가서 "이사야 예언자의 책(두루마리)을 펴고 이렇게 적혀 있는 대목을 찾아 (읽었다). ⑧ '주님의 기운(바람)/성령이 내게 내리셨도다……' (이사야 61,1-2 ; 58,6). 그리고 그 두루마리를 접어서 시중드는 사람에게 주고 앉으셨다……. 그때 예수께서는 그들을 향해 ⓒ '이 성경 (말씀)은 오늘 여러분이 듣는 가운데 이루어졌습니다' 하고 말씀하시기 시작했다." 복음서는 이사야의 인용구(⑧)와 그에 대한 해설(그 자세한 내용은 없음)만 전하지만 랍비들의 미드라쉬와 비교해보면 그날 회당에서 읽은 모세오경 구절(ⓐ)이 있었고, 그에 대해 예수는 이사야를 인용(⑧)하여 해설한 것(ⓒ : '말씀하시기 시작했다')으로 볼 수 있다. 안식일에 회당에서는 모세오경만 읽는 것이 아니고 오전에 모세오경 부분을 읽고 오후에는 예언서의 한 부분을 읽었다.

성경 두루마리 보관함
7~8세기까지도 회당이나 학교 안에 이와 같은 성경 두루마리 보관함이 있었다. 이곳에 모세오경, 이사야, 욥기 등의 두루마리를 각 칸에 보관했다.

3 랍비 문헌에 '아무개 랍비가 말했다'는 단락이 흔히 나온다. 이것은 아무개 랍비가 제자들에게 남긴 가르침이며, 아무개 랍비 제자들 사이에 구전으로 전해지다가 문서(미쉬나, 미드라쉬, 해설집, 탈무드 등)로 편집될 때 수록된 경우가 흔하다. 탄훔 벤 히야 랍비는 아모라임 1세대(219~279년)에 속하며 이스라엘 땅에서 활동했다.

4 가죽부대는 이방인들을 뜻한다. 이방인 철학자들은 '처음에 하느님이 세상을 만드셨다'는 내용에서 '하느님은 누구와 함께 세상을 만들었는가?' 하는 의문을 제기한다. 이에 대해 '하느님은 홀로 계신다'는 구절을 인용하여 하느님 홀로 세상을 창조했다고 답변한다.

5 '바람'이라고 번역한 단어(루아흐**רוח**)는 '바람, 기운, 영혼' 등을 뜻한다. 하느님이 흙으로 아담(사람)을 만들어 그의 콧속에 생명의 숨을 불어넣어 살아 숨 쉬는 생명체가 됐다는 맥락(창세기 2,7)과 관련된다. 이방인들에게는 그들이 창조됐을 때 하느님의 기운(바람)에 적합한 것이 없어서 영혼이 없다고 한다. 하느님의 기운(바람)은 성령으로 이해할 수 있다.

6 '주님 하느님이 아담을 만드셨다'는 구절에서 동사구가 단수형인 점을 들어 하느님은 홀로 창조주라고 설명한다.

천사들은 언제 만들어졌을까?[1]

요하난 랍비는 말했다.[2]

"천사들은 이튿날에 만들어졌다. 이렇게 쓰여 있다. '물에 그분의 누각의 들보를 얹으시고 구름을 그분의 수레로 삼으시며 바람의 날개들 위에 (타고) 돌아다니시는 분(하느님)'(시편 104,3). 그리고 이렇게 쓰여 있다. '그분은 바람들을 그분의 천사들로 만드시고 타오르는 불을 그분의 시종으로'(시편 104,4)."[3]

하나나 랍비는 말했다.[4]

"천사들은 닷샛날에 만들어졌다. 왜냐하면 이렇게 쓰여 있다. '새는 땅 위에서 날 것이다'(창세기 1,20). 그리고 이렇게 쓰여 있다. '두 날개로 그(천사)는 날고 있었다'(이사야 6,2)."[5]

룰야니 바르 타브리 랍비는 이츠학 랍비의 이름으로 말했다.

"하나나 랍비의 의견과 요하난 랍비의 의견에서 우리가 알 수 있는 것은 (천사들이) 하룻날에 만들어진 것이 전혀 아니라는 점이다."[6]

따라서 (천사) 미카엘이 궁창의 남쪽을, 그리고 (천사) 가브리엘이 그 북쪽을 잡아당기며 찬미받으시는 거룩하신 분이 그 가운데를 재고 계신다고 말할 수 없다.[7]

오히려 '나는 주님이며 모든 것을 만든 이다. 나 홀로(레바디) 하늘을 펼쳤으며 나 혼자서(메이티) 땅을 넓혔다'(이사야 44,24)(고 말한다).

'나 혼자서'라는 말은 '누가 나와 함께?'라고 읽을 수도 있으며, 이것은 세상을 만드는 일에 '나와 함께 누가 나의 동업자였는가?'(라고 묻는 것이다).[8]

다른 설명

'참으로 당신은 위대하시며 이적들을 행하십니다'(시편 86,10).

이 세상의 관습에 따르면 살과 피의 왕이 그 나라에서 존경을 받으며 그 나라의 지도자들도 그와 함께 존경받는다.[9] 왜냐하면 그들은 그와 함께 짐을 짊어졌기 때문이다. 그러나 찬미받으시는 거룩하신 분은 그렇지 않다. 오히려 그분은 홀로 세상을 만들어내셨고, 그분 홀로 이 세상에서 존경받으며, 그분 홀로 그분의 세상에서 찬양받으신다.

탄후마 랍비는 말했다.
"'참으로 당신은 위대하시며 이적들을 행하십니다.'
왜 그럴까?
(이렇게 말한다.) '당신 홀로 하느님입니다' (시편 86,10). 그러므로
당신 홀로 세상을 만들어내셨습니다."

주해

1 히브리 성경에는 천사들이 종종 나온다(예를 들면 다니엘). 그러나 그들이 언제, 어떻게 만들어졌는지는 언급이 없다. 따라서 랍비들은 이 문제를 설명하기 위해 성경에서 유추할 만한 문구를 찾는 데 고심했다.

2 요하난 랍비는 요하난 벤 나파하 랍비를 가리킨다. 그는 2세기 말 나사렛 근처 도시 찌포리에서 태어났으며, 279년 티베리아스(갈릴리 지역)에서 죽었다.

3 물에 누각의 들보를 놓고 구름을 수레처럼 타고 다니는 것은 이튿날 물 사이에 궁창이 생기고 위쪽 궁창을 하늘로 만든 것을 표현한다. 하느님이 하늘에서 바람의 날개들 위에 타고 다니는데 그 바람들이 바로 천사들이다. 따라서 하늘과 땅을 오가며 날아다니는 천사들은 창조 이튿날에 만들어졌다.

4 하니나 랍비는 하니나 벤 하마 랍비를 말하며, 그는 이스라엘 땅에서 활동했고 250년경 죽었다.

5 천사는 날개가 달렸다는 점에 유의하고 창조 닷샛날에 새가 만들어진 점을 연결해 해석한다.

6 창조 하룻날에 하느님 홀로 만들었다는 점에는 어느 누구도 이론異論을 제기하지 않았다는 데 초점이 있다. 왜냐하면 히브리 성경에 천사들이 하느님을 보좌하며 그분의 시중을 들고 있다는 이야기가 나오기 때문이다.

7 한편 미카엘 천사가 하느님의 오른쪽에서, 그리고 가브리엘 천사가 왼쪽에서 하느님을 찬양한다는 이야기를 확대 해석하여 천사들이 하느님의 창조 이튿날에 동참했다고 하는 해석은 틀렸다고 논박한다.

8 '나 혼자서'라고 번역한 단어(메 이티 מִי אִתִּי)는 전통적으로 '메이티(מֵאִתִּי)'로 읽으라고 방주旁註가 달려 있다. 이것을 '미 이티(누가 나와 함께)'라고 읽으며 풀이한 것이다. 따라서 누가 나와 함께 세상을 만들어낼 수 있겠느냐고 반문하는 것이다. 하느님의 창조에 어느 누구도 협력자로 동참하지 않았다는 점을 부각한다.

9 유대교 문헌에는 하느님을 왕으로 비유할 때가 종종 있다. 세상의 왕을 이야기하는 경우에 그와 구별하기 위해 '살과 피의 왕'이라는 표현을 사용한다.

03 하느님의 가르침으로 공덕을 쌓기 위해 세상은 창조됐다

[1,4]

'처음에 하느님이 만들어내셨다.'

창조에 앞서 여섯 가지가 세상에 있었다. 이들 가운데 어떤 것들은 만들어졌으며, 어떤 것들은 만들어야겠다고 생각하는 중에 떠오른 것도 있다.[1]

토라와 영광의 보좌가 만들어졌다.

'토라'는 (성경의) 어디에서 (알 수 있을까)? 이렇게 말한다. '주님이 그분의 길 시작에 나(토라)를 소유하셨다. 옛날 그분의 (창조) 작업 전에'(잠언 8,22).

'영광의 보좌'는 어디에서? 이렇게 쓰여 있다. '당신(주님)의 보좌는 옛날에 세워졌습니다. 당신은 영원부터 계십니다'(시편 93,2).[2]

선조들과 이스라엘과 성전과 메시아의 이름은 만들어야겠다고 생각하는 중에 떠오른 것들이다.

'선조들'은 어디에서? 이렇게 말한다. '광야에서 포도처럼 나는 이스라엘을 발견했다. 첫 절기의 무화과나무 맏물처럼 나는 너희 선조들을 보았다'(호세아 9,10).[3]

'이스라엘'은 어디에서? 이렇게 말한다. '당신(하느님)이 예전에 소유하신 당신의 회중을 기억하십시오'(시편 74,2).[4]

'성전'은 어디에서? 이렇게 말한다. '처음부터 높은 곳에 세워

진 영광의 보좌는 우리의 성소 자리다'(예레미야 17,12).[5]

'메시아의 이름'은 어디에서? 이렇게 말한다. '그의 이름은 영원할 것이며 태양(이 생기기) 전에 그의 이름이 싹 돋게 하셨습니다'(시편 72,17).[6]

주해

[1] 이방의 지식인들은 유대인과 달리 히브리 성경에 전해진 창조 이야기의 '처음에 하느님이 하늘과 땅을 만들어내셨다'는 구절에서 하느님은 무엇에서 혹은 무엇으로 하늘과 땅을 만들어냈느냐는 질문을 했다. 이에 대해 랍비들은 창조 이전에 토라와 영광의 보좌, 선조들과 이스라엘과 성전과 메시아의 이름 여섯 가지가 있었다고 답변했다.

[2] 토라와 하느님의 보좌는 창조 이전에 만들어졌다고 풀이한다. 하느님의 길 시작에 토라를 소유하고 있었기 때문에 창조 이전에 토라가 있었다는 설명이다. '주님의 길'은 하느님이 세상사에 관여하는 역사를 뜻한다. 하느님의 보좌가 옛날에 세워졌다는 구절에서 그 옛날은 다름 아닌 창조 이전이라고 해석한다.

[3] '그 첫 절기(베-레쉬타)'와 '처음에(베-레쉬트)'(창세기 1,1)는 매우 비슷하게 발음된다. 따라서 첫 절기를 창조 처음으로 해석한다. 즉 이집트에서 종살이하던 이스라엘 사람들을 이집트에서 탈출시킨 하느님은 이스라엘 사람들을 광야에서 40년 동안 살게 하여 새로운 구원의 역사를 준비했다. 광야에서의 새 출발에 첫 절기의 무화과나무 만물처럼 그들의 선조들을 창조 시점에서 보았다는 해석이다.

[4] 회중은 이스라엘 공동체를 뜻한다. 하느님이 예전에 이스라엘을 소유하고 있었다는 것은 창조 때에 하느님이 이스라엘을 생각하고 있었다고 해석한다.

[5] 땅 위에 세워진 성소(성전)는 하늘의 성전을 모방한 것이다. 하느님의 생각에, 창조 처음부터 성전을 세울 계획이 있었다.

6 창조 나흗날에 큰 발광체(태양)가 만들어졌는데, 그 이전에 영원한 이름(메시아의 이름)이 드러났다. 따라서 메시아의 이름이 밝혀진 것은 창조의 시점이다.

제이라 랍비의 아들 아하바 랍비는 말했다.[1]

"회개도 역시 그렇다. 이렇게 말한다. '산들이 생기기 전에, 당신이 땅과 세상을 형성하기 전에, 당신은 영원에서 영원까지 하느님입니다'(시편 90,2). 그리고 같은 시각에(즉 다음 구절에 이렇게 말한다) '당신(하느님)은 인간을 먼지로 돌아가게 하시며 말씀합니다. 회개하라, 아담의 자식들아'(시편 90,3).[2]

그러나 나는 그 가운데 무엇이 먼저인지를 아직도 모르겠다. 토라가 영광의 보좌에 앞설까? 아니면 영광의 보좌가 토라에 앞설까?"

아바 벤 카하나 랍비는 말했다.[3]

"토라가 영광의 보좌에 앞선다. 이렇게 말한다. '주님이 그분의 길 시작에 나(토라)를 소유하셨다. 옛날 그분의 작업 전에'(잠언 8,22). 이것은 '당신(주님)의 보좌는 옛날에 세워졌습니다. 당신은 영원부터 계십니다'(시편 93,2)라고 쓰여 있는 것 이전을 말한다."[4]

후나 랍비와 예레미야 랍비는 이츠학 랍비의 아들 쉬무엘 랍비의 이름으로 말했다.[5]

"이스라엘에 대한 생각이 모든 것보다 먼저였다.

이것은 한 여인과 혼인을 했으나 그에게 아들이 없는 왕에 비유할 수 있다.

한번은 왕이 시장을 지나가게 됐다. 그는 '내 아들을 위해 이

잉크병과 펜을 사라'고 말했다. 그러나 모두들 말했다.

'왕에게는 아들이 없는데, 왜 아들을 위해 이 잉크병과 펜을 사라고 말합니까.'

그들은 생각하더니 말했다.

'이 왕은 위대한 천문가다.[6] 만약 그가 미래에 그녀에게서 아들을 얻을 것을 예견하지 못했다면 내 아들을 위해 이 잉크병과 펜을 사라고 말할 수 없었을 것이다.'

이처럼 찬미받으시는 거룩하신 분도 만일 그분이 미래에 26세대가 지난 후 이스라엘이 토라를 받을 것을 예견하지 못했다면 그분은 '내 아들 이스라엘에게 명령하라' 혹은 '이스라엘 자식들에게 말하라'고 토라에 쓰시지 않았을 것이다."[7]

주해

1 제이라 랍비는 아모라임 3세대(320~359년) 사람으로 케사리아에서 활동했다.

2 하느님이 에덴동산의 아담에게 "아담의 자식들아 회개하라"라고 말했다는 것은 회개라는 주제가 창조 때에 있었다는 것이다. 회개가 창조에 선행해야 하는 이유는 하느님의 창조를 통해 인간은 복을 받게 되는데, 사람은 하느님의 복을 받기 전에 우선 회개를 해야 하기 때문이다. 즉 회개는 인간이 구원을 받기 위한 필수 조건이다.

복음서의 앞머리에 요한 세례자는 천국(하늘의 왕국)이 가까이 왔으니 먼저 회개하라고 외친다. '회개하시오. 하늘나라가 다가왔습니다'(마태복음 3,2). 새로운 복음이 전해지는 시대에 들어오기 위해서는 우선 회개가 선행돼야 한다. 예수의 가르침이 전해지는 새 복음의 시대는 새로운 아담이 나와 인간을 구원하는 시대를 말한다. 〔'예수'는 히브리어로 '예슈아'이며 '구원하다'라는 동사에서 파생된 이름이다.〕

3 아바 벤 카하나 랍비는 아모라임 1세대(219~279년)에 속하며 이스라엘 땅

에서 활동했다.

4 하느님은 영광의 보좌에 앉아 사람들에게 법에 따라 심판을 내린다. 법은 토라에 포함돼 있으므로 토라가 법에 따라 심판을 내리는 하느님의 보좌 이전에 만들어졌다는 것은 당연하다.

5 후나 랍비(216년경~297년)는 바빌로니아 수라에 있는 학교의 교장이었다. 예레미야 랍비는 4세기 이스라엘 땅에서 활동했다. 이츠학 랍비의 아들 쉬무엘 랍비는 아모라임 2세대(257~320년) 사람으로 바빌로니아에서 활동했다.

6 "이 왕은 위대한 천문가다"라는 문장이 없는 사본도 더러 있다.

7 아담 이후 26세대가 지나 모세가 나온다. 하느님은 모세를 통해 토라를 이스라엘에 주겠다고 계획했으며, 창조 이전에 그 내용을 토라에 썼다고 해석한다.

바나이 랍비는 말했다.

"이 세상과 세상을 채운 모든 것은 다름 아닌 토라 (공부)의 공덕을 (쌓기) 위해 만들어졌다. 이렇게 말한다. '주님은 지혜로 땅을 세우시고 분별로 하늘을 채우셨다' (잠언 3,19)."[1]

베레크야 랍비는 말했다.[2]

"모세의 공덕을 위해서다. 이렇게 말한다. '그는 자기를 위해 맏물/처음(레쉬트)을 보았다. 거기에 지도자(모세)의 몫이 간직돼 있기 때문이다' (신명기 33,21)."[3]

후나 랍비는 마트나 랍비의 이름으로 말했다.

"세 가지 공덕을 (쌓기) 위해 세상은 만들어졌다.

첫 반죽 빵과 십일조와 맏물의 공덕을 위해서다.[4]

'처음에 하느님이 만들어내셨다'고 하는 것은 무엇일까?

'처음'은 다름 아닌 첫 반죽 빵이다. 이렇게 말한다. '너희가 반죽한 처음 것으로 첫 반죽 빵을 헌물로 드려라'(민수기 15,20).

'처음'은 다름 아닌 십일조다. 이렇게 쓰여 있다. '네 곡식의 처음 것'(신명기 18,4).

'처음'은 다름 아닌 첫 열매다. 이렇게 말한다. '네 땅에서 (나온) 만물 가운데 처음 것을 주님 네 하느님의 집으로 가져와야 한다'(출애굽기 23,19)."

주해

1 여기에서 지혜는 토라다. 창조의 목적은 사람이 토라(하느님의 가르침)로 공덕을 쌓는 데 있다.

2 베레크야 랍비는 4세기 이스라엘 땅에서 활동했다.

3 '만물/처음'은 창조의 '처음에'를 뜻하는 것으로 이해한다. 세상 창조의 목적이 모세가 이스라엘 백성에게 토라를 전해주는 공덕을 쌓기 위한 것이다. 그 이유는 랍비들이 모세와 같은 토라 선생을 통해 제자들에게 토라의 해석을 전해주려는 데 있기 때문이다. 유대인들은 모세를 '우리의 랍비(랍베이누)'라고 부른다. 따라서 모세와 같은 토라 선생의 활동으로 이스라엘 공동체는 하느님의 새로운 가르침(계시/해석)을 받을 것이라고 기대했다. 그래서 랍비들은 메시아의 이름이 창조 이전에 이미 알려졌음에 대한 확증을 히브리 성경에서 찾았다.

복음서에 예수가 선생이라는 호칭으로 등장하여 제자들에게 새로운 가르침(성경 구절에 대한 새로운 해석)을 이해시키려는 경우를 많이 볼 수 있다(역주자의 후기 참조). 신약성경에 예수가 새 시대의 메시아임을 입증하기 위해 히브리 성경 구절을 인용하는 경우가 많다(마태복음 1,22 ; 2,5 ; 2,15 ; 2,17 ; 4,14 등).

4 하느님의 창조는 하느님을 찬양하기 위해 첫 반죽 빵과 만물을 드리고 십일조를 내는 데에서 그 의미를 찾을 수 있다. 이렇게 해설하는 목적은 세상의 창조와 이스라엘의 종교 생활이 서로 연계된다는 것을 보여주는 데 있다.

[1,5]

후나 랍비는 바르 카파라의 이름으로 (아래 구절을) 열었다.[1]

'거짓된 입술들을 잠잠케 해주십시오. 그것(거짓된 입술)들은 의인에게 자랑과 멸시로 건방지게 말합니다'(시편 31,19).

('잠잠케 해주십시오.') (이것은) '묶여 있다, 벙어리가 되다, 조용해지다'(라는 뜻이다).[2]

'(거짓된 입술이) 묶여 있게 해주십시오.' 이렇게 말한다. '보십시오, 우리가 밭 가운데에서 곡식 단을 묶고 있었습니다. 보십시오, 내 곡식 단이 일어났습니다'(창세기 37,7).

'벙어리가 되게 하십시오.' 이렇게 쓰여 있다. '누가 말 못하게 만들고 누가 귀먹게 하며 누가 보게 하고 누가 눈멀게 하느냐? 나 주님이 아니더냐?'(출애굽기 4,11)

'조용해지게 하십시오.' 이것은 그 글자의 뜻과 같다.[3] 의인, 즉 영원한 생명에게 말하는 것이다.

'건방진 것.' 그분이 그분의 피조물에게 (주지 않고) 보류하신 것이다.[4]

'자랑으로.' 놀랍게도, 스스로 자랑하려고 '나는 세상 창조를 해설한다' 고 말하는 것이다.[5]

'멸시로.' 놀랍게도, 그는 나(하느님)의 영광을 멸시한다는 것이다.

요세 바르 하니나 랍비는 말했다.[6]

"누구든 자기 동료를 업신여김으로써 스스로를 영광스럽게 하면 그에게는 오는 세상에 몫이 없다.[7] 그런데 편재하시는 분의 영광에 대해서야 무어라 더 말할 수 있을까! 그다음에 무엇이라고 쓰여 있나? '당신(하느님)을 두려워하는 이들을 위해 당신이

쌓아두신 당신의 좋은 것들이 얼마나 많습니까!'(시편 31,20)

이(오는 세상의 몫)는 '당신을 두려워하는 이들을 위한' 것이지, '당신의 두려움을 멸시하는 이들을 위한' 것이 아니다. 그런 자 (하나님의 두려움을 멸시하는 자)는 '(당신이 쌓아두신) 당신의 많은 좋은(善한) 것'을 갖지 못할 것이다.

세상사로는 이렇게 비유된다.

살과 피의 왕이 궁전을 하수구들과 쓰레기더미와 폐품더미 위에 짓고 있다면 누구든 와서 '이 궁전은 하수구들과 쓰레기더미와 폐품더미 위에 지어졌다'고 말한다. 그들은 무례하지 않을까? 이처럼 누구든 와서 '이 세상은 불모지에 빈 곳 가운데 만들어졌다'고 말한다면 (하느님께) 무례하지 않을까? 이 얼마나 놀라운가!"[8]

후나 랍비는 바르 카파라의 이름으로 말했다.

"만약 (토라에) 그렇게 쓰여 있지 않았다면, '처음에 하느님이 하늘과 땅을 만들어내셨다'고 말하는 것이 불가능했다. 어디서 (알 수 있을까?) 이렇게 말한다. '땅은 불모지에 비었다'(창세기 1,2)."

주해

1 바르 카파라는 『미쉬나』를 편찬한 예후다 랍비의 제자였으며 미쉬나 법학자로 유명했다.

2 토라의 창조 이야기를 1,4에서처럼 분석적, 철학적으로 해설할 수 있는가 하는 질문을 던진다. 여기에 대해 시편 31,19을 인용하며 '잠잠케 하다'는 뜻에는 적어도 이와 같이 세 가지로 이해한다.

3 말 못하게 하는 것과 조용하게 하는 것은 같은 뜻이다.

4 하느님은 사람들이 '건방진 행동을 하라고' 사람을 만든 것이 아니다.

5 때로는 토라 해설자들이 창조 이야기에 대한 자신의 해석을 자랑삼아 이야기한다.

6 요세 바르 하니나 랍비는 3세기 이스라엘 땅에서 활동했다.

7 '오는 세상에 한몫을 차지한다'는 문구는 유대교 문헌에 자주 나오는 숙어
  적 표현이다. 오는 세상은 하느님의 토라를 배우고 지키며 선행하는 의로
  운 사람들이 모여 사는 공동체를 뜻한다. 이런 공동체에 사는 사람은 마지
  막 날 심판에서 하늘 왕국(천국)에 들어갈 수 있는 판결을 받는다는 뜻이다.
  예수는 이 문구를 설명하기 위해 여러 비유를 들어 설명했다. 예를 들어
  천국의 보물을 차지한다는 비유와 비슷하다. '그러나 너를 위해 보물을
  하늘에 쌓으시오'(마태복음 6,20). 그래서 '천국은 밭에 숨겨진 보물과 비슷합
  니다'(마태복음 13,44)라고 예수는 가르친다. 미드라쉬와 비교하면 여기에서
  밭은 이스라엘 공동체를, 보물은 토라를 뜻한다. 복음서에서 의도하는
  '보물'은 예수의 가르침이다.

8 '땅은 불모지에 비었다'(창세기 1,2)에 근거하여 하느님이 불모지와 빈 곳 위
  에 세상을 만들었으며, 그 이해를 돕기 위해 비유를 든다. 세상 창조를 이
  렇게 설명하는 해설자는 하느님을 조롱하는 것이다. 그러므로 이에 대해
  해석할 것이 아니라 입 다물고 있으라고 조언한다. 그러나 하느님이 불모
  지와 빈 곳 위에 세상을 만들었다는 것이 얼마나 놀라운가 하고 반문한다.

04 하느님의 말씀은 진리의 빛이다

[1,6]

예후다 바르 시몬 랍비는 (아래 구절을) 열었다.[1]

'그분(하느님)은 깊은 곳과 숨겨진 것을 밝히셨다' (다니엘 2,22).

'그분이 깊은 곳을 밝히셨다.'

이것은 지옥이다. 이렇게 말한다. '그는 유령들이 거기(어리석은 여자의 집)에, 그녀의 객들이 저승의 계곡에 있는지를 알지 못한다' (잠언 9,18). 또 이렇게 말한다. '불구덩이는 깊고 넓다' (이사야 30,33).[2]

'숨겨진 것.'

이것은 에덴동산이다. 이렇게 말한다. '소나기와 비를 피하는 피신처와 은신처가 되리라' (이사야 4,6). 또 이렇게 말한다. '당신(하느님)은 당신 앞의 은신처에 그들을 감추십니다' (시편 31,21).[3]

다른 설명

'그분은 깊은 곳과 숨겨진 것을 밝히셨다.'

이것은 악인들의 행위다. 이렇게 말한다. '불행하여라, 계획을 숨기려고 주님으로부터 (피하여 어둠 속으로) 깊이 들어가는 자들이여' (이사야 29,15).[4]

'숨겨진 것.'

이것은 악인들의 행위다. 이렇게 말한다. '계획을 숨기기 위해'(이사야 29,15).

'그분은 어두운 곳에 있는 것을 아신다'(다니엘 2,22).

이것은 악인들의 행위다. 이렇게 말한다. '그들의 행위는 어둠 속에 있다'(이사야 29,15).

주 해

1 예후다 바르 시몬 랍비는 아모라임 2세대(279~320년)에 속하며 이스라엘 땅에서 활동했다.

2 저승의 계곡은 저승의 깊은 곳이며 그곳은 불구덩이의 지옥이다. 창조 처음에 만들어진 여러 가지 가운데 지옥이 있었다고 하는 『창세기 미드라쉬 랍바』 1,4(본서 3장)에 대한 부연 설명이다.

3 에덴동산은 하느님이 준비해둔 은신처로 비유한다.

4 계획을 숨기려고 하느님을 피하여 깊은 곳에 숨는 자들을 뜻한다. 이 인용 구에 '숨다'와 '깊다'라는 두 단어가 모두 나오기 때문에 깊은 곳과 숨겨진 것은 모두 악인의 행동으로 설명할 수 있다.

'빛이 그분과 함께 있다'(다니엘 2,22).

이것은 의인義人들의 행함이다. 이렇게 쓰여 있다. '의인들의 행로는 동틀 녘의 빛 같다'(잠언 4,18). 또 이렇게 말한다. '빛이 의인에게 뿌려진다'(시편 97,11).

세룬가야의 아바 랍비는 말했다.[1]

"'빛이 그분과 함께 있다.' 이것은 메시아 왕을 뜻한다. 이렇게 말한다. '일어나 비추어라, 네 빛이 왔다'(이사야 60,1)."[2]

예후다 바르 시몬 랍비는 말했다.

"그분이 세상을 창조하신 시작부터 '그분은 깊은 곳과 숨겨진 것을 밝히셨다.' (이렇게 말한다.) '처음에 하느님이 하늘과 땅을 만들어내셨다.' 그러나 (하늘에 대해) 설명하지 않았다.[3]

어디에서 설명할까?

다른 곳에. '하늘을 휘장처럼 펼치시는 분'(이사야 40,22).[4]

'땅.' 이 또한 설명하지 않았다.

어디에서 설명할까?

다른 곳에. '왜냐하면 그분은 눈(雪)에게 말씀하셨다. 땅이 되어라'(욥기 37,6). '흙이 덩어리로 굳어지고 흙덩이들이 서로 달라붙을 때에'(욥기 38,38).[5]

'하느님이 말씀하셨다. 빛이 있어라'(창세기 1,3). 그러나 설명하지 않았다.

어디에서 설명할까?

'(당신은) 빛을 옷처럼 두르셨습니다'(시편 104,2)."[6]

주 해

1 세푼가야는 티베리아스에 있었던 마을 이름이다.

2 메시아를 창조 하룻날의 빛으로 설명하는 연결고리는 '일어나라'는 단어다. 메시아의 빛에 대한 비유를 복음서에서 읽을 수 있다. '그분은 진리의 빛이었으며 세상에 온 모든 사람에게 비추고 있다'(요한복음 1,9).

3 바르 시몬 랍비가 그의 해설 시작에서 '하느님이 깊은 곳과 숨겨진 것을 밝히셨다'는 문구를 인용하는 의도는 창조 시작에 에덴동산과 지옥도 만들어졌다는 해석에 대한 보충 설명이다. 『창세기 미드라쉬 랍바』 1,4(본서 3장)에서 창조 시작에 만들어진 여섯 가지 가운데 지옥은 없지만, 다른 전승에 따르면 세상이 만들어지기 전에 일곱 가지가 만들어졌다고 하며, 그것들은 토라, 지옥, 에덴동산, 영광의 보좌, 성전, 회개 그리고 메시아의 이름이라고 한다.

4 창세기 1,1-2에 하느님이 하늘과 땅을 만들어냈으며 땅은 불모지에 비었다고 쓰여 있다. 그러나 하늘이 어떤 모습이었는지에 대한 설명은 없다. 이사야 40,22에서 그 하늘의 모습을 찾아, 처음 하늘은 펼쳐진 휘장 같다고 설명한다. 창조 시작의 하늘과 땅은 불모지 위에 휘장이 펼쳐진 모습이다. 이와 관련해서 복음서에 전해진 예수의 죽음 장면을 보면 왜 성전의 휘장이 찢어지고 땅이 뒤흔들리는지를 이해할 수 있다. '곧바로 성전 문의 휘장이 위에서 아래까지 둘로 찢어지고 땅이 뒤흔들리며 바위들이 갈라졌다'(마태복음 27,51). 이 광경은 불모지 위에 휘장이 위아래로 찢겨진 모습을 상기시킨다. 새 복음의 시대, 새로운 창조 시대의 서막을 알리는 데에 휘장과 뒤흔들린 땅(불모지)이라는 문구가 필수적임을 알 수 있다.

5 욥기 37,6의 구절을 흔히 '땅에 내려라'고 번역한다. 그러나 글자 그대로 '땅이 되어라'고 번역할 수 있다. 특히 이 미드라쉬와 비교하면 옛날에 하늘에서 눈이 내려와 흙처럼 되고, 이것들이 흙덩이로 변하여 땅이 됐다고 설명하는 점에서 알 수 있다.

6 랍비들은 창세기 1장에 전해진 창조 이야기를 이사야와 욥기, 시편 등에서 좀 더 자세히 읽을 수 있다고 설명한다. (현대 성서학자들의 주석서에서도 이렇게 인용되는 것을 흔히 본다.) 이러한 인용구들이 성경에 숨겨진 것, 즉 비밀이라고 이야기한다. 성경 구절에 대한 이러한 미드라쉬는 그 구절과 상관된 다른 구절을 찾아내어 원래 설명하려는 맥락과 비교해 그 의미를 좀 더 상세하게 찾아보려는 방법이다.

[1,7]

이츠학 랍비는 (아래 구절을) 열었다.
'당신 말씀의 처음(머리)은 진리입니다'(시편 119,160).

이츠학 랍비는 말했다.

"그분이 세상을 창조하신 시작부터 '당신 말씀의 처음(머리)은 진리입니다.' 그래서 '처음에 하느님이 만들어내셨습니다.' '주님은 진리의 하느님입니다'(예레미야 10,10).[1]

그리고 '당신의 모든 의로운 판결은 영원합니다'(시편 119,160).

모든 판결과 하느님이 그분의 피조물들에 대해 내리시는 판결은 그들을 위해 올바르게 판결됐다고 한다. 그리고 믿음으로 그것들을 받아들인다. 어느 피조물이고 두 권능이 세상을 만들어냈다고 말할 수 없다. 그래서 '하느님들이 이야기한다'고 쓰지 않고 '하느님이 이야기한다'고 쓰여 있다. '하느님들이 말한다'고 쓰지 않고 '하느님이 말한다'고 쓰여 있다. 따라서 '처음에 하느님들이 만들어냈다'고 쓰지 않고 '하느님이 만들어냈다'고 쓰여 있다."[2]

주해

[1] '처음(레쉬트)'은 '머리(로쉬)'에서 파생한 단어다. '처음에 하느님이 하늘과 땅을 만들어내셨다'는 말씀이 진리임을 '하느님의 처음 말씀이 진리'라고 하는 시편 111,160을 인용하여 입증한다.

이 단락은 요한복음의 시작 부분과 비교해볼 수 있다. '옛날에 말씀이 있었다. 말씀은 하느님과 함께 있었다……. 그분은 옛날에 하느님과 함께 계셨다……. 빛이 어둠 속에 비치니 어둠이 빛을 이기지 못했다……. 그분은 진리의 빛이었으며 세상의 모든 사람에게 비추고 있다'(1,1-9). 여기서 '그분'은 부활한 그리스도(메시아)를 가리킨다. 그가 옛날에 하느님과 함께 있었다는 것은 창조 이전에 메시아의 이름이 있었다고 풀이하는 창세기 미드라쉬(1,4)와 같은 맥락에서 이해할 수 있다. 또한 '그분(그리스도)이 진리의 빛이었다'는 것은 (창조 이전에 알려진) 메시아가 진리라는 뜻이다. 왜냐하면 하느님의 세상 창조 시작에서 하느님의 말씀이 진리이기 때문이다. 한편 요한복음에서 창조의 처음부터 '진리의 빛'이라고 '빛'을 '진리'와 연관하여 해석하는 이유는 창세기 미드라쉬 1,6에서 창세기 1,1(하늘과 땅)을 설명하며 '빛이 있어라'(창세기 1,3)를 인용하는 데서 찾아볼 수 있다. 이처럼 『창세기 미드라쉬 랍바』(1,4-7 ; 본서 3~4장)와 요한복음(1,1-9)에는 서로 공통된 요소가 있다. 특히 초기 랍비들이 유대교를 하나의 신학 체계로 세우려고 편집한 미드라쉬(해석서)가 창세기 미드라쉬였다는 관점에서 보면, 요한복음의 신학적 역할도 이해할 수 있다.

2 창세기 1,1의 구절을 하느님들이 만들어냈다고 해석할 수도 있다. '하느님'이라고 번역하는 히브리 단어(엘로힘)는 때로는 복수를 나타낸다. 예를 들어 '나 외에 다른 하느님들(엘로힘)은 너에게 있지 않을 것이다'(출애굽기 20,3)라는 문장에서 '다른(아헤림)'이 복수형이므로 엘로힘이 복수인 것을 알 수 있다. 창세기 1,3의 '하느님(엘로힘)이 말씀하셨다'라는 문장에서 '말하다'의 동사 형태가 단수라는 점에 주목하고, 창조는 한 하느님의 권한으로 만들어졌다는 점을 논증한다. 이처럼 창세기 1,1에서 동사 '만들어내다'가 단수이기 때문에 '하느님(엘로힘)'은 단수임을 확인한다.

[1,8]

예호슈아 벤 레비 랍비는 레비 랍비의 이름으로 말했다.[1]

"건축가에게는 여섯 가지 것들이 필요하다. 물, 흙, 목재, 돌, (측량) 막대, 철이다.

만일 그가 부자라서 막대가 필요 없다고 하더라도 분명히 그에게 잣대는 필요하다. 이렇게 말한다. '그는 아마亞麻 줄과 잣대를 손에 쥐고 있었다'(에스겔 40,3).[2]

이렇게 토라는 이 여섯 가지 앞선 것들로 (창조에) 앞서 있었다.[3]

'앞서'와 '옛날부터'(잠언 8,22), '영원부터'와 '처음부터', '앞선 것들로'(잠언 8,23), 이것은 둘로 해석한다. '주님이 그분의 길 처음에 나(지혜/토라)를 창조하셨다. 옛날부터 그분 일에 앞서'(잠언

8,22)."[4]

주 해

[1] 예호슈아 벤 레비 랍비는 아모라임 1세대(219~279년)에 속하며 이스라엘 땅에서 활동했다.

[2] 예헤즈켈(에스겔, '하느님이 강하게 하신다')의 환시에 어떤 사람이 나타나 그에게 성전을 보여주며 건축물들(담, 대문, 성소 등)을 측량줄과 잣대로 재고, 이에 따라 새 예루살렘 성전을 지으라고 말한다(에스겔 40-42장). 초기 유대교 문헌에 하느님을 건축가로 비유하는 단락이 종종 나오며, 이것은 에스겔의 성전 건축 환시에 착안한 것으로 보인다.

[3] '영원부터 나(지혜/토라)는 모습을 갖추었다. 처음(머리)부터, 땅에 앞선 것들로'(잠언 8,23). '앞선 것들', 즉 복수형이다. 땅이 만들어지기 전의 앞선 것들을 뜻한다.

[4] 창조 이전에 미리 갖추어진 여러 가지 것들(「창세기 미드라쉬 랍바」 1,4 ; 본서 3장)에 앞서 토라가 준비됐다는 점을 설명한다. 잠언 8,22에서 지혜는 곧 토라다. '그분의 일'은 세상 창조를 뜻한다.

[1,9]

어떤 철학자가 가믈리엘 랍반에게 물었다.[1]

"당신들의 하느님은 참으로 위대한 예술가입니다. 그런데 그분은 자기를 도와줄 좋은 재료를 찾았습니다. '불모지와 빈 곳, 어둠, 바람, 물과 깊은 물'입니다."[2]

그는 그에게 말했다.

"당신 정신 나갔소. 모든 것에 대해 (성경에) 쓰여 있습니다.[3]

'불모지와 빈 곳'은 만들어졌습니다. 이렇게 말합니다. '나는 평화를 이루고 악을 만들어낸다'(이사야 45,7).[4]

'어둠.' '나(하느님)는 빛을 만들고 어둠을 만들어낸다'(이사야 45,7).[5]

'물.' '하늘의 하늘과 물은 그분을 찬양하라'(시편 145,45). 왜 그렇습니까? 그분이 명령하시고 그것들이 만들어졌기 때문입니다.[6]

'바람.' '보시오, 그분이 산을 만드시고 바람을 만들어내십니다'(아모스 4,13).[7]

'깊은 물.' '깊은 물이 없을 때에 내(지혜)가 태어났다'(잠언 8,24)."[8]

주해

1 랍반은 당대의 훌륭한 랍비로 추앙받는 인물에게 붙이는 칭호이며, 또한 산헤드린의 대표 호칭이었다. 가믈리엘 랍반은 힐렐의 손자이며 예루살렘 대大산헤드린의 대표로 1세기 후반에 활동했다. 가믈리엘(가말리엘) 랍반의 이름은 사도행전(5,34)에 나오며 사도 바울은 그에게서 배웠다고 전한다(사도행전 22,3).

2 이 여섯 가지는 모두 창세기 1,2에 나오는 단어다. 여기서 철학자는 그리스 철학의 전문가를 뜻한다. 그가 여섯 가지 기본 재료에 대해 말하는 것은 고대 그리스 자연철학자들(physica)의 사유, 예를 들어 우주의 기본 원소는 '물, 불, 공기, 흙' 등으로 형성됐다는 것과 관련된다. 그래서 철학자는 유대교의 창조주가 없음(無)에서(ex nihilo) 창조한 것이 아니라, 있는 물질을 사용하여 세상을 창조했다고 비판한다. 이에 맞서 가믈리엘 랍반도 히브리 성경 구절을 인용하여 철학자가 제시한 '여섯 가지 좋은 재료' 그 자체를 하느님이 만들었다고 논박한다. 이처럼 철학자가 말하는 우주 창조의 기본 요소도 성경에서 찾을 수 있다. 랍비들은 이방 민족의 종교뿐 아니라 철학적 사고에도 이와 같이 적극적으로 대응했다.

3 창세기 1,1의 '만들어내다'라는 동사(바라)가 나오는 인용구를 찾아 창조의 여섯 가지 것이 옛날에 있었다고 논증한다.

4 '불모지와 빈 곳'은 '악'으로 비유한다. 하느님은 창조 시작부터 선과 악을 만들었다고 랍비들은 풀이한다(아래 〔6〕참조).

5 여기서 '빛'은 창세기 1,3의 '하느님이 말씀하셨다. 빛이 있어라'라는 문장에서 빛을 가리킨다. 어둠은 창조 처음에 하느님이 만들었다고 입증한다.

6 하늘과 물이 왜 하느님을 찬양하겠느냐는 반문이다. 그 이유는 하느님이 하늘과 물을 만들어냈기 때문이다. 여기에서 물은 단물을 가리키며 어둠을 상징하는 '깊은 물'과 상반된 뜻으로 사용된다.

7 창세기 1,9-10에 따르면 하늘 아래 물이 한 곳으로 모여 육지가 만들어졌으며 육지에 산도 포함된다. 하느님이 산과 바람을 만들었다는 이사야의 말을 입증 문구로 사용할 수 있다.

8 창조 시작에 하느님은 지혜를 가졌으며(잠언 8,22) 그다음에 깊은 물(어둠)이 생겼다는 뜻이다.

 인간이 부정해지면 땅은
불모지가 된다

[2,1]

'땅은 불모지에 비었다' (창세기 1,2).

베레크야 랍비는 (아래 구절을) 열었다.

'아이도 역시 자기 행동에서 자기 행위가 정淨한지 바른지 분별된다' (잠언 20,11).[1]

베레크야 랍비는 말했다.

"(땅이) 아직 미완성이었을 때 가시덤불이 자랐다. 그때 미래의 한 예언자가 이에 대해 이렇게 예언했다. '나는 땅을 보았다. 보아라, 불모지에 비었다' (예레미야 4,23)."[2]

주해

1 아이의 행동을 보면 그가 장래에 정淨하고 바른 것을 분별하는 능력을 갖출 수 있는지 판단할 수 있다. 창조 시작에 땅이 불모지에 비었다고 하는 것은 사람들이 악해지면 땅이 불모지로 변하게 되고 사람이 살지 못하는 빈 곳이 된다는 것을 미리 알려준다. 사람들에게는 어려서부터 악한 성향이 있음을 지적한다. 토라를 공부하는 중요한 이유는 사람에게 이러한 악한 성향이 있기 때문이다. 이렇게 어려서부터 토라 공부에 열중하면 악한 성향에서 벗어날 수 있으며 복을 받는다고 랍비들은 말한다. 『선조들의 어록』(5,22)에 따르면, 다섯 살에 모세오경을 배우기 시작하고, 열 살에 미쉬나를, 열다섯 살에 탈무드를 배운다.

2 예레미야 예언자는 이스라엘이 죄를 지었기 때문에 예루살렘 성전이 무너지고 땅은 불모지에 비게 될 것이라고 예언한다. 창조 시작에 땅이 불모지에 비었다는 것은 미래에 사람들이 죄를 짓게 되면 그들의 삶의 터전이 공허하게 된다는 점을 창조주는 경고하여 창세에 미리 보여준다.

[2,2]

아바후 랍비와 예후다 바르 시몬 랍비(는 각자 서로 다른 의견을 말했다).[1]

아바후 랍비는 말했다.

"이것은 두 명의 종을 한 청구서에 하나로 계산하여 산 왕에 비유할 수 있다. 왕은 한 종에게는 (왕의) 재물로 살게 하고, 다른 종에게는 고생하여 먹을 수 있게 했다. 그 종은 앉아서 (자신의 삶이) 불모지에 비었다고 하며 이렇게 말했다. '우리 둘은 한 청구서에 하나로 계산됐습니다. 그런데 하나는 (왕의) 재물로 살 수 있게 됐으나 나는 고생하며 일하지 않으면 먹고살 수 없게 됐습니다.'

이처럼 땅은 (자기 형편이) 불모지에 비었다고 하며 말했다. '위의 것들과 아래의 것들이 한번에 창조됐으나 위의 것들은 현존하신 분(하느님)의 광채로 살 수 있게 했고, 아래의 것들은 고생하지 않으면 먹을 수 없게 했습니다.'"[2]

예후다 바르 시몬 랍비는 말했다.

"이것은 두 명의 여종을 한 청구서에 하나로 계산하여 산 왕에 비유할 수 있다. 왕은 한 여종에게는 왕궁을 떠나지 않도록 하고 다른 여종에게는 왕궁을 떠나도록 했다. 그 여종은 앉아서 (자기의 삶은) 불모지에 비었다고 하며 이렇게 말했다. '우리 둘은 한 청구서에 하나로 계산됐습니다. 그런데 하나는 왕궁을 떠나지 않아도 되고 나는 나가야 하게 됐습니다.'

이처럼 땅은 (자기 형편이) 불모지에 비었다고 하며 말했다. '위의 것들과 아래의 것들이 한번에 창조됐으나 위의 것들은 (영원히) 살고 아래의 것들은 죽습니다.' 이처럼 '땅은 불모지에 비었다.'"[3]

탄후마 랍비는 말했다.

"이것은 요람에서 자고 있는 왕의 아들에 비유할 수 있다. 그의 유모는 (자기 형편이) 불모지에 비었다고 한다. 왜 그럴까? 그녀는 그 왕자의 손 때문에 그녀가 벌 받을 것을 알고 있었기 때문이다.

이처럼 땅은 아담의 손 때문에 벌 받을 것이라고 예견했다. 이렇게 말한다. '너 때문에 땅은 저주를 받을 것이다'(창세기 3,17). 그러므로 '땅은 불모지에 비었다.'"[4]

주해

1 아바후 랍비는 3세기 말에서 4세기 초반 이스라엘 땅에서 활동한 아모라 (해설자)였다.

2 위의 것들은 천사들을 뜻한다. 천사들은 하느님과 함께 그의 광채로 살 수 있지만, 아래의 것들, 즉 피조물들은 자신의 노고로 먹고살 수밖에 없다. 땅이 불모지에 비었다는 것은 사람이 땅을 일구어야 먹고살 수 있다는 뜻이다.

3 천사들은 영원히 살지만 사람은 죽는다는 점도 땅이 불모지에 비었다는 문구에서 설명한다. 랍비는 이러한 것을 창조의 처음부터 가르친다고 풀이한다. 또한 사람이 땅을 일구어 풍요하게 살 수 있어도 토라에 따라 바

르게 행하지 않으면 땅은 끝내 불모지가 된다.

4 에덴동산 이야기에서 아담은 하와가 손으로 건네준 금지된 열매를 받아 먹고 벌을 받는다. 그들이 벌 받는 것은 당연한 일이겠지만 땅도 저주를 받는 것은 부당할 수 있다. 땅이 저주받아야 하는 이유를 왕자와 유모의 비유로 설명한다. 유모는 왕자를 잘 보살피고 교육할 의무가 있다. 그런데 유모가 자신의 의무를 잘 이행했음에도 왕자가 잘못을 범하게 됐다. 비록 왕자가 유모의 가르침대로 행하지 않았더라도 그 잘못의 궁극적인 책임 은 유모에게 있다. 창조의 시작에 땅이 불모지며 비었다는 것은 땅이 인간 의 잘못을 처음부터 받아들인다는 뜻이다. 인간이 잘못하여 땅은 끝내 불 모지가 될 수도 있다.

[2,3]

'땅은 불모지에 비었고 어둠이 깊은 물 위에, 하느님의 바람 (기운)이 물 위에 일고 있었다' (창세기 1,2).

예후다 바르 시몬 랍비는 이 구절이 세대世代에 대해 말한다 고 풀이했다.

"'땅은 불모지다.' 이것은 첫 번째 아담에 대해서다. 그는 비 었고 아무것도 아니다.[1]

'비었다.' 이것은 카인에 대해서다. 그는 세상이 빈 것으로 돌 아가기를 원했다.[2]

'어둠이.' 이것은 에노쉬 세대에 대해서다. 이것에 대해 '그들 (우상 숭배자들)은 어둠에서 행했으며 누가 보겠느냐? 누가 알아 차리겠느냐? 하고 말한다' (이사야 29,15).[3]

'깊은 물 위에.' 이것은 홍수 세대에 대해서다. 이렇게 말한 다. '그날 깊은 물의 모든 원천이 터졌다' (창세기 7,11).[4]

> '하느님의 바람(기운)이 물 위에 일고 있었다.' 이것에 대해,
> '하느님은 땅 위에 바람이 지나가게 했다'(창세기 8,1)."[5]

주해

1 유대교 문헌에서는 창세기의 에덴동산에 나오는 아담을 '첫 번째 아담'이라고 부른다. 그 이유는 마지막 날에 오는 메시아도 아담이라고 부르기 때문이다. 이 메시아 아담을 '두 번째 아담', '마지막 아담' 혹은 '새 아담'이라고 부른다. 첫 번째 아담은 땅에서 모은 흙으로 만들어졌는데 죄를 지어 에덴동산에서 쫓겨났다. 그 이유는 땅이 불모지였기 때문이다.

바울의 편지에서 그는 예수 그리스도를 '마지막 아담'이라고 부른다. '아담 안에서 모든 사람이 죽듯이, 그와 마찬가지로 그리스도(메시아) 안에서 모두가 살아 있습니다'(고린도전서 15,22). '아담(사람)이 됐다'(창세기 2,7)라고 쓰여 있으며, 이것은 첫 번째 아담을 말합니다. '살아 숨 쉬는'(창세기 2,7)은 '생명을 주는 영혼의 마지막 아담을 말합니다'(고린도전서 15,45). 바울은 '살아 숨 쉬는 사람(아담)이 됐다'(창세기 2,7)는 구절을 둘로 나누어 '사람(아담)'은 첫 번째 아담을, '살아 숨 쉬는'의 두 번째 문구는 마지막 아담을 가리킨다고 풀이한다. 바울의 편지(로마서 5,12-21)에서 바울은 아담과 그리스도를 죄와 은총으로 설명한다. 첫 번째 아담이 지은 죄로 세상은 죄를 짓게 됐으나, 예수 그리스도가 이 세상에 새 아담으로 온 은총으로 사람은 영원한 생명을 얻게 된다고 말한다. 마지막 날에 오는 메시아인 새 아담은 옛날 에덴동산에서 죄지은 아담과는 달리 처음부터 죄를 짓지 않는다. 그러므로 복음서에서 예수는 태어나면서부터 거룩하다고 불렸다. '그러므로 당신(마리아)에게서 태어날 이는 거룩하신 분이며, 그는 하느님의 아들이라고 불릴 것입니다'(누가복음 1,35).

2 카인이 동생 아벨(헤벨)을 죽인 것은 그가 그의 아버지에게서 세상을 다스리는 권한을 이어받으려고 한 범죄였다. 이로 인해 세상이 부정不淨하게 됐고, 그 세대는 의인이 없는 빈 것이 됐다. 아벨이 정淨하고 카인이 부정

不淨한 이유는 그들이 하느님에게 드린 제물의 종류에 기인한다. 카인은 곡식을, 아벨은 양을 제물로 가져왔다. 레위기에 정해진 제사 법규에 따르면, 이스라엘 사람들이 성전에 드려야 할 제물에는 여섯 가지 종류가 있다. '이것은 번제물과 곡식제물, 속죄제물과 보상제물, 위임제물과 화목제물에 대한 규례(토라)다'(레위기 7,37). 곡식제물 이외의 제물은 소, 양, 염소, 새(비둘기)처럼 모두 짐승을 바치는 것이다. 곡식제물은 하느님의 주권을 인정하는 뜻으로, 땅의 소유주인 하느님에게 속하는 땅에서 소출된 곡식과 열매를 소유주에게 바치는 화목제에 사용된다. 짐승을 바치는 제물은 죄에 대한 용서를 받기 위한 속죄제에 쓰인다. 카인과 아벨 이야기에서 하느님이 아벨의 제물을 받아들이고 카인의 곡식제물을 받아들이지 않은 이유는 그 제사가 속죄제이지 화목제가 아니라는 것이다. 죄를 지은 후에는 (비록 부모의 죄라 하더라도) 우선 속죄제물을 가져와 속죄 의식을 하는 것이 순서다. 카인은 절기와 제물의 관계를 바르게 이해하지 못하는 잘못을 범한 것이다. 그래서 하느님은 카인의 곡식제물이 속죄제의 제물로는 부정不淨하다고 그에게 눈길을 두지 않은 것이다. 이와 같이 보면 아브라함이 그의 아들 이츠학(이삭)을 제물로 바쳐야 하는 이야기(창세기 22장)는 속죄 의례의 범주에서 이해할 수 있다. 아브라함은 하느님에게 속죄를 해야 하는 상황이었다. 왜냐하면 하느님이 그에게 내년에 아들을 가질 것이라고 말하자 그와 그의 아내가 웃었기(창세기 18,10-15) 때문이다.

복음서에 따르면, 요한 세례자는 예수를 보고 '세상의 죄를 없애시는 하느님의 양입니다'(요한복음 1,29)라고 말한다. 예수가 속죄제에 바치는 양으로 묘사된 것이다. 아벨이 그의 부모(아담과 하와)의 죄 때문에 하느님에게 번제물을 드렸으나 카인이 아벨을 죽였기 때문에 하느님은 아벨에게서 속죄제물을 받지 못했다. 그러므로 마지막 아담인 메시아 예수는 아담의 죄를 사해달라고 하느님에게 자신을 속죄제물로 바치는 것이다. 아담의 죄는 세상의 죄를 뜻한다.

3 창세기 4,26에 에노쉬 때부터 주님의 이름을 부르기 시작했다고 전한다.

I
창
세
신
화

랍비들의 전승에 따르면, 에노쉬 세대의 사람들은 우상을 숭배했으며 그때 주님의 이름에 대해 알아보려고 애썼다. 에노쉬는 어둠 속에서 우상 숭배를 하며 그들이 우상을 섬기는지 누가 알겠느냐고 반문했다는 것이다. 여기에서 '누가'는 주님을 가리키는 은유다.

4 창세기 1,2의 '깊은 물'은 홍수 이야기에 나오는 '깊은 물'과 같다. 창세기 1,2에서 어둠이 깊은 물 위에 있다는 것은 사람들이 부정하게 되면 홍수 이야기처럼 깊은 물의 원천이 터져 홍수가 일어나 사람들의 잘못을 벌한다는 뜻이다.

5 하느님의 바람(기운)/성령이 (단)물 위에 일고 있으면서 세상이 창조된 것처럼 홍수가 일어난 다음, 하느님은 노아와 그의 모든 것을 기억하고 땅위에 바람이 지나가게 하여 깊은 물이 가라앉게 했으며, 그 후에 노아와 계약을 맺어 새 시대를 시작했다.

찬미받으시는 거룩하신 분이 말씀하셨다.

"세상이 암흑 속에서 얼마나 살아가겠나? 빛이 올 것이다."[1]

이렇게 '하느님이 말씀하셨다. 빛이 있어라'(창세기 1,3).

이것은 아브라함을 뜻한다. 이렇게 쓰여 있다. '누가 동방에서 정의를 부르짖는 이를 그분의 발에 두시려고 일으켰는가?'(이사야 41,2) 여기에서 '일으키다'를 '빛을 내다'로 읽고 (이해하시오).[2]

'하느님은 빛을 낮이라고 부르셨다'(창세기 1,5). 이것은 야곱을 뜻한다.[3]

'어둠은 밤이라고 부르셨다.' 이것은 에서다.

'아침이 됐다.' 이것은 야곱을 뜻한다.

'저녁이 됐다.' 이것은 에서의 저녁을 뜻한다.

'아침이 됐다.' 이것은 야곱의 아침을 뜻한다.

'하루(첫날)다.' 이렇게 말한다. '하루가 있었다. 주님이 그것

을 아셨으며, 이것은 낮이 아니고 밤도 아니다. 저녁때에 빛이 있을 것이다'(스가랴 14,7).[4]

다른 설명

"하루다."

이것은 찬미받으시는 거룩하신 분이 그(야곱, 즉 이스라엘)에게 하루를 주신 것을 말한다. 그것은 속죄일이다.[5]

주 해

1 히브리 성경에 '세상이 암흑 속에서 얼마나 살아가겠나? 빛이 올 것이다' 라고 말하는 구절은 없다. 이렇게 히브리 성경에 없는 구절은 구전으로 전 해진 것이거나 어느 특정한 랍비에게 알려준 하느님의 계시라고 본다. 미 드라쉬에서는 이러한 인용문을 종종 볼 수 있다(「창세기 미드라쉬 랍바」 3,9[본서 7 장] ; 8,4-5[본서 9장] 등).

2 아브라함은 동쪽(갈대아의 우르, 즉 메소포타미아)에서 왔으며 의인으로 불렸 다. 랍비들의 해석에 따르면, 아브라함은 하느님의 지식을 세상에 알리기 위해 고향을 떠나 가나안 땅으로 이주해왔으며, 어둠 속에 살고 있는 사람 들에게 빛을 밝힌 첫 번째 사람이다. 이처럼 어두운 세상을 구원할 메시아 는 동방에서 일어나며 의롭다고 불린다. 메시아는 어둠을 밝히는 빛처럼 빛을 낸다. 역사적으로 이사야 41,2에서 말하는 '동방에서 정의를 부르짖 는 이'는 바빌로니아에 유배돼와 살던 이방인들에게 그들의 고향으로 돌 아가도 된다는 해방의 기쁨을 준 페르시아 왕 코레쉬(고레스)를 가리킨다. 요한복음의 시작을 포함해 신약성경에서는 그리스도(메시아)를 빛으로 표 현하는 단락을 많이 읽을 수 있다(마태복음 17,1-9 ; 요한복음 8,12 ; 고린도후서 6,14 ; 베드로전서 2,9 등). 예수 그리스도를 빛이라 부르는 해석의 출발점은 창세기 1,3의 미드라쉬에서 발견할 수 있다.

3 랍비 문헌에 야콥은 '이스라엘 공동체'를, 에서는 로마를 가리키는 경우가 자주 나온다. '이스라엘 공동체'는 믿음의 공동체를 뜻한다. 이와 초대 교회를 대비해볼 수 있다. 초대 교회 사람들은 자신들을 '참 이스라엘', 믿음의 공동체라고 불렀다.

4 히브리어로 하룻날을 '하루'라고 표현하기도 한다. 저녁이 되면 에서의 힘이 강해지고 아침이 되면 야콥의 힘이 강하게 된다. 로마 제국의 지배 아래 살고 있는 시대를 저녁으로 비유하여 저녁이 지나고 아침이 될 때 이스라엘 공동체가 힘을 얻어 강하게 된다. 그 입증 문구로 스가랴 14,7을 들었다. 저녁에 빛이 있을 것이라는 예언을 입증 문구로 들어, 미래에는 로마가 힘을 잃을 것이라고 풀이한다.

5 이스라엘 사람은 매년 속죄일(욤 하키푸림)에 속죄를 해야 하느님의 명부名簿에 적힌 자기 이름에 공덕이 쌓인다. 속죄일은 신년 축제일 후 열째 날이다. 새해가 시작되면 첫 번째 종교적 행사가 속죄하는 일이다. 새해 시작과 더불어 행하는 속죄일이 창조의 첫날과 연관된다. 속죄일은 70년까지 예루살렘 성전에서 거행됐다. 사람들은 성전에 와서 속죄제물을 바치고 속죄 의식을 받았다. 그러나 성전 규례에 따르면, 절름발이나 소경, 귀머거리, 벙어리 같은 장애인과 나병, 중풍, 정신병 등에 걸린 병자들은 성전에 들어갈 수가 없었다. 따라서 이들에게는 속죄의 기회가 주어지지 않았다. 유대교 전통에 사람이 매년 속죄일에 속죄 의식을 받지 못하면 하느님의 명부에 기록되지 않기 때문에 오는 세상에서 한몫을 받을 기회가 없어진다. 장애인이나 불치병에 걸린 병자이기 때문에 성전에서 속죄 의식을 받지 못하는 사람은 오는 세상에 들어갈 수 없어 죄인으로 살아야 하는 운명이다.

예수가 장애인이나 병자들을 치유하는 이야기를 이러한 속죄 의식과 비교해볼 수 있다. 예수가 그들을 치유한 목적은 그들이 속죄일에 성전에 들어가서 속죄할 수 있는 기회를 갖게 하고 오는 세상에 한몫을 차지할 수 있도록 하기 위함이다. 성전에 들어갈 수 없는 병에 걸린 환자들에게 예수가 치유를 해주고 그들에게 성전에 가라고 지시한 것도 같은 맥락에서 이해할 수 있다. '그러자 그의 나병이 깨끗하게 나았다……. 예수는 그에게 말씀하셨다. 모세가 지시한 예물을 (성전에) 갖다 바쳐 그들(사제들)에게 증거가 되게 하시오'(마태복음 8,3-4). 여기에서 '증거'는 다름 아닌 하느님의 명부에 그 사람이 속죄제물을 가져왔다는 기록을 해달라는 것으로 이해할 수 있다.

06 성전이
다시 세워진다

[2,4]

　심온 벤 라키쉬 랍비는 이 구절(창세기 1,2)이 유배를 뜻한다고 풀이했다.[1]

　"'땅은 불모지다.' 이것은 바빌론 유배를 뜻한다. 이렇게 말한다. '나는 땅을 보았다. 보라, 불모지에 비었다'(예레미야 4,23).[2]

　'비었다.' 이것은 페르시아 유배를 뜻한다. '그들은 하만을 데려오려고 서둘렀다'(에스더 6,14).[3]

　'어둠이.' 이것은 그리스(로 인한) 유배를 뜻한다. 그들은 칙령을 내려 이스라엘의 눈을 어둡게 했으며, 그들에게 이렇게 말했다. '너희는 이스라엘의 하느님으로부터 받을 몫이 없다는 것을 황소 뿔에 쓰라.'[4]

　'깊은 물 위에.' 이것은 사악한 왕국(으로 인한) 유배를 뜻한다. 그들은 깊은 물 같아 (그들의 속을) 찾아내지 못했다. 이 깊은 물이 무엇인지 찾아내지 못했다. 또한 악인들도 그렇다.[5]

　'하느님의 바람이 (수면 위에) 일고 있었다.' 이것은 메시아 왕의 기운(바람)/성령을 뜻한다. 이렇게 말한다. '주님의 기운이 그(새싹, 즉 메시아) 위에 놓였다'(이사야 11,2). 무슨 공덕으로 (이스라엘은) 메시아의 기운(성령)을 느낄 수 있을까?[6]

　'물 위에 일고 있었다.' 이것은 (공덕으로) 그(메시아의 기운)가 온다(는 것을 뜻한다). 물에 비유한 것처럼 회개의 공덕이다. 이렇게 말한다. '네 마음을 물처럼 쏟아놓아라'(애가 2,19)."[7]

주해

1 심온 벤 라키쉬 랍비(200년~275년경)는 이스라엘 땅에서 활동했다. 할라카 (법도)를 전공한 그는 당대의 뛰어난 학자였으며, 그의 동료 요하난 벤 나파하 랍비와 쌍벽을 이루었다.

2 예레미야 예언자는 땅이 불모지라고 말한다. 이는 바빌로니아 군대가 예루살렘을 함락하고 성전의 보물을 약탈해간 상황을 뜻한다.

3 페르시아 왕이 페르시아에 살고 있는 유대인들을 없애려고 했으나, 에스더 왕후의 노력으로 유대인들은 살아남을 수 있었다.

4 그리스로 인한 유배는 기원전 175~164년 동안 유대아 땅을 포함한 시리아 지역을 통치한 안티오쿠스 4세 시기를 가리킨다. 기원전 169년 안티오쿠스 4세는 에루살렘 성전을 약탈한 다음 우상 숭배를 강요했으며, 안식일과 유대인 명절도 지키지 못하게 칙령을 내렸다.

5 '깊은 물'은 어둠을 상징한다. 사악한 왕국은 로마를 가리킨다. 서기 6년에 이스라엘 땅은 로마 황제 직속의 총독관구가 되고 44년에는 로마의 속주가 됐다. 66~70년에 로마에 항거하는 유대인 항쟁이 일어났지만, 70년 티투스 장군에 의해 예루살렘이 점령되고 성전의 보물은 약탈됐다. 그리고 유대아 땅은 로마의 지배를 받게 됐다. 132~135년에 제2차 유대인 항쟁이 일어났지만 실패했고, 예루살렘은 이방 도시로 개편됐다. 이로써 유대인들은 예루살렘에서 추방돼 다른 도시로 이주했다. 유대아 땅은 더욱 피폐해졌으며 이방인들이 이주해와 살게 됐다. 심온 벤 라키쉬 랍비가 살던 3세기 후반에도 로마 왕권은 여전히 건재했다. 유대인에게는 자주 독립의 희망이 보이지 않았던 기나긴 암울한 시기였다. 그래서 랍비는 깊은 물속의 깊이를 알 수 없는 것처럼 사악한 왕국의 끝이 언제일지 알 길이 없다고 풀이한다.

6 '하느님의 바람/기운/성령이 수면 위에 일고 있다'는 구절에서 '물'은 새싹(메시아)을 뜻한다고 해석한다. 그런데 새싹 위에 하느님의 기운(성령)이 놓여 있어서 우리를 위해 메시아가 온다는 뜻이라고 하지만, 우리가 무슨

공덕을 쌓았기에 그가 오는 것을 느낄 수 있겠느냐고 반문한다.

7 물을 쏟아놓듯이 회개하라. 회개가 선행돼야 메시아가 온다. 창조 시작에 하느님의 바람이 물 위에 일고 있었다는 것은 사람들이 회개할 것을 기대하기 때문이다. 그래서 창조 이전에 회개가 있었다는 논리가 성립된다(「창세기 미드라쉬 랍바」 1,4 ; 본서 3장).

하가이 랍비는 페다트 랍비의 이름으로 말했다.[1]

"('하느님의 바람이 물 위에 일고 있었다')는 것은 물과 맺은 계약이다. 그래서 무더운 여름날에도 바람이 (불어 땀을) 식혀준다.[2]

심온 벤 조마 랍비가 한동안 앉아서 골몰했다.[3]

그때 예호슈아 랍비가 지나가며 그에게 안녕하시냐고 물었다.

한 번 물었고 두 번째도 물었는데, 그는 대답하지 않았다.

세 번째에야 그는 성급히 대답했다. 그래서 그는 그에게 '벤 조마여, 어떻게 돼갑니까?' 하고 말했다.

그는 그에게 '나는 어디엔가 있었습니다'라고 말했다.

그는 그에게 말했다.

'당신이 무얼 하고 있었는지 나에게 알려주지 않으면 나는 여기에서 움직이지 않겠다고 하늘과 땅에 맹세하겠습니다.'

그는 그에게 말했다.

'나는 세상 창조를 쳐다보고 있었으며, 위의 물과 아래의 물 사이에 오직 손가락 두세 개의 차이가 있다는 것을 (알았습니다). 그리고 하느님의 바람이 물 위에 '불고 있다'고 쓰여 있지 않고 '일고 있다'고 합니다. 이는 마치 새가 날개를 퍼덕이며 (그 둥지 위에) 일고(날고) 있는 것 같으며, 그 날개가 닿을 듯 말 듯한 것입니다.'[4]

예호슈아 랍비는 당황했으며 그의 제자들에게 '벤 조마는 갔다'고 말했다.

불과 며칠 지나지 않아 벤 조마는 세상을 떠났다."[5]

주해

[1] 페다트 바르 엘리아자르 랍비는 4세기 중반에 이스라엘 땅에서 활동한 해설자였다.

[2] 하느님의 바람이 물 위에 일고 있었다는 것을 하느님은 물과 계약을 맺었다는 것으로 설명한다. 이처럼 홍수 이후에 하느님은 노아와 하늘의 활(무지개)을 두고 계약을 맺는다. '나는 구름에 내 활(天弓)을 줄 것이니 나와 땅 사이에 계약의 징표가 될 것이다'(창세기 9,13).

[3] 심온 벤 조마 랍비는 2세기 초반(120~140년)에 이스라엘 땅에서 활동하던 신비주의자였으며 예호슈아 벤 하나니아의 제자였다. 파르데스(낙원, 에덴 동산)에 들어간 네 명의 이야기에 나오는 한 사람이다.

[4] 창세기 1,7에 '하느님이 창공을 만드시고, 창공 아래 있는 물과 창공 위에 있는 물 사이를 갈라놓으시자, 그렇게 됐다'고 말한다. 위의 물과 아래의 물 사이에 하늘이라는 공간이 있다. 그러나 벤 조마 랍비는 그 공간의 차이가 불과 손가락 두세 개를 놓을 정도라고 해석한다. 그 입증 문구로 하느님의 바람이 수면 위에 일고 있다는 것은 마치 새가 둥지 위에 앉으려고 하는 그 순간(즉 닿을까 말까 하는)의 공간이라고 표현한다. 하느님의 바람은 새가 날개를 퍼덕이며 둥지에 내려앉으려는 모습으로 묘사된다.

이와 같은 장면은 복음서에서도 볼 수 있다. 예수가 요한 세례자에게서 세례를 받고 물에서 올라오는데 마침 하늘이 열리고 '하느님의 기운(바람)/성령이 비둘기처럼 내려와 그분 위에 이르렀다'(마태복음 3,16)고 한다. 이러한 모습은 창세기 1,2에서 하느님의 바람이 물 위에 일고 있는 것으로 볼 수 있으며, 위의 미드라쉬와 비교하면 복음서에서 하느님의 기운이 예수 위에 닿을 듯 말 듯한 상태다. 예수가 세례를 받으면서 새로운 메시아의 시대가 열린다는 단락이 창조(창세기)의 시작 부분과 조응하여 전개되는 것을 볼 수 있다.

5 대부분의 랍비들은 벤 조마 랍비의 해석에 동의하지 않았으며, 그의 해석이 바르지 않다고 말한다. 며칠 지난 후 그는 갑작스럽게 죽었다. 랍비들은 서로 다른 해석을 주장함으로써 그들의 논쟁이 극에 치닫는 경우가 종종 있었다. 때로는 자기 의견만을 고집하다가 큰 낭패를 본 일도 있고, 심지어 죽음을 초래하는 경우도 있었다(역주자 후기 참조).

[2,5]

아바후 랍비와 히야 랍바 랍비(의 서로 다른 의견).

아바후 랍비는 말했다.

"세상의 창조 시작에 찬미받으시는 거룩하신 분이 의인들의 행함과 악인들의 행함을 예견하셨다. 이렇게 쓰여 있다. '주님은 의인들의 길을 아신다. 그러나 악인들의 길은 망한다'(시편 1,6).

'땅은 불모지에 비었다.' 이것은 악인들의 길이다.

'하느님이 말씀하셨다. 빛이 있어라.' 이것은 의인들의 길이다. 그러나 이들의 행함과 저들의 행함 가운데 어느 것에 하느님의 즐거움이 있는지 나는 모르겠다. 이렇게 쓰여 있다. '하느님이 빛을 보시니 참 좋았다'(창세기 1,4). 이것은 그분이 의인들의 행함에 즐거움이 있으며 악인들의 행함에 즐거움이 없다는 것을 말한다."[1]

히야 랍바 랍비는 말했다.[2]

"세상의 창조 시작부터 찬미받으시는 거룩하신 분이 성전이 세워지고 무너지고 세워진다고 예견하셨다.[3]

'처음에 하느님이 만들어내셨다.' 이것은 성전의 건축을 뜻한다. 이렇게 말한다. '하늘을 심고 땅을 세운 내가 시온에게 '너는 나의 백성이다'라고 말했다'(이사야 51,16).[4]

'땅은 불모지에 비었다.' 이것은 성전이 무너진 것을 뜻한다. 이렇게 쓰여 있다. '나는 땅을 보았다. 보라, 불모지에 비었다'(예레미야 4,23).[5]

'하느님이 말씀하셨다. 빛이 있어라.' 이것은 성전이 (다시) 세워질 것을 뜻하며, 오는 미래(메시아 시대)에 그렇게 될 것을 확신한다. 이렇게 말한다. '일어나라, 비추어라, 참으로 너(시온)의 빛이 왔다. 주님의 영광이 네 위에 떠올랐다'(이사야 60,1).[6] 또한 이렇게 쓰여 있다. '참으로 보라, 어둠이 땅을 덮고 있으며 암흑이 민족들을 (덮고 있다). 그러나 주님은 네 위에 떠오르시고 그분의 영광이 보일 것이다'(이사야 60,2)."[7]

주해

1 창조의 시작부터 사람에게는 선과 악의 길 가운데 무엇을 택할지 선택의 자유가 주어졌다. 악한 자들은 잘못을 저질러 세상을 불모지로 만들며, 의인은 어두운 세상에 빛을 밝혀준다. 하느님은 창조 시작에 이 두 행로를 보았지만, 사람이 그 가운데 어느 길을 택할지는 모른다. 랍비는 시편 1,6을 입증 문구로 인용하며 악인의 길은 패망으로 이어진다는 것을 확신한다. 그러므로 하느님은 의인들의 행로를 즐거워한다고 해설한다.

2 히야 바르 아바 랍비는 200∼220년에 이스라엘 땅에서 활동하던 타나(선생)였다. 그는 『미쉬나』를 편찬한 예후다 랍비의 제자였다.

3 세상 창조의 시작에 하느님은 성전을 미리 준비했다고 랍비들은 해석한다(『창세기 미드라쉬 랍바』 1,4 ; 본서 3장). 비록 지금은(70년과 135년) 예루살렘 성전이 로마 군대에 의해 무너져 이방인들이 그곳에 이방신들을 세워놓고 숭배하고 있지만 미래에 성전이 다시 세워질 것을 랍비들은 확신했다. 그런 믿음에서 창조 시작에 성전이 있었다고 논증한다. 이와 마찬가지로 창조

시작에 하느님은 성전이 솔로몬에 의해 세워지고, 바빌로니아와 로마에 의해 무너진 다음, 메시아 시대에 다시 세워질 것을 예견했다고 풀이한다.

4 이것은 다윗이 하느님께 약속하고 솔로몬이 지은 예루살렘 성전을 뜻한다. 예루살렘은 시온과 함께 나오는데(예를 들면 이사야 2,3 '참으로 시온에서 토라가 나오고 예루살렘에서 주님의 말씀이'), 이 경우 시온은 예루살렘의 남쪽에 위치한 시온 산을 가리킨다. 시온은 예루살렘을 상징적으로 표현한다.

5 여기에서 성전이 무너진 것은 기원전 587년 예루살렘 성전이 바빌로니아 군대에 의해 무너진 사건과 서기 70년 로마에 의해 함락된 것을 뜻한다. 이와 비교하여 예수가 예루살렘 성전의 파멸을 예고했다는 복음서의 문맥을 이해할 수 있다. "그리고 예수께서 성전에서 나와 떠나가실 때에 제자들이 다가와 그분에게 성전 건물을 가리켜 보였다. 예수께서 대답하여 그들에게 말씀하셨다. '여러분은 이 모든 것을 보고 있지 않습니까? 진실이 여러분에게 이르거니와, 돌 위에 돌 하나도 여기에 남아 있지 않고 허물어질 것입니다'(마태복음 24,1-2)." 유대인의 항쟁이 격화되면서 초대 교회는 무력으로 이스라엘의 구원을 도모하는 무리와 결별하고 요르단 강 건너로 그들의 근거지를 옮겨갔다.

6 여기서 주목할 점은 새로 세워질 성전을 지시하는 문구를 이사야 60장에서 찾은 것이다. 이 문구(이사야 60,1)에서 '너'가 무엇을 가리키는지를 알아야 한다. 이사야는 '너를 주님의 도성이라고, 이스라엘의 거룩하신 분의 시온이라고 부를 것이다'(이사야 60,14)라고 말한다. 이 문구(이사야 60,1)에서 '너'는 시온이다. 첫 번째 성전에 대해 말할 때 이사야 51,16에서처럼 시온에게 말하는 점이다. 메시아 시대에 새로 세워질 성전은 시온 산에 자리할 것이라고 해석한다.

메시아 시대에 새로 세워지는 성전은 시온 산에 있을 것이라는 전승의 대표적인 예를 신약성경에서 읽을 수 있다. '너희는 시온 산, 즉 살아 계신 하느님의 도시, 하늘의 예루살렘에 왔다'(히브리서 12,22). 초대 교회 전승에 따르면, 예수가 최후만찬을 한 집은 바로 시온 산에 있었다.

예루살렘 시온 산에 세워진 교회
6세기경 요르단의 사해 동쪽에 위치한 마다바의 교회 바닥에 있는 모자이크 지도를 보면, 최후만찬의 다락방 자리에 세웠다는 '시온 교회'가 시온 성문 쪽에 그려져 있다. 그림의 오른쪽 끝 부분에 성문이 있고, 그 안쪽의 사각형 무늬의 지붕 건물이 시온 교회다.

7 히야 랍비는 이사야 60,1-2을 입증 문구로 인용하여 메시아 시대에 성전이 다시 세워질 것이라고 풀이하며 하느님의 영광을 볼 수 있는 영원한 성전이 창조 시작에 예견됐다는 점을 설명한다. 이처럼 랍비들은 이스라엘의 역사를 이해하는 데 있어서 그 마지막을 예고하는 시대가 메시아 시대이며 그 목표(telos)는 메시아의 구원이라고 해석한다.

그리스도교 입장에서 보면 '이스라엘 공동체'는 교회(ecclesia)이며 교회가 바로 메시아 시대에 세워질 성전이다. 바울의 편지에서 이러한 관점을 읽을 수 있다. '그리스도(메시아)는 토라의 목표(telos)가 되시어 모든 믿는 이들에게 의로움이 돼주셨기 때문입니다'(로마서 10,4). '사실 우리(교회)는 살아 계신 하느님의 성전이니 이는 하느님이 말씀하신 바와 같습니다'(고린도후서 6,16).

07 '빛이 있어라!' 빛은 무엇일까

> **[3,1]**
>
> **'하느님이 말씀하셨다. 빛이 있어라!'**(창세기 1,3)
>
> 이츠학 랍비는 (아래 구절을) 열었다.[1]
> '당신의 말씀이 열리어 빛을 비추고 어리석은 이를 깨우쳐줍니다'(시편 119,130).
>
> 예후다 랍비와 느헤미야 랍비(는 의견이 달랐다).[2]
>
> 예후다 랍비는 말했다.
> "빛은 (창조) 시작에 만들어졌다. 이것은 왕궁을 짓기 원하는 왕에 비유할 수 있다. 그곳은 어두웠다. 그는 어떻게 했을까? 그는 등잔과 등불을 켜고 그 기반을 어떻게 세워야 할지 알았다. 이처럼 빛은 (창조) 시작에 만들어졌다."[3]
>
> 느헤미야 랍비는 말했다.
> "세상은 (창조) 시작에 만들어졌다. 이것은 왕궁을 짓고 등잔과 등불로 장식한 왕에 비유할 수 있다."[4]
>
> 여기까지가 유단 랍비의 해석이다.
> 핀하스 랍비와 시몬 랍비의 아들 예후다 랍비가 왔다. 후나 랍

비는 이츠학 랍비의 아들 쉬무엘 랍비의 이름으로 (아래 구절을) 열었다.

'당신의 말씀이 열리어 빛을 비추고 어리석은 이를 깨우쳐줍니다'(시편 119,130).

"당신의 입이 열림으로써 우리에게 빛이 있습니다. 이렇게 말합니다. '하느님은 말씀하셨다. 빛이 있어라!'"[5]

주해

1 이츠학 바르 엘아자르 랍비는 3세기 후반에서 4세기 초반까지 이스라엘 땅에서 활동하던 아모라였다.

2 예후다 랍비는 타나임 5세대(165~200년)에 속하는 예후다 랍비 대표를 가리키며, 느헤미야 랍비는 타나임 4세대(140~165년)의 타나였다.

3 이 비유에서 왕궁은 세상을 뜻한다. 빛은 세상을 만들 기반이 세워지기 전에 있었다고 설명한다. 즉 빛은 하늘과 땅이 만들어지기 전에 있었다.

4 창조 시작에 세상이 만들어지고, 그다음에 세상을 밝게 만들어줄 수 있는 빛이 생겼다. 왕이 왕궁을 짓고 왕궁의 벽을 등잔과 등불로 장식했다는 비유에서 등잔과 등불은 상징적으로 하느님의 가르침인 토라를 가리킨다. 4~6세기경 이스라엘 땅(유대아 지역)에 건립된 여러 회당의 바닥 모자이크에서 일곱 개의 등잔을 세워놓는 등잔대(메노라)를 볼 수 있다. 메노라는 세상을 밝히는 빛의 상징으로 사용됐다. 세상을 밝히는 빛은 곧 하느님의 말씀인 토라를 뜻한다.

복음서에 예수는 그의 제자들에게 '너희는 세상의 빛이다……. 사람들이 등불을 켜서 그것을 됫박 밑에 놓지 않고 등경 위에 놓는다'(마태복음 5,14-15)라고 말한다. 여기에서 등불은 이러한 '세상의 빛'인 메노라를 가리키며, 이것은 예수의 가르침(해석)을 뜻한다고 이해할 수 있다.

5 하느님이 "빛이 있어라"라고 말했을 때 그 빛은 태양이나 달 같은 발광체가 아니다. 왜냐하면 창조 나흘날에 태양과 달과 별이 만들어졌기 때문이다.

그렇다면 창조 하룻날에 만들어진 빛은 과연 무엇일까에 대해 랍비들은 다양한 의견을 제시했다. 그러나 랍비들은 그 빛이 창조 시작에 하느님의 말씀으로 만들어졌고, 그 빛이 사람들을 가르쳐준다는 데에는 동의한다.

요한복음의 시작 부분도 이와 같은 맥락에서 읽어볼 수 있다. '옛날에 말씀이 있었다. 말씀은 하느님과 함께 있었다……. 빛이 어둠 속에 비치고 있다'(요한복음 1,1-5). 여기서 옛날(창조)에 있었던 빛은 메시아를 가리킨다. 창세기 미드라쉬의 이 단락과 비교하면 메시아(그리스도)는 어리석은 이를 깨우치기 위해 '세상의 빛'으로 왔다고 이해할 수 있다.

[3,2]

베레크야 랍비는 예후다 바르 시몬 랍비의 이름으로 (아래 구절을) 열었다.

'주님의 말씀으로 하늘이 만들어졌으며, 그분 입의 바람(기운)으로 모든 (천상의) 군대가 만들어졌다'(시편 33,6).

예후다 바르 시몬 랍비는 말했다.

"찬미받으시는 거룩하신 분이 노고나 수고로 그분의 세상을 만드신 것이 아니라 '주님의 말씀으로' 이미 '하늘이 만들어졌다.'[1] 이처럼 '빛이 있다'고 쓰여 있지 않고 '빛이 있었다'고, 즉 이미 있었다는 뜻이다."[2]

주해

1 사람은 그 자신의 노고勞苦로 무엇인가를 만들지만 하느님은 말씀으로 만든다는 점을 강조한다. 복음서의 이야기를 이와 비교해 읽어보면 예수는 불구자나 환자들을 대부분 말씀으로 고친다. '저녁이 되자 사람들이 귀신 들린 많은 이들을 예수께 데리고 왔다. 예수는 말씀 한마디로 (나쁜) 영혼

들을 쫓아내시고 앓는 사람들을 모두 고쳐주셨다'(마태복음 8,16). 이렇게 예수가 말씀으로 무엇인가를 행하는 것은 그에게 하느님의 권능이 있다는 점을 보여준다. 이러한 맥락에서 그 당시 사람들은 예수를 하느님의 아들이라 부를 수 있었다고 이해된다.

2 하느님이 말씀하시자 하늘이 만들어졌다는 것처럼 "빛이 있어라"라고 말하자 빛이 있었다는 설명이다.

[3,3]

심온 벤 요하이 랍비는 (아래 구절을) 열었다.[1]

'사람에게는 그 입의 대답에 기쁨이 있으며, 그때의 말이 얼마나 좋은가'(잠언 15,23).

'사람에게는 기쁨이 있다.' 이것은 찬미받으시는 거룩하신 분을 뜻한다. 이렇게 말한다. '주님은 전쟁의 사람이며, 주님(YHWH)이 그분의 이름이다'(출애굽기 15,3).[2]

'그 입의 대답.' 이렇게 말한다. '그리고 하느님이 말씀하셨다. 빛이 있어라!'

'그 입의 대답이 얼마나 좋은가.' 이렇게 말한다. '그리고 하느님이 빛을 보시니 참 좋았다'(창세기 1,4).[3]

주해

1 심온 벤 요하이 랍비는 타나임 4세대(140~165년) 사람으로 이스라엘 땅에서 활동했다.

2 '사람(이쉬)'이라는 단어는 어느 특정한 맥락에서 하느님을 뜻한다. 그 입증 문구로 "주님은 전쟁의 사람(전사戰士)이며"를 인용한다.

3 잠언 15,23과 창세기 1,3-4을 비교하여 하느님의 입에서 나오는 대답('빛이 좋았다')에 그의 기쁨이 있다고 설명한다.

[3,4]

심온 벤 예호짜다크 랍비는 쉬무엘 바르 나흐만 랍비에게 질문했다.[1]

"당신에게 '빛이 있었다'에 대해 질문하는 것은 당신이 아가다의 대가라고 말하는 것을 들었기 때문입니다. 빛은 어디에서 만들어졌습니까?"[2]

그는 말했다.

"이것은 찬미받으시는 거룩하신 분이 겉옷처럼 자신을 그것(빛)으로 두르시고 그 찬란한 광채를 세상의 이 끝에서 저 끝까지 비추시는 것이라고 가르칩니다."

그는 그에게 (이 말을) 속삭이며 말했다.[3]

그(심온 랍비)는 그에게 말했다.

"성경에 그런 문구는 충분히 있습니다. '빛을 겉옷처럼 두르신 분(하느님)'(시편 104,2). 그렇지만 이것을 당신은 나에게 속삭이며 말합니까?"

그는 그에게 말했다.

"내가 그것을 속삭임으로 들은 것처럼 나도 당신에게 그것을 속삭이며 말합니다."

베레크야 랍비는 말했다.

"만일 이츠학 랍비가 군중에게 풀이했다면, 그렇게 말하는 것은 불가능했을 것이다."

이렇게 말하기 전에 현인들은 무엇이라고 말했을까?

베레크야 랍비는 이츠학 랍비의 이름으로 말했다.

"성전이 있는 장소에서 빛이 만들어졌다. 이렇게 쓰여 있다.

'보라, 이스라엘 하느님의 영광이 동쪽에서(옛날부터) 왔으며, 하느님의 소리는 많은 물소리 같았다. 땅은 그분의 영광으로 빛났다'(에스겔 43,2). '그분의 영광'은 다름 아닌 성전을 뜻한다. 마치 이렇게 말하는 것과 같다. '영광의 보좌는 처음부터(옛날부터) 높았다. 우리의 거룩한 곳이다'(예레미야 17,12)."[4]

주해

1 쉬무엘 바르 나흐만 랍비는 3세기 초에 태어나서 4세기 초에 죽었다. 그는 아가다(짤막한 사회적·전설적 이야기)의 대가로 알려졌다. '아가다'는 히브리 성경에 나오는 사건이나 인물, 현인, 유명한 랍비들을 극화하여 만들어 낸 짧은 이야기다. 아가다는 구전으로 전해지다가 미드라쉬나 탈무드 등에 수록됐다.

2 창조 시작의 빛에 대해 히브리 성경에 기록된 것 외의 구전으로는 어떻게 설명되는지를 질문한다.

3 랍비들 사이에 속삭임으로 말한다는 것은 신비주의적인 가르침을 전하는 경우다. 하느님이 빛을 겉옷처럼 두르고 있다는 것은 성경의 인용구이기 때문에 구태여 속삭이며 말할 필요는 없지만, 그 구절에 대해 '그 찬란한 광채가 세상의 이 끝에서 저 끝까지 비춘다'고 설명하는 것은 신비주의적 가르침이기 때문에 속삭이며 전한 것이다.

'세상의 이 끝에서 저 끝까지'라는 주제는 복음서에서도 발견할 수 있다. 마가복음 마지막 부분에 덧붙인 결문에 이렇게 전한다. "그 후 (부활하신) 예수는 그들(제자들)을 통해 동쪽에서부터 서쪽에 이르기까지 영원한 구원에 대한 거룩한 불멸의 (복음) 선포를 두루 미치게 하셨다." 부활한 예수는 마치 빛을 몸에 두른 것처럼 그의 영원한 구원의 빛이 세상의 동쪽(이 끝)에서 서쪽(저 끝)까지 비춘다고 이해할 수 있다.

4 '동쪽'이라고 번역하는 단어(카뎀)는 '옛날(케뎀)'이라는 뜻으로 읽을 수 있다. 하느님의 영광이 옛날부터 있었으며, 그 영광은 땅에서 빛난다는 구절

을 창조의 빛과 연결한다. 하느님의 영광은 곧 영광의 보좌이며, 그것은 다름 아닌 성전이다. 따라서 성전에서 나오는 빛은 물리적인 빛이 아니라, 영적인 빛이라는 점을 시사한다.

[3,5]

시몬 랍비는 말했다.

"여기(창세기 1,3-5)에 빛은 다섯 번 쓰여 있으며, 이것은 모세오경에 알맞다.[1]

'하느님이 말씀하셨다. 빛이 있어라.' 이것은 창세기에 알맞고 찬미받으시는 거룩하신 분이 이것에 열중하시어 그분의 세상을 만들어내셨다.[2]

'빛이 있었다.' 이것은 출애굽기에 알맞고 이스라엘은 이에 따라 어둠에서 빛으로 나아갔다.[3]

'그리고 하느님이 빛을 보시니 참 좋았다.' 이것은 레위기에 알맞고 이 책에는 많은 법도(할라카)로 가득 차 있다.[4]

'하느님이 빛과 어둠 사이를 갈라놓으셨다'(창세기 1,4). 이것은 민수기에 알맞고 이 책은 이집트에서 떠나온 것과 (가나안) 땅에 들어가는 것을 갈라놓았다.[5]

'그리고 하느님이 빛을 낮이라고 부르셨다'(창세기 1,5). 이것은 신명기에 알맞고 이 책은 많은 법도로 가득 차 있다."

그러나 랍비들은 시몬 랍비의 의견에 반대했다.

"레위기에 많은 법도(할라카)가 가득 차 있지 않습니까?"

그는 그들에게 말했다.

"그것(신명기) 역시 말씀을 되풀이하고 있습니다."[6]

주해

1 창세기 1,3-5에 빛이라는 단어가 다섯 번 나온다. 이 짧은 단락에서 빛이라는 단어를 지시대명사로 바꾸어 쓸 수도 있었을 텐데(예를 들어 '하느님이 말씀하셨다. '빛이 있어라!' 그러자 그것이 있었다. 하느님이 그것을 보시니 참 좋았다'라고 쓰지 않고) '빛'이라는 단어를 반복해서 사용한다. '그 이유가 무엇일까' 하고 질문하는 데서 생긴 논쟁이다. 창조 첫날의 빛은 바로 하느님의 말씀인 모세오경(토라)이라고 풀이한다. 빛을 모세오경에 비유하는 미드라쉬에서 빛에 대한 여러 상징성을 찾아볼 수 있다.

2 빛이 창세기에 알맞다는 점에서 빛에는 창조의 상징성이 있다는 것을 발견한다. 하느님이 빛으로 세상을 창조했으며, 또한 노아와 새 계약을 맺고 새로운 세상이 시작됐고, 야곱을 통해 이스라엘이 세워졌다는 점은 창조를 의미한다. 출애굽기에서는 빛이 구원의 상징이다. 이스라엘 사람들이 어둠의 이집트에서 구원돼 시나이 산에서 하느님의 토라를 받아 구원의 빛인 토라를 가지고 살게 됐다. 레위기의 법도와 법규는 어리석음을 퇴치할 수 있는 빛(가르침)이다. 그리고 빛은 생명이다. 광야에서 죽는 사람은 어둠을 말하며 약속의 땅에 들어갈 사람들은 빛의 자식들로 이해한다. 복음서에서 메시아 예수가 이러한 '창조와 구원, 가르침과 생명의 빛'으로 상징되는 것을 쉽게 찾아볼 수 있다.

3 어둠은 이스라엘 사람들이 이집트에서 살았던 삶을 뜻하고, 빛은 시나이 산에서 토라를 받은 사건을 가리킨다.

4 법규와 법도(할라카)를 빛으로 설명한다. 유대교의 613개 계명은 모세오경에서 추려낸 법규이며 세상을 살아가는 데 가장 기본적인 계명으로 간주된다.

5 이집트를 떠나온 사람들 가운데 광야에서 죽을 사람들과 약속의 땅에 들어갈 사람들을 갈라놓았다.

6 신명기에는 레위기의 많은 법도가 되풀이해서 나온다.

[3,6]

'그리고 하느님이 빛을 낮이라고 부르셨다.'

그것은 빛이 아니고 그것은 낮이 아닐까?[1]

이상하다.

이렇게 가르친다.

창조의 6일 (시작)에 만들어진 빛은 낮에 밝게 하지 못한다. 빛은 태양을 이기기 때문이다. 그리고 밤에 (밝게 하지) 못한다. 빛은 낮에 밝게 하려고 만들어졌기 때문이다.[2]

그렇다면 그것은 어디에 보관돼 있을까?[3]

그것은 오는 미래에 의로운 이들을 위해 준비됐다. 이렇게 말한다. '(주님이 그분 백성의 상처를 싸매시고 그들의 맞은 자리를 고쳐주시는 날에) 달빛은 햇빛 같겠고, 햇빛은 7일의 빛처럼 일곱 배가 될 것이다'(이사야 30,26).

놀랍게도 일곱이다.

그것은 셋이 아닐까?

발광체들은 나흗날에 만들어지지 않았는가?[4]

이것은 마치 사람이 "그렇습니다. 내가 7일 동안의 내 혼인잔치를 위해 음식을 준비하겠습니다"라고 말하는 것과 같다.[5]

느헤미야 랍비는 말했다.

"이것은 의로운 메투쉘라흐를 위한 7일 동안의 애도를 뜻한다. 찬미받으시는 거룩하신 분이 그들을 위해 빛을 넘치게 주셨다."[6]

주해

1 빛과 낮은 같은 것이 아닐까? 빛과 낮이 무엇이 다르냐는 반문이다.

2 창조 첫날 만들어진 빛은 낮이기 때문에 태양 빛보다 강하다. 그러나 그 빛은 밤에 밝게 하지 못한다. 왜냐하면 그 빛은 낮이라 밤에 없기 때문이다.

3 창조 첫날 빛이 만들어지고 나흘날 태양과 달과 별들이 만들어져서 그 빛이 필요 없게 됐는데, 그렇다면 창조 첫날 만들어진 빛은 태양이 만들어진 뒤 어디에 보관됐느냐는 질문이다. 그 빛은 메시아의 날에 의로운 이들을 구원하기 위해 간직됐다고 풀이한다.

4 나흘날에 하룻날 만들어진 빛이 보관됐다면 그 차이는 3일이다. 따라서 '3일의 빛처럼 세 배'가 되어야 할 것 같다.

5 혼인잔치를 7일 동안 한다고 음식을 충분히 장만해도 처음 며칠이 지나면 남은 음식은 얼마 되지 않는다.

6 메투쉘라흐(므두셀라)는 969년간 살았으며, 그가 187세에 레메크(라멕)를 낳았고 레메크가 182세에 노아를 낳았다(창세기 5,25-29). 노아가 태어났을 때 메투쉘라흐는 369세였다. 노아가 600세에 홍수가 일어났다(창세기 7,6). 즉 그해에 메투쉘라흐는 죽었다. 여기에서 메투쉘라흐는 홍수가 일어나기 전에 죽었다고 하는 아가다가 생겼다. 메투쉘라흐가 죽어서 그를 위해 7일 동안 애도를 해야 하기 때문에 홍수가 7일 늦어졌다고 한다. 또한 그가 홍수 전에 죽었기 때문에 그를 의인으로 여겼다. 그래서 후손들은 그의 공덕을 기렸다. '하느님이 빛을 보시니 참 좋았다'(창세기 1,3)라고 말할 때 그것은 훗날 메투쉘라흐의 공덕이 좋았다는 해석이다.

'그리고 하느님이 빛을 보시니 참 좋았다.'

아바후 랍비의 아들 제이라 랍비는 케사리아에서 풀이했다.

"여러분이 빛을 즐길 때까지 등잔불에 축복 기도를 하지 않는다는 것을 어디에서 알 수 있습니까? 여기에서 '그분이 보셨다. 그리고 그분이 (낮과 밤 사이를) 갈라놓으셨다.'"[1]

예후다 바르 시몬 랍비는 말했다.

"그분은 그분을 위해 (낮과 밤을) 갈라놓으셨다."[2]

랍비들은 말했다.

"그분이 오는 미래에 의로운 이들을 위해 갈라놓으셨다. 이것은 좋은 음식을 가지고 있었던 왕에 비유할 수 있다. 그는 그의 아들을 위해 그것을 치워놓았다."[3]

베레크야 랍비는 말했다.

"그러므로 세상의 두 위대한 인물인 요하난 랍비와 심온 벤 라키쉬 랍비는 풀이했다.

'그분이 갈라놓으셨다.'

이것은 (낮과 밤을) 정말로 갈라놓은 것이다.[4]

(이것은) 두 명의 장군을 거느린 왕에 비유할 수 있다. 하나는 낮을 다스리고 다른 하나는 밤을 다스린다. 그들 둘은 서로 다투곤 했다. 하나가 '내가 낮에 다스리겠다'고 말하니 다른 하나가 '내가 낮에 다스리겠다'고 말했다. 왕은 첫째 사람을 불러 그에게 '아무개야, 낮은 네 영역이다'라고 말했으며, 두 번째 사람에게는 '아무개야, 밤은 네 영역이다'라고 말했다.

이처럼 '하느님이 빛을 낮이라고 부르셨다'는 그분이 그(빛)에게 '낮은 네 영역이다'라고 말씀하신 것이고, '그분이 어둠을 밤이라 부르셨다'는 그분이 그(어둠)에게 '밤은 네 영역이다'라고 말씀하신 것이다."[5]

요하난 랍비는 말했다.

"이것은 찬미받으시는 거룩하신 분이 욥에게 이렇게 말씀하신 것이다. '네 평생에 네가 아침에게 명령을 했느냐? 새벽에게 그 자리를 알아보라고 했느냐?'(욥기 38.12) 여러분이 그것에게 그 자리를 알아보게 할 수 있다면 얼마나 놀랍겠습니까!"

탄후마 랍비는 말했다.

"내가 그 입증 문구를 말하겠다. '내(하느님)가 빛을 지어내고 어둠을 만들어내며 평화를 만들고 악을 만들어낸다'(이사야 45.7). (어둠과 악은) 만들어졌으므로 '내가 평화를 만든다'(는 뜻이다)."[6]

'하느님이 빛을 낮이라 부르셨다.'

엘리에제르 랍비는 말했다.

"찬미받으시는 거룩하신 분은 그분의 이름이 절대로 악과 함께 나오지 않게 하셨으며 오직 좋은(善) 것과 함께 나오게 하셨다. '그래서 하느님이 빛을 낮이라고 부르셨다. 그리고 그분이 어둠을 밤이라고 부르셨다.' 여기에 '그리고 하느님이 어둠을 밤이라고 부르셨다'라고 쓰여 있지 않고 '그분이 어둠을 밤이라고 부르셨다'라고 쓰여 있다."

주해

1 하느님이 빛을 보고 그다음에 빛과 어둠 사이를 갈라놓았다는 구절에 따라 안식일과 평일을 구별하는 관습이 생겼다. 유대교 관습에 따르면, 안식일이 지나가고 평일이 오는 것을 구별하기 위해 안식일 오후에 축복 기도를 한다. 이 기도가 어디에서 기원하는지에 대한 질문이다.

2 하느님은 나중에 사용할 때가 있을 것으로 생각하고 빛을 갈라놓았다고 설명한다. 앞으로 올 메시아를 위해 준비했다는 해석이다.

3 여기에서도 창조 첫날의 빛이 메시아(하느님의 아들)와 관련되는 점을 발견

한다. 복음서에서 예수를 빛으로 비유하는 것은 예수가 하느님의 아들임을 입증하는 방편임을 알 수 있다.

4 하느님이 낮과 밤을 갈라놓은 것은 낮과 밤이 빛과 어둠처럼 서로 완전히 다르기 때문이다.

5 사람들이 낮을 좋아했던 것 같다. 그래서 서로 낮을 차지하겠다고 다툰다. 그러나 여기서 낮과 밤은 시간을 말하는 것이 아니라 다스리는 영역이다. 창조 첫날에 만들어진 낮과 밤의 영역은 각각 하느님을 보좌한다.

6 하느님은 낮(빛)과 밤(어둠)을 만들어냈으며 또한 평화도 만들었다. 낮과 밤을 갈라놓았지만 그들 사이에 평화도 만들었다는 해석을 볼 수 있다.

[3,7]

예후다 바르 시몬 랍비는 말했다.

"'저녁이 있어라!'가 아니라 '그리고 저녁이 됐다'라고 쓰여 있다. 여기서 (우리는) 때의 순서가 이미 있었음을 알 수 있다."[1]

아바후 랍비는 말했다.

"그분이 세상들을 만들어내시면서 이것(이 세상)을 만들어내실 때까지 그것들을 부서뜨렸다. 그분이 '이것이 나를 즐겁게 하고, 저것들은 나를 즐겁게 하지 못한다'라고 말씀하셨다."[2]

핀하스 랍비는 말했다.

"아바후 랍비의 의견은 '그리고 하느님은 그분이 만드신 모든 것을 보셨다. 그리고 보라, 매우 좋았다'(창세기 1,31)에 근거한다. 그래서 (하느님이) '이것은 나를 즐겁게 하고, 저것들은 나를 즐겁게 하지 못한다'(고 말씀하신 것이다)."[3]

주해

1 고대 이스라엘 사람들에게 하루의 시작은 해가 저무는 시각이었다. 따라서 하루는 해가 저무는 시각에서 다음 날 해가 저물기 바로 전까지다. 하느님이 창조 첫날에 빛과 어둠을 갈라놓은 것과 저녁→아침의 순서는 무관하다.

2 하느님이 세상을 만들어낼 때 여러 세상들을 계획했지만 이 세상이 마음에 들었다는 이야기다.

3 하느님이 만든 모든 것 가운데 이 세상도 있고 다른 세상들도 있지만, '보라'고 말하는 것은 이 세상을 가리킨다. 이 세상이 매우 좋다고 말하는 것은 이 세상이 하느님을 즐겁게 하기 때문이다.

[3,8]

야나이 랍비는 말했다.

"세상 창조의 시작부터 찬미받으시는 거룩하신 분이 의인들의 행함과 악인들의 행함을 예견하셨다.

'땅은 불모지였다.' 이것은 악인들의 행함이다.

'하느님이 말씀하셨다. 빛이 있어라!' 이것은 의인들의 행함이다.

'하느님이 빛과 어둠 사이를 갈라놓으셨다.' 의인들의 행함과 악인들의 행함 사이를 (뜻한다).

'하느님이 빛을 낮이라 부르셨다.' 이것은 의인들의 행함이다.

'그분은 어둠을 밤이라 부르셨다.' 이것은 악인들의 행함이다.

'저녁이 됐다.' 이것은 악인들의 행함이다.

'그리고 아침이 됐다.' 이것은 의인들의 행함이다.

'하루(첫날).' 이것은 찬미받으시는 거룩하신 분이 그들에게 하루를 주신 것이다. 어느 날일까? 속죄일이다."[1]

탄훔 바르 예레미야 랍비는 말했다.

"네 가지 것이 이날(하루/첫날)에 만들어졌다. 산山들과 하늘, 땅 그리고 빛이다."[2]

유단 랍비는 말했다.

"이날에 찬미받으시는 거룩하신 분은 그분의 세상에서 홀로 계셨으며, 그분의 세상에 그분 외에 다른 이는 없었다."[3]

이것은 요하난 랍비의 견해에 맞는 것이지, 하니나 랍비의 견해에는 맞지 않는다.[4]

요하난 랍비는 말했다.[5]

"천사들이 이튿날에 만들어졌다. 이렇게 쓰여 있다. '물에 그분의 누각의 들보를 얹으시고, 구름을 그분의 수레로 삼으시며, 바람의 날개들 위에 (타고) 돌아다니시는 분(하느님)'(시편 104,3). 그리고 이렇게 쓰여 있다. '그분은 바람을 그분의 천사들로 만드셨다'(시편 104,4)."[6]

하니나 랍비는 말했다.

"닷샛날에 천사들이 만들어졌다. 이렇게 말한다. '땅 위에 새들이 날아다녀라!'(창세기 1,20) 그리고 이렇게 쓰여 있다. '그(천사)는 두 날개로 날고 있었다'(이사야 6,2)."[7]

룰야니 바르 타브리 랍비는 이츠학 랍비의 이름으로 말했다.

"하니나 랍비의 의견과 요하난 랍비의 의견에서 우리들이 알수 있는 것은 (천사들이) 하룻날에 만들어진 것이 전혀 아니라는 점이다.

따라서 (천사) 미카엘이 창공의 남쪽을, 그리고 (천사) 가브리엘이 그 북쪽을 잡아당기며 찬미받으시는 거룩하신 분이 그 가운데를 재고 계신다고 말할 수 없다.

오히려 '나는 주님이며, 모든 것을 만든 이다. 나 홀로 하늘을 펼쳤으며, 나 혼자서 땅을 넓혔다'(이사야 44,24).

'나 혼자서'라는 말은 '누가 나와 함께?'라고 읽을 수도 있으며, 이것은 세상을 만드는 일에 '나와 함께 누가 나의 동업자였는가?'(라고 묻는 것이다).″

주해

1 '하루'(창세기 1,5)라고 말하는 것은 특별한 날을 뜻한다. 1년 가운데 가장 특별한 날은 속죄일(욤 하키푸림)이다. 따라서 세상 창조의 시작에 회개할 것을 전제로 한다. 복음서에서는 예수의 메시아 시대를 시작하는 데 먼저 회개할 것을 말한다. '그 무렵 세례자 요한이 나타나 유대 광야에서 선포하기를 '회개하시오. 하느님의 왕국이 다가왔습니다'라고 했다'(마태복음 3,1-2). 이를 창세기 미드라쉬와 비교해보면 복음서에서 말하는 하느님의 왕국은 메시아 시대에 메시아의 도래를 믿고 회개하는 신앙인들의 공동체를 뜻한다고 볼 수 있다.

2 산들은 '깊은 물'(창세기 1,2)을 가리킨다.

3 '하루'는 글자 그대로 '하나의 날(욤 에하드)'이다. 여기서 '하나'를 하느님이 유일하다는 점에 연결한다. 이것은 쉬마 기도문인 '들어라(쉬마) 이스라엘, 주님은 우리 하느님이고 주님은 하나다'(신명기 6,4)에 근거한다.

4 『창세기 미드라쉬 랍바』1,3(본서 2장)에서 풀이하는 내용이다. 요하난 랍비는 천사들이 창조 이튿날에 만들어졌다고 해석하며, 하니나 랍비는 닷샛날이라고 주장한다.

5 이 단락은 『창세기 미드라쉬 랍바』1,3에 나온다. 여기서 다시 되풀이하는

이유는 천사들이 언제 만들어졌느냐는 논박 때문이 아니라, 창조 하룻날을 '하루(하나의 날)'라고 말한 점을 부각하기 위해서다.

6 시편 104,3에서 '물'은 창공의 물을 가리키며, 이것은 창조 이튿날에 만들어진 창공 위의 물을 뜻한다(창세기 1,6-8). 하느님은 창공 위에 있는 물 위에 하느님의 거처를 만들어내고, 그곳에 천사들을 만들었다고 시편 104,3-4을 인용한 것이다.

7 이사야 6,2에 따르면, 천사들에게는 날개가 있고 그것으로 날아다녔다는 것을 알 수 있다. 창조 닷샛날에 날개를 펴고 나는 것들 가운데 천사들도 만들어졌다는 해석이다. 유단 랍비에 따르면, 요하난 랍비의 의견이 옳다. 왜냐하면 창조 첫날에 하느님은 하루 동안 홀로 있었으며, 그다음 날부터 그렇지 않았다는 해석이다. 그래서 이튿날에 천사들이 만들어졌다는 의견에 동의한다.

[3,9]

쉬무엘 바르 아미 랍비는 말했다.

"세상의 창조 시작부터 찬미받으시는 거룩하신 분이 아래의 것들(땅의 사람들)과 협력할 것을 원하셨다.

너희는 어떻게 생각하는가?

만일 숫자를 헤아리는 문제라면 하나, 둘, 셋 혹은 첫째, 둘째, 셋째라고 말하면 가능한데, 구태여 '하나, 둘째, 셋째'라고 말하지 않아도 된다.

(그러니 이 얼마나) 놀라운가!

찬미받으시는 거룩하신 분이 언제 제대로 돌려놓으셨을까?[1]

장막을 세울 때(다). 이렇게 말한다. '하룻날에 그의 희생제물을 드리는 자'(민수기 7,12). 이것은 세상 창조의 하룻날을 뜻한다. 찬미받으시는 거룩하신 분이 말씀하셨다. '마치 그날에 내가 내 세상을 만들어낸 것 같다.'"[2]

그날에 열 개의 왕관(즉 첫째)이 주어졌다.[3]

세상 창조에 첫째(왕관)를.[4]

왕들에게 첫째를.[5]

대표자들에게 첫째를.[6]

사제권에 첫째를.[7]

쉐키나(하느님의 현존)에 첫째를. 이렇게 말한다. '나를 위해 성
소를 만들어라'(출애굽기 25,8).[8]

축복 기도에 첫째를.[9]

예배에 첫째를.[10]

제단을 금지하는 것에 첫째를.[11]

제단 북쪽에서 도축하는 것에 첫째를.[12]

불을 내리는 것에 첫째를. 이렇게 말한다. '불이 주님 앞에서
나왔다'(레위기 9,24).[13]

주 해

[1] 성경의 어느 단락에서 하나, 둘, 셋 혹은 첫째, 둘째, 셋째라고 사용했느냐
는 질문이다.

[2] 민수기 7,12 이하에 숫자의 순서가 나온다. 하룻날(12절), 이튿날(18절), 사흗
날(24절) 등. 숫자를 헤아릴 때 이처럼 세는 것이며, 창조의 아룻날도 비록
'하루'라고 쓰여 있지만 그 뜻은 '첫째'다.

[3] 장막을 세우는 날에 열 가지 것이 첫 번째로(즉 처음으로) 시작됐다.

[4] 주일의 하룻날(첫 번째 날)이 한 주를 시작하는 날이다.

[5] 고대 이스라엘 왕권의 시작은 니산 달(3~4월)의 하룻날(첫 번째 날)부터 잡
는다. 왕이 니산 달 전에 죽었어도 다음 계승자의 왕권은 오는 니산 달의
하룻날부터 시작된다.

6 20일 동안 드리는 대표자들의 헌물 제도가 처음으로 시작됐다.

7 그날부터 맏아들이 사제직을 맡았다.

8 하느님의 현존(쉐키나)이 장막에 처음으로 머물기 시작했다.

9 그날부터 사제들이 사람들에게 축복 기도를 내리기 시작했다.

10 이때부터 사람들이 공동으로 제물을 드리기 시작했다.

11 그날부터 특정한 제단 외에 제물을 드리는 풍습을 금지했다.

12 그날부터 이러한 제도가 생겼다.

13 제단에서 불을 내리는 제도를 말한다.

메노라

메노라는 등잔 일곱 개를 꽂는 등잔대를 말한다. 메노라 장식은 석류와 무화과를 각각 엮은 나무줄기 모양이며, 등잔대는 삼족三足 받침대 위에 세워져 있다. 〔혹은 무화과가 아니라 초막절에 사용하는 에트로그(구연나무 열매)라고도 말한다.〕 메노라의 석류 장식은 이스라엘 사제들의 겉옷 복장에서 볼 수 있다. '그 겉옷 자락 둘레에 자색과 자홍과 다홍 실로 석류들을 만들어 달고, 석류 사이에 돌아가며 금방울을 달아라'(출애굽기 28,33). 〔석류는 특정한 맥락에서 종교적 의미를 지닌다.〕 메노라의 무화과는 에덴동산 이야기에서 유래한다. 랍비들은 선과 악을 구별하는 나무의 열매를 무화과로 이해하는데, 그 이유는 아담과 하와가 그 열매를 먹고 눈이 열리자 그들이 벌거벗은 것을 알고 무화과 나무 잎을 엮어서 자신들의 몸을 가렸다는 이야기에서 찾아볼 수 있다. 따라서 무화과는 선과 악을 구별할 수 있는 지식을 가르쳐주는 '지식나무' 열매로, 그 상징성을 보여준다. 이처럼 메노라는 이스라엘의 상징으로 표상되며, '생명나무'와 세상을 밝히는 빛의 상징어로 사용됐다.

메노라 등잔
메노라가 장식된 청동 등잔. 4~6세기경.

메노라의 기원은 하느님이 모세에게 하느님을
위한 예물로 만들라고 말씀하신 등잔대에서
찾아볼 수 있다(출애굽기 25,31-40). 이스라엘
사람들은 이집트 땅에서 탈출하여 광야에
서 40년 동안 생활했을 때 메노라를 성막
안에 두었다(출애굽기 37,17-24). 기원전 10세기
말 예루살렘에 하느님의 성전이 세워지고,
금으로 장식된 메노라를 그 안에 놓았다
고 전한다. 기원전 1세기에는 메노라가
새겨진 동전이 주조됐다. 〔옛날에는 동
전이 단순한 경제활동의 수단으로만 사
용된 것이 아니라, 동전에 새겨진 그림과 문구를 통해 통치자의 위상이
나 이념, 포부 등을 백성들에게 선전하는 도구로 유통됐다.〕

메노라 동전
하스몬 왕가의 마지막 왕인 마타티아스 안
티고누스(기원전 40~37년 재임)가 주조한
동전에 메노라가 새겨져 있다.

70년에 이르면 로마 장군 티투스가 예루살렘을 함락하고 전리품을 로
마로 가져갔다. 이 사건을 기념하여 유대인 포로들이 성전 전리품들을
로마로 이송하는 장면을 그린 부조에 메노라가 부각돼 있다.

메노라-티투스
유대인 포로들이 예루살렘 성전의 전리품을 로마로 이송하는 장면. 로마, 티투스 개선문(Arcus Titi). 81년경
건립.

메노라-티베리아스
5세기경 갈릴리 지역의 하마트 티베리아스에 건립된 회당 바닥의 모자이크 그림.

3~4세기경에는 유대교 회당 바닥의 모자이크 그림에 메노라가 자주 등장한다.

위의 그림을 보면 메노라의 왼쪽에 뿔 나팔과 제기용 부삽이 있고, 오른쪽에는 초막절에 사용되는 룰라브(대추야자나무 가지)와 에트로그가 함께 나온다. 대추야자나무 가지와 구연나무 열매는 초막절의 상징물이며, 이스라엘 사람들이 이집트에서 탈출한 뒤 40년 동안 장막에서 살았던 것을 기억하기 위한 장식물로 사용된다. 뿔 나팔은 신년을 알리는 도구이며, 제기용 부삽은 신년 축제 다음 10일째에 거행되는 속죄일을 상징한다. 잿더미에 앉아 재를 뿌리는 것은 회개를 의미한다. 두 개의 메노라 사이에 있는 건물 그림은 커튼으로 가려진 성전 입구나 지성소 입구를 표현한 것이다. 이러한 모자이크에서 여러 상징을 볼 수 있듯이 메노라는 나무와 열매로 표상돼 '생명나무'로 인식됐고, 메노라의 일곱 개 등잔불은 어둠을 밝히는 불빛의 대명사로 알려졌다(『창세기 미드라쉬 랍바』 3,1〔본서 7장〕; 15,7〔본서 15장〕 참조).

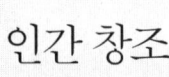

인간 창조

하느님이 말씀하셨다.

"우리의 모습으로 우리와 닮게 사람(아담)을 만들자.

그들이 바다의 물고기와 하늘의 새와 가축과 온 땅과 땅 위에 기는 온갖 것들을 다스려라."

하느님이 그분의 모습으로 사람(아담)을 만들어내셨다.

하느님의 모습으로 그를 만들어내셨다.

남자와 여자, 그들을 만들어내셨다.

하느님이 그들에게 복을 내리시고 그들에게 말씀하셨다.

"열매 맺고 번성하라. 땅을 채우고 정복하라.

바다의 물고기와 하늘의 새와 땅 위를 기는 온갖 살아 있는 것들을 다스려라."

하느님이 말씀하셨다.

"보아라. 온 땅 위에 씨를 맺는 온갖 풀과 열매를 맺는 온갖 나무를 너희들에게 주었으니, 그것이 너희들에게 먹을 것이 될 것이다.

땅의 온갖 짐승과 하늘의 온갖 새와 살아 숨 쉬어 땅 위를 기는 온갖 것들은 온갖 초록 풀을 먹을 것이다."

그렇게 됐다.

하느님은 그분이 만드신 모든 것을 보셨다. 그리고 보라, 매우 좋았다.

저녁이 되고 아침이 됐다. 엿샛날.

[창세기 1,26-31]

08 사람은 어떤 모습으로
만들어졌을까

[8,1]

'하느님이 말씀하셨다. 우리의 모습으로 우리와 닮게 사람
(아담)을 만들자'(창세기 1,26).

요하난 랍비는 (아래 구절을) 열었다.
'당신(주님)은 나를 뒤와 앞으로 에워싸시고 내 위에 당신 손
을 얹으십니다'(시편 139,5).

요하난 랍비는 말했다.
"사람이 공덕을 쌓았으면 두 세상을 즐길 수 있다. 이렇게 말
한다. '당신(주님)은 나를 뒤와 앞으로 에워싸셨습니다.'[1] 만일 그
렇지 않으면 그분은 전말서顚末書를 내놓으시기 위해 오신다. 이
렇게 말한다. '당신은 내 위에 당신 손을 얹으십니다.'"[2]

예레미야 벤 엘 아자르 랍비는 말했다.
"찬미받으시는 거룩하신 분이 첫 번째 아담을 만들어내실 때
그분은 그를 자웅동체로 만들어내셨다. 이렇게 쓰여 있다. '그분
은 그들을 남성과 여성으로 만들어내시고 그들의 이름을 사람
(아담)이라고 부르셨다'(창세기 5,2)."

쉬무엘 바르 나흐만 랍비는 말했다.

"찬미받으시는 거룩하신 분이 첫 번째 아담을 만들어내실 때 그분은 그를 두 개의 얼굴 모습으로 만드셨다. 그리고 그분은 그를 잘라 등을 두 개로 만들어 한 등은 여기에, 다른 등은 저기에 만드셨다."[3]

그러나 반대 의견이 있었다. 이렇게 쓰여 있다. '그분이 그(아담)의 갈빗대에서 하나를 꺼내셨다'(창세기 2,21).[4]

그러나 그(쉬무엘 랍비)는 말했다.

"그것(그의 갈빗대에서)은 '그의 옆에서'라는 뜻이라고 볼 수 있다. 이렇게 말한다. '성막의 갈빗대 (옆)에'(출애굽기 26,20)는 '성막의 옆에'라고 번역한다."[5]

주해

[1] 여기서 두 세상은 이 세상과 오는 세상을 뜻한다. 이 세상은 '앞', 오는 세상은 '뒤'로 풀이한다. 히브리어의 시간과 공간 개념에서 '앞'은 과거를, '뒤'는 미래를 뜻한다. 사람은 과거(앞)를 보고 미래(뒤)를 향해 뒷걸음으로 걸어가는 삶을 산다.

[2] '전말서(딘 뭬-헤쉬본)'는 글자 그대로 '판결을 받기 위한 계산서'다(역주자 후기 '인간에게는 처음부터 악한 성향이 존재한다' 참조).

[3] 처음에 만들어진 아담은 원래 두 개의 얼굴 모습을 한 사람이었는데, 그를 둘로 나누어 하나는 남자로, 다른 하나는 여자로 만들었다고 풀이한다. 양성이 평등하다는 점을 부각한다.

[4] 원래 두 몸이 하나였다는 양성 평등의 논조에 반대하는 것은 여자가 남자에게 종속된다는 견해다. 그 입증 문구로 아담의 갈빗대에서 하나를 택하여 여자를 만들었다는 구절이다.

[5] 아담의 갈빗대에서 하나를 가져다가 그것으로 여자를 만들었다는 내용에서 갈빗대를 '옆'이라는 뜻으로 풀이하면, 아담의 옆에서, 즉 두 개의 얼굴

로 만들어진 아담의 다른 쪽으로 여자를 만들었다가 된다. 이러한 해석은 아담의 갈빗대에서 하나를 꺼내어 여자를 만들었다는 내용에 기인한다. 이 이야기에서 하느님은 아담을 잠들게 하고(마취시키고) 그의 갈빗대에서 하나를 꺼낸 다음 그 밑을 살로 막는 외과의사로 그려지기 때문이다.

탄후마 랍비는 베나야 랍비의 이름으로, 베레크야 랍비는 엘아자르 랍비의 이름으로 말했다.

"찬미받으시는 거룩하신 분이 첫 번째 아담을 만들어내실 때 그분은 그를 미완성물로 만들어내셨다. 그는 세상의 이 끝에서 저 끝까지 매달려 있었다. 이렇게 쓰여 있다. '당신(하느님)의 두 눈이 내 미완성물을 보셨습니다'(시편 139,16)."[1]

예호슈아 바르 느헤미야 랍비와 예후다 바르 시몬 랍비는 엘아자르 랍비의 이름으로 말했다.

"그분이 그를 세상의 동쪽에서 서쪽까지 채우게 만들어내셨다. 어디에서 (알 수 있을까)? '당신(주님)은 나를 뒤와 앞으로 에워싸셨습니다'라고 말한다.

북쪽에서 남쪽까지. 어디에서? '하느님이 땅 위에 사람을 만들어내신 날부터, 하늘 이 끝에서 저 끝까지'(신명기 4,32)라고 말한다.[2]

그분이 세상의 빈 공간을 채웠다는 것을 어디에서? '당신은 내 위에 당신 손을 얹으십니다'라고 말한다. 이처럼 '당신의 손은 나에게서 멀리 있습니다'(욥기 13,21)라고 말한다."[3]

엘아자르 랍비는 말했다.

"(아담의) '뒤'는 하룻날의 창조에 대해, '앞'은 마지막 날의 창조에 대해 말한다."

이것은 엘아자르 랍비의 의견이다.

엘아자르 랍비는 이렇게 말했다. "'땅은 그 종류에 따라 살아 숨 쉬는 것을 나오게 하라'(창세기 1,24). 이것은 첫 번째 아담의 영혼(기운)을 말한다."[4]

주해

1 아담에게서 여자가 나오기 전까지 아담(사람)은 아직 미완성물(골렘 **גלם**)이라고 이해한다. 이 미완성물이 세상의 이 끝에서 저 끝까지 매달려 있었다는 것은 시편 139의 시작 부분에서 하느님은 아담의 '뒤와 앞'을 에워싸고 있었다는 점에 착안한 것이다. 하룻날에 만든 아담(사람)이 미완성물인 이유는 만일 아담을 완성물로 만들어 어느 한 곳에 살게 하면, 그는 어느 한 곳의 법규만 알게 될 것이기 때문이다. 따라서 미완성물로 만들어 세상 어느 곳에 가서 살든지 그곳에서 완성하게 하려는 의도였다.

2 '앞'이라고 번역한 단어(케뎀)에는 동쪽이라는 뜻도 있다. 아담의 앞과 뒤를 동쪽과 서쪽으로 해석한다. 아담의 몸이 남쪽과 북쪽으로도 뻗었다는 것은 동쪽과 서쪽이 있기 때문에 그 다른 방향을 추론한 것이다.

3 하느님의 손이 아담 위에 얹혀 있다는 것은 하느님과 아담은 서로 가까이 있다는 점을 알려준다. 그러나 보통 사람인 욥에게는 그 반대로 하느님의 손은 그에게서 멀리 있다고 말한다. 하느님이 처음에 아담을 만들어내셨을 때 아담은 세상의 빈 공간을 채웠을 것이라고 상상한다.

4 하느님이 사람을 만들어내야겠다고 생각한 것은 창조 시작(하룻날)부터였지만, 실제로 아담은 창조 마지막 날(엿샛날)에 만들어졌다. 뒤에 만들 아담을 하룻날에 생각했으며, 마지막 날에 '앞'에서 생각한 것(아담)을 만들었다. 그러나 그 마지막 날(엿샛날), 다른 짐승들이 만들어지기 전(앞)에 사람의 영혼(살아 숨 쉬는 것)이 만들어졌다. 엘아자르 랍비는 먼저 사람의 영혼이 만들어졌고, 그다음에 육체가 만들어져서 합치게 됐다고 풀이한다.

이런 점에서 볼 때 그는 영육 일치 사상에 어느 정도 동조하고 있는 것처럼 보인다. 이는 여전히 '앞과 뒤'에 대한 추가 설명이다. 앞은 영혼(바람)으로, 뒤는 몸으로 대조해볼 수 있으며, 다른 랍비들의 논지와 비교하면 영혼은 이 세상(앞)에, 몸은 오는 세상에 연관된다는 점을 알 수 있다. 이러한 관점에서 초대 교회 사람들이 몸으로 부활할 것을 믿었다는 신앙심도 이해할 수 있다.

심온 벤 라키쉬 랍비는 말했다.

"(아담의) '뒤'는 마지막 날의 창조에 대해, '앞'은 하룻날의 창조에 대해 말한다."

이것은 심온 벤 라키쉬 랍비의 의견이다.

심온 벤 라키쉬 랍비는 말했다.

"'하느님의 바람(기운)이 수면 위에 일고 있었다' (창세기 1,2). 이것은 메시아 왕의 기운(바람)/성령이다. 이렇게 말한다. '주님의 바람(기운)이 그(메시아) 위에 놓일 것이다' (이사야 11,2).

만일 사람이 공덕을 쌓으면 그에게 '너는 시중드는 천사들에 앞섰다'고 말하지만, 그렇지 않으면 그에게 '파리가 너에 앞섰고 벌레가 너에 앞섰으며 구더기가 너에 앞섰다'고 말한다."[1]

나흐만 랍비는 말했다.

"(아담의) '뒤'는 모든 창조에 대해, '앞'은 모든 벌에 대해 말한다."[2]

쉬무엘 바르 탄훔 랍비는 말했다.

"심지어 (하느님을) 찬양하는 데에도 사람은 마지막에 나온다. '하늘에서 주님을 찬양하라. 높은 데에서 그분을 찬양하라' (시편

148,1)고 쓰여 있다. 이런 구절이 나오다가 그다음에 '땅에서 주님을 찬양하라' (시편 148,7)는 구절이 나오고, 그다음에야 '땅의 왕들과 모든 민족들과 총각들과 처녀들아' (시편 148,11-12)라고 말한다."[3]

심라이 랍비는 말했다.

"사람이 집짐승과 들짐승과 날짐승 다음으로 하느님을 찬양하듯이 창조도 마찬가지다. 집짐승과 들짐승과 날짐승 다음으로 (사람이 창조됐다). 이렇게 말하는 것은 그러한 뜻이다. '하느님이 말씀하셨다. 살아 숨 쉬는 것들이 물에 떼 지어 다녀라' (창세기 1,20). 그다음에 이렇다. '하느님이 말씀하셨다. 땅은 살아 숨 쉬는 것들을 그 종류에 따라 나오게 하라' (창세기 1,24). 그런 다음에 비로소 '하느님이 말씀하셨다. 우리의 모습으로 우리와 닮게 사람을 만들자.'"[4]

주 해

[1] 천사들에 앞섰다는 것은 초대 교회의 믿음에서 보면 천국에 들어간다는 뜻이다. 파리와 벌레와 구더기는 죽음과 관련된 것들이다. 토라로 공덕을 쌓지 못하면 오는 세상에 죽음에서 헤어나지 못한다. 앞에서 인용한 아카비야 벤 마하랄렐의 언명에서 벌레와 구더기의 비유를 읽을 수 있듯이, 전말서에 그의 공덕이 기재되지 않으면 이처럼 구더기와 벌레가 그 앞에 죽음을 예보한다.

[2] 아담(사람)이 세상 창조에서 뒤에 만들어졌지만 벌을 받을 때에는 모든 것에 앞서게 된다. 세상이 잘못되는 것은 모두 인간에게 책임이 있다.

[3] 시편 148은 창조 시편이다. 창조 순서에 따라 구절이 짜여 있다. 처음에 하늘에서 하느님을 찬양하며, 그다음에 천사들과 해와 달과 별들, 그다음에 땅에서 바다와 산들과 나무들과 짐승들이 하느님을 찬양한다. 그런 다음에 비로소 땅의 왕들과 사람들이 하느님을 찬양한다. 이와 같이 창조의

순서에 따라 사람은 세상 창조의 뒤(마지막)에 나온다.

4 심라이 랍비는 아담의 영혼(기운)이 창조 하룻날에 만들어졌다는 의견에 동의하지 않으며, 아담의 육체와 영혼은 세상 창조의 마지막에 만들어졌다고 그 논지를 시편 148에서 인용하여 입증한다.

[8,2]

하마 바르 하니나 랍비는 (아래 구절을) 열었다.

'이것은 당신이 알았을 것입니다. 예전에 사람이 땅 위에 세워진 때부터'(욥기 20,4).

하마 바르 하니나 랍비는 말했다.

"이것은 공급자들에게서 일용품을 공급받는 나라에 비유할 수 있다. 이들은 저들에게 '이 나라에서는 시장 가격을 어떻게 정합니까?'라고 물어본다. 엿샛날(금요일)에 온 사람들은 닷샛날(목요일)의 가격을 물어본다. 닷샛날에 온 사람들은 나흘날(수요일)의 가격을, 나흘날에 온 사람은 사흘날(화요일)의 가격을, 사흘날에 온 사람은 이튿날(월요일)의 가격을, 이튿날에 온 사람은 하룻날(일요일)의 가격을 물어본다. 그러나 하룻날에 온 사람은 누구에게 물어봐야 할까? 나라의 공공 업무를 담당하는 시민들에게 물어봐야 하지 않을까?

하느님의 세상 창조도 그렇다. 날마다 이들이 저들에게 '찬미받으시는 거룩하신 분이 어느 피조물을 너희 가운데 만들어낼까?'라고 물어본다. 엿샛날의 피조물들은 닷샛날의 것들에게 물어본다. 이렇게 하여 하룻날의 것들에게까지 물어본다. 그러나 하룻날의 것들은 누구에게 물어볼까? 세상 창조에 2000년이나 앞서 있었던 토라가 아닐까?"

심온 벤 라키쉬 랍비는 이렇게 말했다.

"토라는 세상 창조보다 2000년이나 앞서 있었다. 이렇게 쓰여 있다. '나(지혜)는 그분(하느님) 곁에서 조언자(아몬)였으며, 나는 하루하루 (그분의) 즐거움이었다'(잠언 8,30).[1]

찬미받으시는 거룩하신 분의 날(하루)은 1000년이다. 이렇게 쓰여 있다. '참으로 당신(하느님)의 눈에는 1000년이 어제 날 같습니다'(시편 90,4). 그 뜻은 바로 '이것(토라)은 당신이 알았을 것입니다. 예전에 사람이 땅 위에 세워진 때부터'(욥기 20,4)다.[2]

토라는 세상 창조에 앞서는 것이 무엇인지를 알고 있지만, 너희는 '예전에 사람이 땅 위에 세워진 때부터' 무엇이 생겼는지에 대해서 풀이하려고 애쓸 뿐이다."

엘아자르 랍비는 벤 씨라의 이름으로 말했다.

"여러분보다 큰 것에 대해 요구하지 마시오. 여러분보다 강한 것에 대해 조사하지 마시오. 여러분보다 더 놀라운 것에 대해 알려고 하지 마시오. 여러분에게 덮여 있는 것에 대해 물어보지 마시오. 여러분에게 허락된 것에 대해 이해하려고 하며 숨겨진 것에 애쓰지 마시오."[3]

주해

1 '하루하루'라고 번역한 문구는 글자 그대로 '날 날'이다.

2 '이것'은 토라를 가리킨다고 풀이한다. 토라는 사람이 땅 위에 세워진 때에 이미 있었다. 하느님이 "우리가 사람을 만들자"라고 말할 때 '우리'는 토라의 조언을 받아 만들겠다는 뜻이다. 그래서 지혜(토라)는 하느님 곁에서 조언자였다는 잠언의 문구를 인용한다.

3 '큰 것, 덮인 것, 숨겨진 것' 등은 『창세기 미드라쉬 랍바』 1,1(본서 1장)에서 조언자를 설명하는 맥락으로 볼 수 있다. 자기 스스로 새로운 해석을 찾아

낼 수 있는 지혜가 생기기 전까지는 스승에게서 배울 수 있는 것 이상으로
알려고 애쓰지 말라는 충고다.

'우리가 사람을 만들자', 누가 우리인가

[8,3]

'하느님이 말씀하셨다. 우리가 사람을 만들자.'

그분은 누구와 상의했을까?

예호슈아 랍비는 레비 랍비의 이름으로 말했다.
"그분은 하늘과 땅의 일과 상의하셨다. 이것은 두 고문관을 거느린 왕에 비유할 수 있다. 그는 그들의 의견 없이는 어떤 것도 하지 않는다."[1]

쉬무엘 바르 나흐만 랍비는 말했다.
"그분은 그날그날의 일과 상의하셨다. 이것은 조언자를 가진 왕에 비유할 수 있다. 그는 그의 의견 없이는 어떤 것도 하지 않는다."[2]

아미 랍비는 말했다.
"그분은 자신의 마음과 상의하셨다. 이것은 건축가에 의해 왕궁을 지은 왕에 비유할 수 있다. 왕은 왕궁을 보았으나 별로 탐탁하지 않았다. 그는 누구에게 분개할까? 건축가가 아닐까! 놀랍게도 그렇다. '주님은 땅에 사람을 만드신 것을 슬퍼하시고, 그분의 마음이 괴로우셨다'(창세기 6,6)."[3]

아씨 랍비는 말했다.

"이것은 중개상을 통해 사업을 하고 손해를 본 왕에 비유된다. 그는 누구에게 분개할까? 중개상이 아닐까? 놀랍게도 그렇다. '그분은 그분의 마음이 괴로우셨다'(창세기 6,6)."[4]

주해

[1] 두 고문관은 하늘과 땅을 가리킨다. 하느님이 하늘과 땅을 만들어내시고(창세기 1,1) 사람을 만드시려고 할 때(창세기 1,26) 하늘과 땅에게 문의했다는 해석이다.

[2] '그날그날'은 창조의 6일을 뜻한다. 하느님이 그날의 일과 상의했다는 것은 세상 창조를 의인화한 표현이다.

[3] 노아의 홍수 이야기에 '주님은 땅에 사람의 사악함이 많아졌고, 온종일 그의 마음속에 궁리한 어떤 것도 오직 사악한 것임을 보았다'(창세기 6,5)라고 말한다. 그러자 하느님의 마음이 괴로웠다고 한다. 하느님의 마음이 슬펐다는 것은 하느님이 세상을 만들어내실 때 자신의 마음과 상의했기 때문에 그렇다고 랍비는 추론한다.

[4] 아미 랍비는 다른 랍비들의 의견에 동의하지 않았다. 하느님은 자기 마음과 상의해서 사람을 만들겠다고 했으며, 그렇기 때문에 노아 시대에 사람들이 부정해진 것을 보고 그의 마음이 괴로웠다고 한다. 랍비들의 의견에 따르면, 마음은 지혜의 자리이며 지혜는 토라를 의미한다. 하느님의 마음은 다름 아닌 토라다. 토라를 건축가나 중개상으로 비유하고, 사람이 부정하게 되는 것은 토라 공부를 하지 않았기 때문이라고 이야기한다.

[8,4]

베레크야 랍비는 말했다.

"찬미받으시는 거룩하신 분이 첫 번째 아담을 만들어내려고 오셨을 때, 그분은 의인들과 악인들이 그에게서 나오는 것을 보셨다. 그분은 말씀하셨다. '만일 내가 그를 만들어내면 악인들이 그에게서 나올 것이며, 만일 내가 그를 만들어내지 않으면 어떻게 그에게서 의인들이 나오겠는가.'

찬미받으시는 거룩하신 분은 어떻게 하셨을까?

그분은 바로 그분 앞에서 악인들의 길을 무시하시고 자비로운 뜻과 함께하여 그(아담)를 만들어내셨다. 이렇게 쓰여 있다. '참으로 주님은 의인들의 길을 아시고 악인들의 길은 사라진다'(시편 1,6). '사라진다'는 것은 그분이 그분 바로 앞에서 그것(악인들의 길)을 무너뜨렸다는 뜻이며, 그분은 자비로운 뜻과 함께 아담을 만들어내셨다."[1]

하나나 랍비가 그렇게 말한 것은 아니다. 오히려 (그는 이렇게 말했다).

"첫 번째 아담을 만들어내려고 오셨을 때 그분은 시중을 드는 천사들과 상의하셨다. '우리의 모습으로 우리와 닮게 사람을 만들자.'[2]

그들(천사들)은 그분께 말했다.

'이 아담에게 무슨 좋은 점이 있습니까?'

그분은 그들에게 말씀하셨다.

'그에게서 의인들이 일어선다.' 이렇게 쓰여 있다. '참으로 주님이 의인들의 길을 아신다'(시편 1,6). 주님이 참으로 시중드는 천사들에게 의인들의 길을 알리셨다. '그러나 악인들의 길은 사라진다.' 그분은 그들에게서 그것(악인들의 길)을 무너뜨리셨다. 그분은 그들(천사들)에게 그(아담)에게서 의인들이 일어선다는 것을 밝히셨으나, 그(아담)에게서 악인들이 일어선다는 것은 밝히지 않으셨다. 만일 그분이 그들에게 그에게서 악인들이 일어선다는 것을 밝히셨다면 심판의 척도는 그(아담)가 만들어지는 것을 허락하지 않았을 것이다."[3]

주해

[1] 악인들의 길이 사라지는 것은 하느님이 악인들의 길을 무너뜨리기 때문이다. 사람에게 악한 성향이 있음에도 하느님이 사람을 만들어낸 것은 하느님의 자비로움 덕분이라고 말한다.

[2] 베레크야 랍비는 하느님이 자기 마음과 상의했다고 하지만, 하나나 랍비는 그 의견에 동의하지 않고 하느님은 그를 섬기는 천사들과 상의했다고 풀이한다.

[3] 만일 하느님이 천사들에게 아담에게서 악인들이 나올 것이라고 밝혔다면, 천사들은 하느님의 심판의 척도가 매우 엄하다는 사실을 들어 아담을 만들어내지 말자고 말렸을 것이다. 그러나 아담이 창조됐다는 것은 천사들이 그 사실을 알지 못했다는 것을 암시한다. 실상 하느님은 노아 시대에 홍수를 일으켜서 노아의 방주에 들어온 사람들과 짐승들을 제외하고 모두 홍수 속에 묻히게 했다.

[8,5]

시몬 랍비는 말했다.

"찬미받으시는 거룩하신 분이 첫 번째 아담을 만들려고 오셨을 때 시중드는 천사들은 끼리끼리 무리 지어 모였다. 그들 가운데 어떤 이들은 '그를 만들어내지 맙시다'라고 말했으며, 어떤 이들은 '그를 만들어냅시다'라고 말했다. 이렇게 쓰여 있다. '자애와 진리는 만났으며, 정의와 평화는 입 맞추었다'(시편 85,11).

자애는 말했다.[1]

'그를 만들어냅시다. 그리하면 그는 자애를 한껏 베풀 것입

니다.'

진리는 말했다.

'그를 만들어내지 맙시다. 왜냐하면 그의 모든 것이 거짓이기 때문입니다.'

정의는 말했다.

'그를 만들어냅시다. 그러면 그는 의로움을 행할 것입니다.'

평화는 말했다.

'그를 만들어내지 맙시다. 왜냐하면 그는 다투는 것이 전부입니다.' [2]

찬미받으시는 거룩하신 분은 어떻게 하셨을까?

그분은 진리를 잡아 땅에 던지셨다. 이렇게 쓰여 있다. '그분이 진리를 땅에 던지셨다'(다니엘 8,12).

시중을 드는 천사들이 찬미받으시는 거룩하신 분 앞에서 말했다.

'세상의 주군이시여, 당신은 어떻게 당신의 인장印章을 멸시하십니까?' [3]

(그분은 그들에게 말씀하셨다.)

'진리가 땅에서 올라올 것이다.' 이렇게 쓰여 있다. '진리가 땅에서 돋아날 것이다'(시편 85,12)." [4]

랍비들은 하나 랍비와 핀하스 랍비의 이름으로, 그리고 힐키야 랍비는 시몬 랍비의 이름으로 이렇게 말했다.

"'매우'라고 말한 것은 아담을 가리킨다. 이렇게 쓰여 있다. '하느님은 그분이 만드신 모든 것을 보셨다. 그리고 보라, 매우 좋았다'(창세기 1,31). 그리고 보라. 아담은 좋다(善)." [5]

찌포리의 랍바인 후나 랍비는 말했다.

> "시중드는 천사들이 서로 논의를 하고 논쟁을 하는 동안 찬미
> 받으시는 거룩하신 분이 그를 만들어내셨다.
>
> 그분은 그들에게 말씀하셨다.
>
> '너희는 논의를 하고 있는가? 아담은 이미 만들어졌다.'"[6]

주해

1 자애와 진리, 정의와 평화를 의인화한 표현이다. 자애의 천사, 진리의 천
사 등이 하느님께 말하는 이야기다.

2 이러한 해석에 따라 시편 85,11을 '자애와 진리는 다투었으며 정의와 평
화는 싸웠다'라고 번역할 수 있다.

3 인장은 점토덩이나 점토판에 찍어 사용했다. 사람은 하느님의 모습에 따
라 흙으로 만들어졌다는 것을 인장으로 비유한 것이다. 하느님의 인장이
바로 첫 번째 아담(사람)이다.

4 이러한 전승에 따라서 메시아의 이름은 '진리'라고도 불리며, 진리는
땅에서 일어난다(부활한다)고 풀이한다. 초대 교회 전승에서 예수를 진
리와 연결하는 단락을 찾아볼 수 있다. 예를 들어 '그리스도는 진리의
빛입니다'(요한복음 1,9), '나(예수)는 길이요, 진리이며, 생명입니다'(요한복음
14,6) 등.

5 하느님이 엿샛날 모든 것을 만들어내시고 보니 '매우 좋았다'고 한다. 이
구절에서 '매우'는 아담을 가리킨다고 풀이한다. 이는 '매우'와 '아담'의
두 단어(메오드 מאד와 아담 אדם)의 자음자를 바꾸면 서로 같기 때문이다. 창
조 시기의 아담은 좋았다는 점에서 그는 선하다고 해석한다. 이에 대한 미
드라쉬는 아래 9,12에 나온다.

6 하느님이 천사들에게 "우리가 사람을 만들자"라고 말했지만, 하느님은 그
들의 의견을 반영하지 않고 사람을 만들어냈다는 뜻이다. 그래서 사람이
천사들보다 잘났다고 이야기하는 사람들도 있다.

[8,6]

후나 랍비는 아이부 랍비의 이름으로 말했다.

"그분은 생각이 있어 그(아담)를 만들어내셨다. 그래서 그분은 그를 위해 양식을 (먼저) 준비하셨으며 그다음에 그를 만들어내셨다. 시중드는 천사들이 찬미받으시는 거룩하신 분 앞에서 말했다.

'세상의 주군이시여, '인간(에노쉬)이 무엇이기에 그를 기억하십니까? 사람(아담)의 아들이 무엇이기에 그를 보살피십니까?' (시편 8,5) 이런 문젯거리가 있어도 그를 만들어내시겠습니까?'[1]

그분은 그들에게 말씀하셨다.

'그렇다면 '양 떼와 소 떼와 그 모든 것들'(시편 8,8)은 왜 만들었겠느냐? 또 '하늘의 새와 바다의 물고기'(시편 8,9)는 왜 만들었겠느냐?'[2]

이것은 모든 좋은 것으로 가득 찬 탑을 가진 왕에 비유할 수 있다. 그런데 그곳에는 손님이 없다. 모든 것을 소유한 왕에게 무슨 즐거움이 있을까? 천사들은 그분 앞에서 말했다.

'세상의 주군이시여, '주님, 우리의 주님, 당신의 이름이 온 땅에 얼마나 존엄합니까?'(시편 8,10) 당신의 눈에 드는 일을 하십시오.'"[3]

주해

1 '이런 문젯거리'는 시편 8,6 이하의 내용과 연관된다. '당신은 신들보다 부족하게 그(아담)를 만들고, 그에게 영광과 영예의 관을 씌워주셨습니다. 그리고 그에게 당신 손으로 만든 것들을 다스리게 하고, 모든 것을 그의 발아래 두셨습니다'(시편 8,6-7). [고대 번역본에는 '신들' 대신에 '천사들' 이라고 번역했다.] 문젯거리는 아담이 영광의 관을 쓰고 만물을 다스리게

되자 그가 금지된 지식나무의 열매를 먹게 되는 잘못을 뜻한다.

히브리서에 시편 8,5-7이 인용되고, 이에 대해 아래와 같이 해석한다. '그러나 우리가 알고 있듯이 예수는 잠시 천사들보다 낮아지셨다가 죽음의 고난으로 말미암아 영광과 영예의 관을 받으셨습니다. 그리하여 그분은 하느님의 은총으로 모든 사람을 위하여 죽음을 맛보셨습니다'(히브리서 2,9). 이 단락을 창세기 미드라쉬 부분과 비교해보면, 예수의 죽음은 아담이 지식나무의 열매를 먹은 것을 상징한다. 새 아담인 메시아 예수가 옛(첫 번째) 아담의 문젯거리를 해결하는 방법은 새 아담이 죽음을 맛보고 부활하는 것이다.

2 사람들이 아무리 문젯거리라고 해도 아담이 만들어지기 전에 모든 짐승과 곡식이 만들어진 이유는 사람들을 위해 그들의 양식으로 준비하기 위한 배려였다.

3 하느님의 즐거움은 사람들이 하느님의 이름을 존엄하게 부르며 하느님을 찬양하는 노래를 듣는 것이다.

[8,7]

씨크닌의 예호슈아 랍비는 쉬무엘 랍비의 이름으로 말했다.

"그분은 의인들의 영혼과 상의했다. 이렇게 쓰여 있다. '그들은 옹기장이들이었으며, 농장과 목장에 살고 있는 이들은 왕과 함께 그를 섬기며 거기에 살았다'(역대상 4,23).[1]

'그들은 옹기장이들'이라는 것은 '그리고 주님 하느님은 땅에서 (모은) 흙으로 아담을 빚으셨다'(창세기 2,7)는 구절과 연관된다.[2]

'농장에 살고 있다'는 것은 '주님 하느님이 동쪽에 있는 에덴에 동산을 가꾸셨다'(창세기 2,8)는 구절과 연관된다.[3]

'목장'이라는 것은 '내가 모래로 바다에 경계를 지었다'(예레미야 5,22)라는 구절과 연관된다.[4]

> '그들이 왕과 함께 그를 섬기며 살았다.' 의인들의 영혼이 왕들 중의 왕들의 왕이신 찬미받으시는 거룩하신 분과 함께 살고 있으며, 찬미받으시는 거룩하신 분이 그들과 상의하며 세상을 만들어내셨다는 것을 말한다."[5]

주해

1 하느님이 "우리가 사람을 만들자"라고 했을 때 우리가 누구인가에 대한 추가 설명이다. 의로운 사람들은 오는 세상에 한몫을 차지하게 되고 하느님 나라에 살게 되기 때문에 하느님은 이 의로운 사람들의 영혼과 상의할 수 있다. 이러한 풀이를 할 수 있는 입증 문구로 역대하 4,23을 인용하고 해석한다.

2 '옹기장이'는 흙으로 빚어 그릇을 만드는 직업이다. 옹기장이(요쩨르)도 (흙으로) 빚어 만든다는 동사(야짜르)에서 파생된 단어다. 창세기 2,7에서 흙으로 사람의 모양을 빚었다는 작업을 옹기장이로 비유한 것이다.

3 '농장(느타임)'은 '(땅을) 가꾸다'라는 의미의 동사에서 파생된 단어다. 에덴동산에는 의로운 사람들이 살고 있는 것으로 볼 수 있다. 하느님이 에덴동산을 꾸미고 사람을 거기에 두려고 할 때 그곳에 살고 있는 의인들과 아담에 대해 상의했다는 이야기다. 창조 시작에 오는 세상에서의 구원을 이야기한다. 이러한 생각은 창조 시작에 일곱 가지 것이 만들어졌다는 논리에서 추론할 수 있다(창세기 1,2 미드라쉬 참조).

4 '목장(게데라)'은 '경계를 짓다'라는 동사(가다르)에서 파생된 단어다. 하느님이 바닷가에 모래를 쌓아 경계를 만든 것은 악인들이 땅으로 들어오지 못하게 하는 것을 비유한다. 이처럼 하느님은 경계를 지어놓은 곳에 의인들과 함께 살고 있다고 이야기한다.

5 '왕들 중의 왕들의 왕'이라는 칭호는 헬레니즘 시대에 자주 사용된 칭호인 트리스메기스토스(Trismegistos, '세 번 위대한 자'라는 뜻)에서 유래한다. 이 호칭은 가장 위대한 자에게 붙여주었다. 고대 그리스 신 헤르메스의 칭호 가운

데 하나가 헤르메스 트리스메기스토스(Hermes Trismegistos)다. 그리스도교가
로마 세계에 전해지면서 그리스도는 헤르메스의 상징인 '좋은 목자'의 모습
으로 표상됐다.

10 우리는 무엇을 닮았을까

[8,8]

쉬무엘 바르 나흐만 랍비는 요나탄 랍비의 이름으로 말했다.

"모세가 토라를 쓰고 있을 때 그는 세상 창조의 날들을 쓰게 됐다. 그런데 '하느님이 말씀하셨다. 우리가 우리의 모습으로 우리와 닮게 사람을 만들자'는 이 구절에 이르자, 그는 그분 앞에서 말했다.[1]

'세상의 주군이시여, 당신은 왜 이교도들의 입을 열게 하시렵니까?'[2]

놀랍게도 그분은 그에게 이렇게 말씀하셨다.

'받아써라! 누구든 잘못하기를 원하면 잘못할 것이다.'[3]

찬미받으시는 거룩하신 분이 모세에게 말씀하셨다.

'모세여, 내가 만들어낸 이 아담(사람), 바로 그에게서 내가 큰 자들과 낮은 자들을 세우지 않느냐? 만일 큰 자가 그보다 낮은 자에게 허락을 얻으려고 와서 그에게 말하길, '내가 나보다 낮은 자에게서 허락을 얻을 필요가 있소?'라고 한다면, 그들은 그에게 '위에 있는 것들과 아래에 있는 것들을 만들어내신 창조주에게서 배우시오'라고 말할 것이다.' 그래서 그분이 사람을 만들어내려고 오셨을 때 그분은 시중드는 천사들과 상의했다."[4]

레비 랍비는 말했다.

"여기서 그분이 누구와 상의한 것은 아니다. 이것은 왕궁의 출

입구에서 거닐고 있던 왕에 비유할 수 있다. 그는 (땅에) 불쑥 솟아 있는 흙덩이를 보았다. 그는 '이것으로 무엇을 할까?'라고 물었다. 어떤 이는 공중목욕탕을 (만들라고) 말하고, 어떤 이는 개인 욕조를 말했다. 그러나 왕은 '내가 (나와 닮은) 상상(像)을 만들겠다. 누가 말리겠는가?'라고 말했다."[5]

주해

1 모세가 시나이 산 꼭대기에 올라가 하느님을 만나 하느님이 말씀하는 토라를 받아 적고 있을 때를 이야기한다.

2 이교도들이 '우리'라고 말하는 이 구절을 가지고 누가 우리인가에 대한 논쟁을 일으키게 할 필요가 있겠느냐는 반문이다.

3 이교도들은 '우리가 사람을 만들자'라는 구절에서 하늘에는 두 개의 권한이 있다고 풀이한다. 여기서 이교도는 그리스도교를 가리키며, 두 개의 권한은 창조주 하느님의 것과 그리스도의 것을 뜻한다. 만일 이교도들이 하느님 홀로 세상을 창조했다는 창조주의 권한에 대해 또 다른 이(그리스도)에게도 그런 권한이 있다고 해석하기를 원한다면, 그렇게 하라는 것이다.

복음서에서 하느님의 권한에 대해 이야기하는 단락을 읽을 수 있다. '예수가 성전 안을 거닐고 있을 때 대제관들과 율사들과 원로들이 와서는 예수에게 '당신은 무슨 권한으로 이런 일을 합니까?'하고 묻는다. 그러자 그는 세례자 요한의 예를 들며 '요한의 세례는 어디에서 (비롯합니까)? 하늘에서입니까? 혹은 사람에게서입니까?'라고 말한다'(마가복음 11,27-33). 세례자 요한이 사람들에게 세례를 주는 권한을 하늘에서 받은 것처럼, 예수가 병자를 고치는 권한도 하늘에서 받은 것이라고 입증하는 말이다.

4 『선조들의 어록』 4,1에 아래와 같은 단락이 나온다. "벤 조마는 말했다. 어떠한 자가 지혜롭습니까? 누구에게서나 배우는 자입니다. (성경에) 이렇게 말합니다. '나를 가르친 모든 이로부터 나는 깨닫게 됐습니다'(시편 119,99)."

지혜로운 사람은 누구에게나 배운다. 지식이 많은 사람이라도 그보다 낮은 이의 말에 경청하는 자가 현인이다. 이처럼 하느님도 그의 시중을 드는 천사들과 상의했다.

5 이 비유에서 왕은 그의 조언자들의 조언을 듣지 않는다. 하느님은 사람을 만드는 일에 대해 천사들의 조언을 듣지 않았다고 레비 랍비는 풀이한다.

[8,9]

이교도들이 심라이 랍비에게 물었다.

"몇 명의 신神들이 세상을 만들어냈습니까?"

그는 그들에게 말했다.

"나와 여러분이 첫 번째 날들에게 물어봅시다. '이제 하느님이 사람을 만들어내신 날부터 네 앞에 있었던 첫 번째 날들에게 물어라'(신명기 4,32)라고 쓰여 있습니다.[1] 여기서 '그들이 만들어냈다'라고 쓰여 있는 것이 아니라, '그분이 만들어내셨다'라고 쓰여 있습니다."[2]

그들은 다시 돌아와 질문하며 그에게 말했다.

"왜 '처음에 하느님들이 만들어내셨다'라고 쓰여 있습니까?"

그는 그들에게 말했다.

"'하느님들이 만들어내셨다'라고 쓰여 있지 않고, '하느님이 만들어내셨다'라고 쓰여 있습니다."

심라이 랍비는 말했다.

"어느 곳에서든지 여러분이 이교도들과 논쟁을 벌일 경우 여러분은 그 한편에서 대답을 찾을 수 있습니다."

이교도들이 다시 돌아와서 그에게 질문했다.

"왜 '우리가 우리의 모습으로 우리와 닮게 사람을 만들자'라고 쓰여 있습니까?"

그는 그들에게 말했다.

"그다음에 무엇이라고 쓰여 있는지 읽어보시오. '하느님들이 그들의 모습으로 사람을 만들어내셨다'라고 쓰여 있지 않고, '하느님이 그분의 모습으로 사람을 만들어내셨다'(창세기 1,27)라고 말합니다."[3]

그들이 떠나자 그의 제자들이 그에게 말했다.

"랍비님, 당신은 그들을 갈대밭으로 돌려보냈습니다. 그러나 우리에게는 그 대답을 말해주십시오."[4]

그는 그들에게 말했다.

"예전에 아담은 땅에서 (모은) 흙으로 만들어졌고 하와는 아담의 (갈빗대)로 만들어졌지만 이제부터는 '우리의 모습으로 우리와 닮게'(만들어졌다)는 뜻입니다. 여자 없이 남자가, 남자 없이 여자가 있을 수 없는 것은 쉐키나(하느님의 현존) 없이 이들 둘이 있을 수 없다는 뜻입니다."[5]

이교도들이 다시 돌아와서 질문하며 그에게 말했다.

"왜 '하느님(엘), 하느님(엘로힘), 주님(YHWH), 그분이 알았다'(여호수아 22,22)라고 쓰여 있습니까?"[6]

그는 그들에게 말했다.

"여기에는 '그들이 알았다'라고 쓰여 있지 않고 '그분이 알았다'라고 쓰여 있습니다."[7]

그의 제자들이 그에게 말했다.

"당신은 그들을 갈대밭으로 돌려보냈습니다. 그러나 우리에게는 그 대답을 말해주십시오."

그는 그들에게 말했다.

"이 셋은 모두 하느님의 이름입니다. 마치 사람들이 바실로구스 카이사르 혹은 아우구스투스 카이사르라고 말하는 것과 같습니다."[8]

이교도들은 다시 돌아와서 질문하며 그에게 말했다.

"왜 '그분은 거룩하신 하느님들'(여호수아 24,19)이라고 쓰여 있습니까?"

그는 그들에게 말했다.

"'그들은 거룩하신 하느님들이다'라고 쓰여 있지 않고 '그분은 거룩하신 하느님이다'라고 쓰여 있습니다."[9]

주해

1 '첫 번째 날들'은 창조의 6일을 뜻한다.

2 히브리어로 '하느님'이라고 번역한 단어(엘로힘)는 경우에 따라 복수형으로 읽을 수 있다. 어떤 이교도들은 창조 처음에 하느님들이 세상을 창조했다고 주장한다. 〔이교도가 주장하는 하느님들은 삼위일체를 이야기한다.〕 이에 대해 심라이 랍비는 '만들어내다'라는 동사구가 단수형이기 때문에 하느님은 단수單數라고 설명한다. 세상을 창조한 신神은 하나이지, 여럿이 아니라는 신관을 문법적으로 입증한다.

3 '그분의 모습'은 단수 소유격 인칭대명사를 사용한 문구다. 따라서 하느님은 하나다.

4 '그들을 갈대밭으로 보냈다'라는 표현은 임시변통으로 쉽게 해결했다는 뜻이다. 제자들은 그렇게 문법적으로 설명되는 것보다 다른 신학적 이유가 있지 않느냐고 반문한 것이다. 심라이 랍비의 예화에서 제자들은 보다 심오한 가르침을 기대하고 선생에게 질문한다.

복음서에서 제자들이 예수에게 이와 같이 질문하는 단락을 읽을 수 있다. 예를 들어 '씨 뿌리는 사람의 비유'에서 제자들은 예수에게 "어찌하여 저 (사람)들에게는 비유로 말씀하십니까?"라고 묻는다. 그러자 예수는 '여러분에게는 천국의 신비를 알아듣게 해주셨지만, 저들에게는 그렇게 해주시지 않았다'(마태복음 13,10-11)라고 말한다. 여기서 저 사람들은 군중을 가리킨다. 선생이 제자들에게는 좀 더 심오한 가르침을 주었다는 점을 알 수 있다.

5 '하느님이 그의 모습으로 남자와 여자를 만들어내셨다'(창세기 1,27)라는 구절에서 남자와 여자 사이에 하느님의 현존이 있다고 추론한다. 하느님의 모습을 쉐키나(현존)로 풀이한 것이다. 하느님의 현존 없이 인간이 존재할 수 없다는 것은 유대교의 기본적인 신학 사상이다. 하느님이 남자와 여자를 만든 의도는 그들이 혼인하는 데에 있다(『창세기 미드라쉬 랍바』 17,2 〔본서 16장〕 참조). 그래서 유대교의 혼인 의례에 하느님의 현존이 함께한다고 풀이한다.

요한복음에 전해진 예수의 일곱 가지 기적(표징) 행사 가운데 그 첫 번째 것이 가나의 혼인잔치에서 일어난 사건이다. '이렇게 예수는 갈릴리 가나에서 처음으로 기적을 행하시고 그분의 영광을 드러내셨다'(요한복음 2,11). 예수가 그의 첫 번째 기적 행사로 혼인잔치에서 하느님의 영광을 드러내는 이유는 창조 시작에 하느님의 현존이 남자와 여자 사이에 있었던 것처럼 예수의 새 복음 시대의 서막에 하느님의 현존이 예수와 함께 있다는 것을 알리기 위해서다.

6 하느님의 이름인 '엘'은 원래 고대 가나안 지역의 최고신 이름이었다. 그러나 이스라엘 민족이 가나안 지역에 정착하며 그 지역의 최고신 이름 '엘'이 이스라엘 사회에 동화되어 자기 민족의 고유한 하느님 이름과 함께 사용됐다. 가장 대표적인 예가 바로 '엘이 싸운다'라는 뜻을 가진 이스라엘이다. 다른 예로, 아브라함의 첫째 아들 이름이 이쉬마엘('엘이 듣는다')이다. '엘'이 이스라엘의 민족신인 YHWH와 습합된 두드러진 인명은 엘야후 예언자의 이름이다. 〔흔히 우리말 번역 성경에 '엘리야'라고 표기한다.〕 엘야후는 '엘은 야후다'라는 뜻이다. '야후'는 YHWH의 약칭으로, 인명에 사용했다. 예를 들어 이사야후, 예레미야후 등.

7 이교도들은 여호수아 22,22을 인용하여 하느님의 이름이 왜 서로 다르냐고 질문한다. 또 그 이름이 셋인 것처럼 하느님도 셋이 아니냐고 반문한다. 〔이 논리도 삼위일체와 관련된다.〕 이에 대해 랍비는 하느님을 엘, 엘

I

창
세
신
화

로힘, 아도나이(YHWH)라고 부르지만, 하느님은 셋이 아니라 하나이며, 그것은 이 인용구의 동사구에서 인칭대명사도 단수형이고 동사도 3인칭 단수형인 점을 든다.

8 바실로구스는 그의 권력으로 로마를 정복했으며, 아우구스투스(옥타비아누스)는 그를 계승하여 로마를 지혜롭게 다스렸다고 한다. 로마 황제들은 자신의 권능을 과시할 때 '바실로구스 카이사르'라고 하고, 자신의 현명함을 알리고자 할 때는 '아우구스투스 카이사르'라고 칭했다. 이처럼 하느님께 그의 권능을 알리고자 할 때는 '엘로힘'이라고 부르며, 그분의 지혜와 자비를 말할 때는 '주님(YHWH)'이라 부른다고 설명한다.

9 '거룩하신 하느님(엘로힘)'이라는 문구에서 '거룩하신(크도쉼)'이 복수형이기 때문에 '거룩하신 하느님들'이라고 이해할 수 있지 않느냐는 반문이다. 그러나 이 문장의 인칭대명사가 3인칭 남성 단수(그)이기 때문에 '거룩하신 하느님'이라고 반박한다.

[8,10]

호샤야 랍비는 말했다.

"찬미받으시는 거룩하신 분이 첫 번째 아담을 만들어내셨을 때 시중드는 천사들은 (그를 하느님으로) 잘못 알았다. 그래서 그들은 그 앞에서 '거룩하시다'라고 말하려 했다. 이것은 이륜마차를 탄 왕과 총독에 비유할 수 있다.

시민들은 왕에게 '주主여(domini)!'라고 말하려 했다. 그러나 그들은 누가 왕인지 알지 못했다.

왕은 어떻게 했을까?

그는 그를 밀어내 마차 밖으로 내보냈다. 그러자 모두 그가 왕인 것을 알았다.

이처럼 찬미받으시는 거룩하신 분이 첫 번째 아담을 만들어내

셨을 때 시중드는 천사들이 그를 잘못 보았으며, 그 앞에서 '거
룩하시다'라고 말하려 했다.

　　찬미받으시는 거룩하신 분은 어떻게 하셨을까?

　　그분은 그를 깊게 잠들게 했으며, 모두 그가 아담인 것을 알았
다. 이렇게 쓰여 있다. '콧속에 숨이 있는 아담(사람)에게 (영광을
돌리는 일은) 그만하십시오. 그가 무엇으로 여겨지겠습니까?'(이사
야 2,22)"[1]

주 해

[1] 시민들이 겉모습을 봐서는 왕과 총독을 구별하지 못한다는 비유에서 주
목할 점은 하느님이 만들어낸 아담의 모습이 하느님과 비슷하다는 해석
이다. 에덴동산 이야기에 '주님 하느님이 아담에게 단잠이 쏟아지게 하셨
다. 그리고 그가 잘 때 그의 갈빗대에서 하나를 가져가고 그것들 밑을 살
로 막으셨다'(창세기 2,21)라고 나온다. 천사들은 아담이 잠든 것을 본 후에야
누가 하느님인지를 확실하게 알 수 있었다고 랍비는 이야기한다. 이런 종
류의 이야기를 '아가다'라고 부른다.

[8,11]

　　'그분은 남성과 여성, 그들을 만들어내셨다'(창세기 5,2).

　　이것은 그들이 프톨레마이오스 왕을 위해 바꾼 구절 가운데
하나다.[1] "그분은 남성과 그의 구멍들을 만들어내셨다."[2]

　　예호슈아 바르 느헤미야 랍비는 하나 바르 이츠학 랍비의
이름으로, 그리고 랍비들은 엘아자르 랍비의 이름으로 말했다.

　　"그분이 위에 있는 것들의 네 가지 속성과 아래에 있는 것들의
네 가지 속성으로 그(사람)를 만들어내셨다. 그는 짐승처럼 먹고

마시며 짐승처럼 열매 맺고 번성하며 짐승처럼 배설하고 짐승처럼 죽는다.[3]

위에 있는 것들에 대해서는 그는 시중드는 천사들처럼 서 있으며, 시중드는 천사들처럼 말하며, 시중드는 천사들처럼 자기 의견이 있으며, 시중드는 천사들처럼 본다. 그렇다면 짐승은 보지 못할까? 놀랍게도 그(사람)는 옆으로도 본다."[4]

티프다이 랍비는 아하 랍비의 이름으로 말했다.

"위의 것들은 (하느님의) 모습과 닮게 만들어졌지만, 그들은 열매 맺거나 번성하지 않는다. 그러나 아래의 것들은 열매 맺고 번성하지만 (하느님의) 모습과 닮게 만들어지지 않았다. 찬미받으시는 거룩하신 분이 말씀하셨다.

'보라, 내가 그를 위의 것들처럼 그 모습과 닮게 만들어내며 아래의 것들처럼 열매 맺고 번성하게 만들 것이다.'"[5]

티프다이 랍비는 아하 랍비의 이름으로 말했다.

"찬미받으시는 거룩하신 분이 말씀하셨다.

'만약 내가 그를 위의 것들처럼 만들어내면 그는 살 것이며 죽지 않을 것이고, 아래의 것들처럼 만들어내면 그는 죽을 것이며 살지 못할 것이다. 그러므로 나는 위의 것들과 아래의 것들처럼 그를 만들어낸다. 만약 그가 죄를 지으면 죽을 것이고, 죄를 짓지 않으면 살 것이다.'"[6]

주해

1 기원전 250년경 이집트의 알렉산드리아에서 프톨레마이오스 2세는 유대인 학자 72명을 소집하여 히브리 성경을 그리스어로 번역하도록 지시했다. 당시 알렉산드리아는 국제도시였고 그곳의 도서관은 학문의 중심지

였기 때문에 유대인의 성경을 당시 공용어로 번역했을 것이다. 당시 알렉산드리아에 살던 유대인은 매우 많았으며 그리스 문화에 익숙한 유대인에게는 당시 통용어로 그들의 성경이 번역될 필요성을 느꼈을지 모른다. 프톨레마이오스 왕은 72명의 학자들에게 각자 자기 방에 들어가 홀로 번역하라고 일렀다. 모두 작업을 끝내고 보니 그들의 번역은 전부 같았으며 심지어 잘못된 번역도 모두 같았다. 〔『바빌로니아 탈무드』「메길라」에 이 이야기가 수록되어 있다.〕

2 위에서 인용된 '남성과 여성'을 '남성과 그의 구멍들'로 바꾸어 번역한 것은 하느님이 그의 모습으로 사람을 만들었다고 성경에 쓰여 있는데, 그렇다면 하느님은 남자와 여자의 모습이 되고, 이것은 자가당착이기 때문에 여성(네케바)이라는 단어를 '구멍(네케브)'으로 번역한 것이다. 〔가부장적 해석이다.〕

3 '열매 맺고 번성하다'(창세기 1,22)는 새끼(자손)를 낳아 번성한다는 숙어적 표현이다.

4 세상은 위와 아래로 구분되며, 위의 것들, 즉 천사는 아래에 있는 것들, 즉 짐승보다 우월하다. 천사의 특징은 서서 말하고 자기 의견을 가지고 본다는 점이다. 짐승도 보지만, 사람은 옆으로도, 즉 몰래 보기도 한다. 사람에게는 남을 속일 수 있는 소질이 있다는 점을 드러낸 해석이다.

5 사람에게는 천사와 짐승의 속성이 모두 있다.

6 사람이 죄를 짓지 않으면 죽지 않고 산다. 사람이 하느님의 모습으로 그와 닮게 만들어졌다는 것은 하느님처럼 살 수 있다는 점을 시사한다. 사람이 도덕적으로 사는 길에 서 있으면 영원한 삶을 누릴 수 있다. 그러나 그 영원한 삶은 출산하지 않는 천사들과 같은 삶이다.

복음서에 전해진 예수의 예화에서 이와 비슷한 해설을 읽을 수 있다. 사두개 사람들이 예수에게 와서 부활이 없다고 주장하며, 만일 일곱 형제와 혼인하게 된 여인이 부활하게 되면 그녀는 누구의 아내가 되느냐고 질문한다(마태복음 22,23-29). 예수는 이렇게 대답한다. '죽은 자들이 살아날 때에는 장가들지도 않고 시집가지도 않습니다. 그들은 하느님의 천사들처럼 하늘에 있습니다'(마태복음 22,30). 사람이 죄를 짓지 않았으면 그는 죽었다가 다시 일어날 때 짐승처럼 먹고 마시며 출산하고 배설하는 일이 없게 되며, 천사처럼 보고 말하며 산다는 이야기다.

[8,12]

'그리고 그들이 바다의 물고기를 다스려라'(창세기 1,26).

하니나 랍비는 말했다.
"만일 사람이 공덕을 쌓았다면 '다스릴 것이다.' 그러나 그렇지 않으면 그는 (지옥으로) 내려갈 것이다."

크파르 하닌의 야콥 랍비는 말했다.[1]
"'우리의 모습과 닮은' 이들은 다스릴 것이며, '우리의 모습과 닮지 않은' 이들은 (지옥으로) 내려갈 것이다."

크파르 하닌의 야콥 랍비는 말했다.
"'우리의 모습과 닮은' 이들이 와서 '우리의 모습과 닮지 않은' 이들을 다스릴 것이다."[2]

주해

[1] 크파르(마을) 하닌 출신의 야콥 랍비.

[2] '우리의 모습을 닮은 이들'은 토라를 배우고 공덕을 쌓는 사람들을 말하며, '우리의 모습을 닮지 않은 이들'은 토라를 배우지 않는 사람들이다. '하느님의 모습을 닮았다'는 문구는 하느님의 가르침(토라)을 배우고 공덕을 쌓는다는 뜻이다.

'그리고 하느님이 그들에게 복을 내리셨다.'

우리는 『미쉬나』에서 배운다.

"처녀는 나흗날(수요일)에 혼인을 하고, 이혼녀는 닷샛날(목요일)에 혼인을 한다"(『크투빔(혼인)』 5,1).

왜 그럴까?

축복이 이날에 쓰여 있기 때문이다.

그러나 축복은 다름 아닌 닷샛날과 엿샛날에 이루어지지 않았는가?[1]

바르 카파라 랍비는 말했다.

"나흗날은 닷샛날의 전야前夜며 닷샛날은 엿샛날의 전야다."[2]

엘아자르 랍비는 요시 벤 짐라 랍비의 이름으로 말했다.

"'(하느님이 그들에게 말씀하셨다. 열매 맺고 번성하라! 땅을 채워라!) 그리고 (그들이) 그것을 다스려라!'

'그가 그것을 다스려라'라고 쓰였어야 한다. 열매 맺고 번성하라는 계명은 남자가 받은 것이지 여자가 아니다."[3]

요하난 벤 브로카 랍비는 말했다.

"하나는 남자이고 하나는 여자, 즉 그 둘에게 (주신 계명이다.) 그래서 그분이 말씀하셨다. '그리고 하느님이 그들에게 복을 내리셨다.'

'그리고 (그들이) 그것을 다스려라.' 이것은 '그리고 (그가) 그녀를 다스려라'라고 쓴 것으로 (설명할 수 있다). 남편이 그의 아내를 다스린다는 뜻이다. 그래서 그녀는 시장에 나가지 않을 것이다. 왜냐하면 어느 여자든 시장에 나가면 결국 넘어진다. 이것을 어디에서 알 수 있을까? 디나의 일화에서 알 수 있다. '디나가 그 고장 여자들을 보러 나갔다'(창세기 34,1)라고 말한다. 그래서 결국 그녀는 넘어지게 됐다. 이렇게 쓰여 있다. '쉐켐(세겜)이 그녀를 보고, 그는 그녀를 데리고 가서 겁탈했다'(창세기 34,2)."[4]

예레미야 랍비와 아바후 랍비와 이츠학 바르 마리온 랍비는 하나나 랍비의 이름으로 말했다.

"법도(할라카)는 요하난 브로카의 의견을 따랐다."[5]

주해

1 복 받은 날에 혼인하는 것은 당연하다. 하느님이 창조 닷샛날과 엿샛날에 각각 짐승(닷샛날)과 사람(엿샛날)에게 복을 내리고(창세기 1,22 ; 1,28), 이렛날 쉬며 그날을 축복했다(창세기 2,3). 일주일에 복 받은 날은 이 세 날이며 종교 적인 행사로 복을 받아야 하는 일이면 닷샛날이나 엿샛날에 이루어져야 한다. 유대교의 날짜 계산법에 따르면, 하루는 그날 해 지는 시각부터 그 다음 날 해 지기 전까지다. 혼인잔치도 저녁에 잔치가 시작되고 남녀가 잠 자리에 드는 것은 그다음 날 밤이 된다. 처녀는 나흗날에, 이혼녀는 닷샛 날에 혼인하여 그다음 날 복 받은 날에 잠자리를 함으로써 '자식을 낳고 번성하라'는 축복의 계명을 이루게 된다.

2 혼인하는 날을 처녀는 나흗날로, 이혼녀는 닷샛날로 정하게 된 연유는 산 헤드린 법정이 안식일에 쉬기 때문이다. 만일 처녀와 혼인하여 잠자리를 한 남편이 그녀의 처녀성을 의심하여 문제를 제기할 경우 이 문제는 재판 소에서 해결해야 한다. 재판소는 안식일에 열지 않기 때문에 엿샛날에 그 문제가 재판소에 제기되어야 한다. 그러나 이혼녀의 경우에는 그럴 소지 가 전혀 없기 때문에 다섯째 날에 혼인해도 무방하다. 그래서 처녀의 혼인 날이 이혼녀의 혼인날에 앞서게 됐다.

3 자손을 낳고 후손을 많이 늘리라는 계명은 남자가 받는다고 주장한다.

4 '남편이 그의 아내를 다스린다'는 말은 남편이 그의 아내를 보호한다는
뜻으로 풀이한다. 옛날에는 여자가 시장 같은 곳에 혼자 나다니면 위험의
소지가 많았던 것 같다. 그래서 남편의 보호를 받는 아내는 복을 받은 것
이다.

5 번성하라는 계명은 남자와 여자 모두에게 준 법도다.

[8,13]

아바후 랍비는 말했다.

"찬미받으시는 거룩하신 분이 (혼인의) 축성 잔을 들고 그들에
게 복을 내리셨다."

예후다 바르 시몬 랍비는 말했다.

"미카엘 천사와 가브리엘 천사가 첫 번째 아담의 신랑 들러리
였다."[1]

심라이 랍비는 말했다.

"우리는 찬미받으시는 거룩하신 분이 신랑에게 복을 내리시
고 신부를 아름답게 꾸미시며 환자를 방문하시고 죽은 이를 장
사지내신다는 것을 안다.

그분이 신랑에게 복을 내린다는 것은 어디에서 알까? '그리고
그분이 그들에게 복을 내리셨다.'

그분이 신부를 아름답게 꾸미신다는 것은 어디에서? '그리고
주님 하느님이 아담에게서 가져온 갈비뼈로 여자를 만드셨다'(창
세기 2,22).[2]

그분이 환자를 방문하신다는 것은 어디에서? '주님은 맘레 상
수리나무 옆에서 그에게 나타나셨다'(창세기 18,1)라고 말한다.[3]

그분이 죽은 이를 장사지내신다는 것은 어디에서? '그분은 그 (모세)를 계곡에 묻으셨다' (신명기 34,6)."[4]

쉬무엘 바르 나흐만 랍비는 요하난 랍비의 이름으로 말했다. "그분은 애도자의 얼굴도 보신다. 이렇게 쓰여 있다. '하느님은 야콥에게 다시 나타나시고 그에게 복을 내리셨다' (창세기 35,9).[5] 그분이 그에게 복을 내리신 것은 무슨 축복일까? 요하난 랍비는 애도자들을 위한 축복이라고 말했다."

주해

[1] 미카엘과 가브리엘 천사는 각각 정의와 자비의 상징이다.

[2] 하느님이 아담의 갈빗대로 여자를 만든 이유는 여자를 아름답게 꾸미기 위해서다.

[3] 그때 아브라함은 할례를 받고 난 다음이었기 때문에 그는 아팠다.

[4] 아가다에 따르면, 하느님이 모세를 장사지냈으며, 그래서 그가 묻힌 무덤이 어디에 있는지 아무도 모른다.

[5] 바로 앞 절에서 '그때 리브카의 유모 드보라가 죽어 베트엘(베델) 아래 있는 상수리나무 밑에 묻혔다' (창세기 35,8)라고 했기 때문에 그때 야콥은 드보라의 죽음을 애도하는 중이었다고 풀이한다.

11 '매우 좋았다', 무엇이 그렇게 좋았을까

[9,1]

'하느님은 그분이 만드신 모든 것을 보셨다. 그리고 보라, 매우 좋았다'(창세기 1,31).

레비 랍비는 (아래 구절을) 열었다.

"'말씀을 숨기는 것은 하느님의 영광(을 위함)이지만 왕들의 영광은 말씀을 밝히는 것이다'(잠언 25,2)."

레비 랍비는 하마 바르 하니나 랍비의 이름으로 말했다.

"이 책(창세기)의 시작부터 여기(창세기 1,31)까지가 하느님의 영광을 말하며, 그분은 말씀을 숨기셨다. 여기부터 그다음으로는 왕들의 영광이며 말씀을 밝힐 것이다.

'영광'은 왕들에 비유되는 토라의 말씀이다. 이렇게 말한다. '나(지혜/토라)를 통해 왕들이 다스린다'(잠언 8,15).

'말씀을 밝힌다'는 것은 '하느님은 그분이 만드신 모든 것을 보셨다. 그리고 보라, 매우 좋았다'는 구절을 뜻한다."[1]

주해

1 하느님이 6일 동안 만들어낸 것들이 무엇을 의미하는지 밝히려고 그것들을 보았다고 풀이한다. 이때까지 하느님의 세상 창조는 비밀리에 숨겨졌지만, 앞으로는 통치자들이 하느님 활동의 의미를 알아야 한다. 토라를 연구하여 그 뜻을 잘 이해해야 한다. 성경을 이해하기 위해 토라 해석이 필

요하다는 이야기다.

[9,2]

다른 설명

'하느님은 그분이 만드신 모든 것을 보셨다. 그리고 보라, 매우 좋았다.'

탄후마 랍비는 (아래 구절을) 열었다.
"'그분이 제때에 모든 것을 아름답게 만드셨다'(전도서 3,11)."
탄후마 랍비는 말했다.
"제때에 세상이 만들어졌으며, 그 이전에 만들어졌던 세상은 어울리지 않았다."[1]

아바후 랍비는 말했다.
"여기(전도서 3,11)에서 (우리는) 찬미받으시는 거룩하신 분이 이것들(하늘과 땅)을 만들어내시기 전까지 여러 차례 세상을 만드셨고, 그것을 부수셨다는 것을 (배운다). 그분은 '이것은 나에게 즐겁지만 저것은 즐겁지 않다'라고 말씀하셨다."

핀하스 랍비는 말했다.
"아바후 랍비의 의견은 이렇다. '하느님은 그분이 만드신 모든 것을 보셨다. 그리고 보라, 매우 좋았다', '이것은 나에게 즐겁지만 저것은 즐겁지 않다'는 것이다."[2]

주해

1 하느님이 이스라엘을 위해 이 세상을 만들기 전에도 세상을 여러 번 만들

었다는 이야기다. 이러한 아가다는 유대교 현인들이 주변 민족의 신화(전설)를 염두에 두었다는 것을 알려준다. 고대 이스라엘의 창세 이야기 이전에도 다른 민족의 창세 이야기가 있었지만 믿음의 공동체인 이스라엘을 위해 만든 세상 창조가 마지막 것이라는 점이다. 그래서 하느님은 그가 만든 세상이 다른 민족의 창조보다 더 (매우) 좋았다고 하며 '매우'라는 단어를 사용했다는 해석이다.

2 여기에서 '보라'는 지시 감탄사다. '보라'고 지시하는 것은 또 다른 것이 있다는 것을 나타낸다. '보라'고 가리키는 것들은 하느님의 마음에 들었고, 다른 것들은 마음에 들지 않았다는 관점을 알 수 있다.

[9,3]

다른 설명

'하느님은 그분이 만드신 모든 것을 보셨다. 그리고 보라, 매우 좋았다.'

요하난 랍비는 말했다.
"살과 피의 왕이 왕궁을 지었을 때 그는 한 번은 위의 것들을 보고 또 한 번은 아래의 것들을 본다.[1] 그러나 찬미받으시는 거룩하신 분은 한번에 위의 것들과 아래의 것들을 보신다."[2]

심온 벤 라키쉬 랍비는 말했다.
"'보라, 매우 좋았다.' 이것은 이 세상이다. '그리고 보라, 매우 좋았다.' 이것은 오는 세상이다. 찬미받으시는 거룩하신 분이 이 세상과 오는 세상을 한번에 보신 것이다."[3]

심온 벤 라키쉬 랍비는 엘아자르 벤 아자르야 랍비의 이름으로 말했다.

"'아, 주님 하느님, 보십시오. 당신은 당신의 크신 힘과 당신의 펴신 팔로 하늘과 땅을 만드셨습니다. 당신에게는 어느 것도 놀라울 것이 없습니다'(예레미야 32,17). 그때(창조)부터 당신에게는 어느 것도 놀라울 것이 없습니다."

하가이 랍비는 이츠학 랍비의 이름으로 말했다.

"'내 아들 솔로몬아, 네 아버지의 하느님을 알라. 그리고 한결같은 마음과 즐거운 목숨으로 그분을 섬겨라! 참으로 주님은 마음을 살피시고 생각하는 의도를 구별하신다. 만일 네가 그분을 찾으면 그분은 너를 만나주실 것이며, 네가 그분을 버리면 그분은 너를 영영 저버릴 것이다'(역대상 28,9). 아담의 마음에 무슨 생각이 떠오르기도 전에 이미 당신(하느님) 앞에 밝혀졌다."[4]

유단 랍비는 이츠학 랍비의 이름으로 말했다.

"피조물이 생기기도 전에 그의 생각이 이미 당신(하느님) 앞에 밝혀졌습니다."[5]

유단 랍비는 자신을 위해 말했다.

"참으로 내 혀에는 한마디도 없다. '주님, 당신은 모두 아십니다'(시편 139,4). 사람의 혀로 말하려고 하기도 전에 '주님, 당신은 모두 아십니다.'"

주해

1 '살과 피의 왕'은 세상의 왕을 뜻한다.

2 하느님이 모든 것을 보았다는 구절에 대한 부연 설명이다. 모든 것은 위(하늘)의 것들과 아래(땅)의 것들이며, 이것들은 하느님이 각각 만들어냈으

며 그때마다 좋았다고 했다. 이제 하느님은 자기가 만든 모든 것을 한번에 보고 매우 좋았다고 말한 것이다.

3 '보라'는 단어는 하느님이 창조한 이 세상을 가리키며, '그리고'라는 접속사를 사용함으로써 '그리고 또 하나'를 의미하며 이는 오는 세상을 가리킨다. 하느님이 창조한 이 세상은 좋으며 오는 세상은 매우 좋다.

4 하느님에게 놀라울 것이 없다는 것에 대한 다른 예다. 아담이 무엇인가를 생각하기도 전에 이미 하느님이 그 마음을 알아차렸다는 것은 놀라운 일이 아니다. 하느님이 아담을 만들어내고 그가 홀로 있을 때 아담이 자기 마음속에 무엇을 생각하는지 하느님은 알고 그의 갈빗대로 여자를 만들어냈다.

5 하느님은 피조물(아담)이 만들어지기 전에 이미 아담의 마음이 어떠한지 알고 있었다는 뜻이다. 아담(사람)은 태어나기 전에 이미 악한 심성을 드러냈다. 아담은 잘못하여 에덴동산에서 쫓겨난다. 그러나 토라를 받은 사람(아담)은 토라를 공부함으로써 에덴동산에 다시 들어갈 수 있다. 사람에게는 타고난 악한 성향이 내재하지만 토라 공부와 선행을 통해 악에서 구원될 수 있다.

[9,4]

하마 바르 하니나 랍비와 요하난 랍비.

하마 바르 하니나 랍비는 말했다.
"이것(창세기 1,31)은 왕궁을 지은 왕에 비유할 수 있다. 그는 왕궁을 보고 마음에 들어 말했다. '왕궁이여, 왕궁이여, 네가 지금 내 마음에 든 것처럼 언제든지 내 마음에 들었으면 한다.'
이처럼 찬미받으시는 거룩하신 분이 그분의 세상에 말씀하셨다. '내 세상이여, 내 세상이여, 네가 지금 내 마음에 든 것처럼 언제든지 내 마음에 들었으면 한다.'"

요하난 랍비는 말했다.

"이것은 자기 딸을 시집보내는 왕에 비유할 수 있다. 그는 그녀를 위해 혼인잔치와 살 집을 준비하며 벽도 바르고 벽걸이도 걸고 그림도 붙였다. 그는 그것을 보자 마음에 들었다. 그는 그녀에게 말했다. '내 딸아, 내 딸아, 이 혼인잔치가 지금 내 마음에 든 것처럼 언제든지 내 마음에 들었으면 한다.'[1]

이처럼 찬미받으시는 거룩하신 분이 그분의 세상에 말씀하셨다. '내 세상이여, 내 세상이여, 네가 지금 내 마음에 든 것처럼 언제든지 내 마음에 들었으면 한다.'"

주해

1 이 세상을 혼인잔치로 비유한 예화다.

[9,5]

메이르 랍비의 토라에 이렇게 쓰여 있는 것을 발견했다.[1]

"'그리고 보라, 매우 좋았다.' 그리고 죽음은 좋다."[2]

쉬무엘 바르 나흐만 랍비는 말했다.

"내가 할아버지의 등에 업혀 그분의 동네에서 베트쉐안을 거쳐 크파르 하난으로 나귀를 타고 갔다. 그런데 엘아자르 랍비의 아들 심온 랍비의 해설을 들었다. 그는 메이르 랍비의 이름으로 이렇게 풀이했다. '그리고 매우 좋았다.' 이것은 죽음이 좋다(는 뜻이다)."

하마 바르 하니나 랍비와 요나탄 랍비.

하마 바르 하니나 랍비는 말했다.

"첫 번째 아담은 죽음의 맛을 보지 않아도 됐다고 생각한다. 그러나 그가 왜 죽음(의 벌)을 받아야 했을까?

찬미받으시는 거룩하신 분이 미래에 (바빌론의 왕) 네부카드네짜르(느부갓네살)와 티로의 왕 히람이 자기 자신을 신神으로 만들려는 것을 예견하셨기 때문이다. 그러므로 아담에게 죽음(의 벌)이 내려졌다. 이렇게 쓰어 있다. '너(히람)는 하느님의 동산 에덴에 있었다'(에스겔 28,13).

정녕 히람이 에덴동산에 있었을까?

놀랍게도 그분은 그(히람)에게 말씀하셨다. '네가 바로 에덴에 있는 그(아담)를 죽게 만들었다.'"[3]

베레크야 랍비의 외손자 히야 랍비는 베레크야 랍비의 이름으로 말했다.

"'너(히람)는 (날개를) 펼친 크룹이다'(에스겔 28,14). 그분이 그(히람)에게 말씀하셨다. '네가 바로 그(아담)를 젊어서 죽게 만들었다.'"[4]

요나탄 랍비는 말했다.

"그렇다면 그분이 악인들에게 죽음의 판결을 내리셨으며 의인들에게는 죽음의 판결을 내리시지 않은 것일까!

아니다. 악인들이 거짓 회개를 하며 '의인들은 계명을 지키고 선행을 함으로써 모두 산다. 우리도 또한 계명을 지키고 선행을 할 수 있다'라고 말하지 못하게 하려는 것이다. 그들(악인)의 소행을 그렇게 (의인이라고) 부르는 것은 맞지 않다."[5]

1 메이르 랍비는 2세기 중반에 활동한 타나였다.

2 '메이르 랍비의 토라'는 메이르 랍비가 사용하던 토라 두루마리를 뜻한다. 그의 토라 두루마리에 이렇게 주석이 달려 있다. 메이르 랍비는 '매우 좋았다'를 '죽음은 좋다'라고 해석한다 (역주자 후기 참조).

3 아담이 에덴동산에서 저지른 잘못은 죽음에 처할 정도로 심각한 죄가 아니다. 그렇다면 아담은 왜 에덴동산에서 쫓겨나 죽어야 하는 운명이 됐을까? 예헤즈켈(에스겔)이 하느님의 말씀을 통해 전하듯이 히람이 자신은 에덴에 살았고, 그래서 그는 신이 될 수 있다고 주장하는 일이 생겼기 때문이다. 어느 누구도 신이 될 수 없게 하도록 첫 번째 아담에게 죽음의 벌을 내렸다는 해석이다. 죽음은 일종의 벌이지, 사람에게 주어진 운명이 아니다. 그래서 사람은 죄를 지었어도 회개하면 구원받을 수 있다.

4 아담은 젊었을 때 에덴동산에서 쫓겨났다.

5 의인들이 계명을 지키고 선행을 함으로써 죽음의 판결을 받지 않는다고 한다면, 사악한 이들도 거짓으로 의인처럼 행하여 죽음의 판결을 받지 않을 수 있다. 이런 거짓 선행을 막기 위해 의인이든 악인이든 모두 죽음을 맞이해야 한다.

요하난 랍비와 심온 벤 라키쉬 랍비.

요하난 랍비는 말했다.
"무엇 때문에 악인들에게 죽음의 판결이 내려졌을까?
왜냐하면 악인들은 살아 있는 동안 늘 찬미받으시는 거룩하신 분께 분노를 일으키게 한다. 이렇게 쓰여 있다. '너희는 너희의 말로 주님을 괴롭힌다'(말라기 2,17). 그러나 죽으면 그들은 찬미받으시는 거룩하신 분께 분노를 일으키는 일을 그만두게 된다. 이렇게 말한다. '거기(죽음)에서 악인들은 화나게 하는 일을 멈추었다'(욥기 3,17). 거기에서 그들은 찬미받으시는 거룩하신 분께 분노를 일으키게 하는 일을 멈추었다.

무엇 때문에 의인들에게 죽음의 판결이 내려졌을까?

왜냐하면 의인들은 살아 있는 동안 늘 자신의 악한 성향과 싸우게 된다. 그러나 죽으면 그들은 쉬게 된다. 이렇게 쓰여 있다. '힘을 다한 이들이 거기(죽음)에서 쉰다'(욥기 3,17). (그들은 말한다.) '우리는 할 만큼 다 했습니다.'"[1]

심온 벤 라키쉬 랍비는 말했다.

"(죽음의 판결이 내린 것은) 이들(의인들)에게 두 배로 보상을 해주려는 것이며, 저들(악인들)에게 두 배로 벌을 주려는 것이다. 의인들에게 보상을 해준다는 것은 이렇다. 그들은 죽음의 맛을 보지 않아도 되지만, 그들은 스스로 죽음의 맛을 받아들였다. (이렇게 말한다.) '그러므로 그들은 그들의 땅(에덴동산)에서 갑절로 유산을 받을 것이다'(이사야 61,7).

그러나 악인들에게 벌을 주는 것은 이렇다. 의인들은 죽음의 맛을 보지 않아도 되는데 그들은 그들(악인들)을 위해 스스로 죽음을 받아들였다. (이렇게 말한다.) '그들을 갑절로 부수어주소서'(예레미야 17,18)."[2]

주해

1 요하난 랍비는 의인들도 죽어야 한다는 의견에 동조하지 않는다. 요하난 랍비는 욥기 3,17을 인용하여 의인들은 죽는 것이 아니라 안식을 취한다고 풀이한다.

2 심온 랍비는 요하난 랍비의 의견과는 다른 견해를 보인다. 의인이 죽음을 맞이하는 것은 악인들의 죄를 짊어지기 때문이며, 의인은 오는 세상(에덴

동산)에 갑절로 그 보상을 받는다. 반면 악인들은 자신의 죄와 그 죄로 인해 의인들을 죽게 했기 때문에 그 벌을 갑절로 받는다.

[9,6]

심온 벤 엘아자르 랍비는 말했다.

"'보라, 매우 좋았다.' '보라, 잠이 좋다'는 뜻이다.

정녕 잠이 좋을까?

놀랍게도 우리는 『미쉬나』에서 이렇게 배우지 않았는가?

'포도주와 잠은 악인들에게 즐거운 것이며 세상에 즐거운 것이다'(「산혜드린」 8,5). 그렇지만 (의로운) 사람은 잠을 조금 자고 일어나 토라를 많이 배울 수 있다."[1]

주해

[1] 『미쉬나』에서는 토라 공부를 하는 사람들이 포도주를 많이 마시고 잠 또한 많이 자는 것은 나쁘다고 가르친다. 그런 사람은 토라 공부를 할 시간이 없어 지켜야 할 계명이 무엇인지를 모르고 선행을 해야 하는 이유를 모른다. 잠이 매우 좋은 이유는 잠을 조금 자고 많은 시간을 토라 공부에 전념할 수 있기 때문이다. 따라서 심온 벤 엘아자르 랍비는 잠을 조금 자는 것이 매우 좋다고 말한다. 『선조들의 어록』에서 이와 비슷한 단락을 읽을 수 있다. "새벽잠과 하오주下午酒와 아이들 말투와 무지한 자들이 모이는 집에 앉아 있음은 사람을 세상에서 내쫓아버린다"(3,10). 새벽잠을 자지 말라는 것은 새벽에 기도를 해야 하기 때문이다. 유대교에는 하루에 세 번(아침, 오후, 저녁) 기도문을 읽어야 하는 계명이 있다. 그렇다면 아침 언제에 기도문을 읽어야 할까? 『미쉬나』「축도」에서 이렇게 말한다. "아침에 언제 쉬마를 낭송하느냐? 푸른색과 흰색을 구별할 수 있을 때 바로. 엘리에제르 랍비는 말했다. '푸른색과 초록색(을 구별할 수 있을 때). 그리고 동트기

전에 (기도문 낭독이) 끝나야 한다' (1,2)." 아침 기도는 새벽에 푸른색과 흰색 (혹은 푸른색과 초록색)을 구별할 수 있을 때 시작한다.

'그리고'
매우 좋은 것은 무엇일까

[9,7]

나흐만 랍비는 쉬무엘 랍비의 이름으로 말했다.

"'보라, 매우 좋았다.' 이것은 착한 성향이다.

'그리고 보라, 매우 좋았다.' 이것은 악한 성향이다.

정녕 악한 성향이 매우 좋을까?

놀랍게도 그렇다.

만약 악한 성향이 아니었더라면 사람은 집을 짓지도, 아내를 얻지도, 자식을 낳지도, 사업을 하지도 않았을 것이다. 솔로몬은 이렇게 말한다. '나는 사람의 모든 노고와 일의 모든 성공이 그의 이웃에 대한 열정 때문이었다는 것을 보았다'(전도서 4,4)."[1]

주해

1 '그리고 매우 좋았다'는 구절이 사람의 악한 성향이라고 전도서의 문구를 인용해 해석하는 이유는 다른 사람에 대한 열정이 지나쳐 질투가 되는 경우에서 찾을 수 있다. 사람이 일하며 '그리고' 즉 '또 하나'를 원한다면 그에 대한 열정이 지나쳐 질투하는 경우가 생긴다. '열정(카나 קנא)'의 기본 뜻은 '질투하다'. 히브리어에서 '착한 성향의 질투'는 열정으로 이해할 수 있다. 그러나 사람에게는 악한 성향이 있어 나쁜 결과를 초래하는 질투가 생긴다. 히브리 성경의 몇몇 문맥에서 카나를 '질투'라고 번역하는 것보다는 '열정'으로 이해하는 것이 바람직하다. 미드라쉬에 따르면, 하느님의 열정을 가장 간결하게 표현한 구절이 십계명의 3항이다. '참으로 나

는 네 하느님 주님인 열정의 하느님이다.' 흔히 이 구절을 '질투의 하느님'이라고 번역하지만 '열정의 하느님'이라고 이해하는 것이 적절하다. '열정의 하느님'은 이스라엘이 다른 신들의 유혹에 넘어가서 '죽음의 길'을 걸어도 이스라엘을 버리지 않고 그들이 '주님의 길'로 돌아오기를 기다리며 끝까지 포기하지 않는다. 이와 같은 관점에서 질투의 하느님이 아니라 열정의 하느님이다.

이러한 맥락에서 로마서의 한 구절도 이해할 수 있다. '사랑은 이웃에게 악을 저지르지 않습니다. 사실 사랑은 토라의 완성입니다'(로마서 13,10). 토라를 완성할 수 있는 사랑은 이웃에 대한 열정이며, 이웃에게 한껏 베푸는 자비를 뜻한다. 사람이 완전해질 수 있는 길은 토라를 완성하는 것이며, 그 길은 이웃 사랑이다. 또한 이러한 사랑 때문에 자기 전 재산을 내주는 열정적인 사람이 천국의 보물을 차지할 수 있다. '이웃에 대한 열정'으로 '열정의 주님'을 따르는 길이 바로 '토라(하느님의 가르침)의 길'이다. 이러한 이웃 사랑을 실현하는 길은 자선이라고 랍비들은 주장한다. 『잠언 미드라쉬』의 중심 주제가 자선이다. 랍비들은 정의를 구현할 수 있는 길은 자선이라고 반복해서 설명하며 이스라엘의 역사적인 인물들을 예로 들면서 자선으로 인해 사회가 의로워진다고 강조한다. 복음서에 전해진 예수의 가르침 가운데 가장 중심적인 단락(마태복음 5,17-6,4)에서 의로움을 행하는 길이 자선임(6,1-4)을 읽을 수 있다. 예수는 '내가 토라(모세오경)와 예언서를 버리려고 온 줄로 여기지 마십시오. 나는 버리러 온 것이 아니라 오히려 완성하려고 왔습니다'(마태복음 5,17)라고 말하며 아무리 작은 계명이라도 지킬 것을 당부한다. 그리고 '살인하지 말라, 간음하지 말라, 거짓 맹세를 하지 말라' 등의 계명을 들어 새롭게 해석하며 토라와 예언서를 완성하는 의로움은 자선이라고 결론(6,1-4)을 맺는다.

[9,8]

후나 랍비는 말했다.

" '보라, 매우 좋았다.' 이것은 행복의 척도다.

'그리고 보라, 매우 좋았다.' 이것은 고난의 척도다.

정녕 고난의 척도가 매우 좋을까?

놀랍게도 그렇다.

그것을 통해 피조물은 오는 세상에 삶을 얻을 수 있다. 솔로몬은 이렇게 말한다. '교훈의 훈계는 생명의 길이다'(잠언 6,23). 여러분은 이렇게 말할 수 있다. '나가서 어느 길이 사람으로 하여금 오는 세상의 생명에 이르게 하는지 보아라!' "[1]

주해

1 하느님의 길을 배우고 그 배움에 따라 살아가는 것은 고난이다. 그러나 그러한 고난을 통해 오는 세상의 생명을 얻을 수 있다. 그래서 고난을 겪는 것은 매우 좋다.

[9,9]

제이라 랍비는 말했다.

" '보라, 매우 좋았다.' 이것은 에덴동산이다.

'그리고 보라, 매우 좋았다.' 이것은 지옥이다.

정녕 지옥이 매우 좋을까?

놀랍게도 그렇다.

(이것은) 농원을 가지고 있는 왕에 비유할 수 있다.

왕은 일꾼들을 농원에 데려왔다. 그는 그 입구에 보물창고를 짓고 말했다.

'누구든 농원의 일에 적합하면 그 보물창고에 들어가시오. 그러나 누구든 농원 일에 적합하지 않으면 그 보물창고에 들어가지 마시오.'

이처럼 누구든 계명과 선행을 쌓으면 이것은 에덴동산이다. 그러나 누구든 계명과 선행을 쌓지 않으면 이것은 지옥이다."[1]

주해

1 지옥이 매우 좋은 이유는 지옥이 있어야 사람들은 지옥에 들어가지 않기 위해 토라 공부에 열중하며 하느님의 길을 따라 살려고 애쓰기 때문이다. 농원의 비유에서 왕은 하느님을, 농원은 이 세상을, 보물창고는 에덴동산을 뜻한다. 농원(세상)에서 일하는 일꾼들 가운데 왕(하느님)의 명령에 따라 일해서 보물창고에 들어갈 수 있다고 여겨진 적합한 사람들이 있으며 그렇지 못한 사람들도 있다. 사람이 하느님의 가르침에 따라 삶을 살면 이 세상에서 에덴동산(의로운 공동체)에 들어갈 수 있다.

복음서에 보물에 대한 비유가 종종 나온다. '천국은 밭에 숨겨진 보물과 비슷합니다. 어떤 사람이 그것을 발견하자 숨겨두고 기뻐하여 돌아가서 가진 것을 모두 팔아 그 밭을 삽니다'(마태복음 13,44). 이 단락을 창세기 미드라쉬의 비유와 대비해보면 '보물'은 에덴동산(보물창고)에 있는 보물을 뜻한다. 초기 유대교 문헌에 따르면 에덴동산에 숨겨진 보물은 생명나무이며 생명나무는 생명의 말씀인 토라를 뜻한다. '보물'은 토라를 상징하며 '보물'이 숨겨져 있던 밭(미드라쉬에서 보물창고)은 토라를 가르치는 곳인 토라 공부 학교를 뜻한다. '보물'을 발견한 사람은 계명을 지키고 선행을 하여 농원의 일에 적합한 일꾼이다. 〔초대 교회 상황으로 비유하면 보물이 숨겨져 있는 밭은 초대 교회이며, 적합한 일꾼은 교회의 봉사자들이다. 자기 소유물을 모두 팔아 밭/교회를 사는 사람은 자신의 소유물을 교회에 헌납하는 자선가이며, 보물은 바로 그리스도의 복음이다.〕복음서에서 계명을 지키고 선행을 하여 '보물'을 얻을 수 있다는 주제를 읽어볼 수 있다

(마태복음 19,16-22). '당신이 완전해지려고 하면, 가서 당신의 소유물을 팔아 가난한 사람들에게 주시오. 그러면 하늘에서 보물을 차지할 것입니다.' 천국의 보물을 차지하는 길은 토라의 법도를 지키고 자선(선행)을 하는 것이다. 그래서 의로움을 행하는 길은 자선을 베푸는 선행이다(마태복음 6,1-4).

[9,10]

쉬무엘 바르 이츠학 랍비는 말했다.

"'보라, 매우 좋았다.' 이것은 생명의 천사다.

'그리고 보라, 매우 좋았다.' 이것은 죽음의 천사다.

정녕 죽음의 천사가 매우 좋을까?

놀랍게도 그렇다.

이것은 잔치를 베푸는 왕에 (비유할 수 있다).

왕은 손님들을 초대하고 그들 앞에 좋은(맛있는) 것으로 가득 찬 접시들을 내놓았다. 그는 말했다.

'누구든 먹고 왕을 찬미하면 그는 먹고 즐기게 될 것이다. 그러나 누구든 먹고 왕을 찬미하지 않으면 칼로 그의 목을 벨 것이다.'

이처럼 누구든 계명과 선행을 쌓으면 이는 생명의 천사다. 그러나 누구든 계명과 선행을 쌓지 않으면 이는 죽음의 천사다."[1]

주해

1 죽음의 천사가 있어서 매우 좋은 이유는 사람들이 죽음의 천사를 두려워하여 하느님의 법도를 지키고 선행을 하여 토라의 길을 택할 수 있기 때문이다. 복음서에 누구든 하느님의 길을 따르면 복을 받고 그렇지 않으면 벌을 받는다고 말하는 단락이 나온다. '그러므로 누구든 나(예수)의 이 말을 듣고 그대로 행하는 사람은 바위 위에 자기 집을 지은 슬기로운 사람과 같

습니다……. 그러나 누구든 나의 이 말을 듣고 그대로 행하지 않는 사람은 모래 위에 자기 집을 지은 어리석은 사람과 같습니다'(마태복음 7,24-27). 복음서의 이 단락과 위의 미드라쉬 비유를 비교하면 '나(예수)의 이 말'은 토라의 계명과 대비되며, '그대로 행하는' 것은 선행이라고 볼 수 있다. 계명과 선행이 서로 다른 범주의 것이 아니라 계명을 배우고 계명에 따라 행하는 것이 선행이다. 하느님의 법도를 배우고 행함을 말하며, 이것은 신약성경의 언어로 '믿고 행함'을 뜻한다. 예수의 가르침을 배워서 믿고 행하는 것이다.

[9,11]

심온 바르 아바 랍비는 말했다.

"'보라, 매우 좋았다.' 이것은 상賞의 척도다.

'그리고 보라, 매우 좋았다.' 이것은 벌의 척도다.

정녕 벌의 척도가 매우 좋을까?

이것은 그분이 벌을 주기 위해 얼마나 잘 재시는지를 말한다."

시몬 랍비는 심온 바르 아바 랍비의 이름으로 말했다.

"(상벌에 대한) 모든 척도는 취소됐다. 그러나 척도에 적합한 척도는 취소되지 않았다."[1]

후나 랍비는 요세 랍비의 이름으로 말했다.

"세상의 창조 시작부터 찬미받으시는 거룩하신 분이 이렇게 예견하셨다. '사람은 다른 사람을 재는 척도로 그를 잴 수 있다'(『미쉬나』「소타」1,7). 그러므로 현인들은 이렇게 말했다. '그리고 보라, 매우 좋았다.' 보라, 척도가 좋다."[2]

1 70년에 예루살렘 성전이 파괴되고 성전이 없는 상황에서 성전과 관련된 법규를 적용하는 척도가 활용될 수 없었다. 그러므로 성전과 관련된 이전의 모든 척도가 취소됐다. 그러나 유대인들은 랍비 연맹체를 구심점으로 하여 이스라엘 공동체를 운영했으며, 이런 새로운 사회 환경에서 성전 척도에 상응하는 새로운 척도가 필요했다. 이러한 새로운 척도는 토라(모세오경)의 근본적인 척도에 근거해서 만들어졌다.

2 상황에 따라 적용되는 척도가 좋아야(옳아야) 창조의 원칙이 흔들리지 않는다. 70년 이후 모세오경의 법규를 성전이 없는 새로운 상황에 맞게 편성한 법전이 『미쉬나』다. 따라서 『미쉬나』는 모세오경에 버금가는 권위를 지니고 있다.

[9,12]

랍비들은 하나나 바르 이디 랍비와 핀하스 랍비와 힐키야 랍비의 이름으로 말했다.

" '매우'라는 단어는 아담을 뜻하는 단어와 같은 말이다. '하느님이 그분이 만드신 모든 것을 보셨다. 그리고 보라, 매우 좋았다'라고 쓰여 있다. 이것(매우)은 아담이다."[1]

---

1 세상 창조에서 매우 좋은 것은 인간 창조다. 왜냐하면 인간 창조가 세상 창조의 목표(telos)이기 때문이다. 세상 창조에서 만들어진 사람(아담)이 에덴동산의 아담 이야기로 펼쳐진다. 한편 메시아 시대는 새 창조를 시작하는 시대이며, 새 창조의 목표는 메시아(구원자)다. 메시아 시대의 구원자를 '새 아담'이라고 말하는 것은 쉽게 이해할 수 있다. 메시아 시대를 확신하는 믿음의 공동체 처지에서 보면 창세기의 아담은 옛 아담이며 마지막 날

에 오는 메시아는 새 아담이다. 바울의 편지에 '아담은 미래에 (있을) 분의 모습입니다'(로마서 5,14)라고 전해진 구절처럼 예수 그리스도는 새 아담으로 설명된다.

[9,13]

심온 벤 라키쉬 랍비는 말했다.

"'보라, 매우 좋았다.' 이것은 하늘 왕국이다.

'그리고 보라, 매우 좋았다.' 이것은 로마 왕국이다.

정녕 로마 왕국이 매우 좋을까?

놀랍게도 그렇다. 왜냐하면 로마 왕국은 피조물(인간)에게 소송을 제기한다. 이렇게 말한다. '내가 바로 땅을 만들었으며 그 위에 아담(사람)을 만들어냈다'(이사야 45,12)."[1]

주해

1 이사야 45장에서 바빌로니아에 유배됐던 유대인들에게 해방의 기쁨을 주었던 페르시아 왕 코레쉬를 구원자로 세운 것은 하느님의 권능이라고 말한다. 심온 랍비는 이 단락을 근거로 하여 로마 왕국이 사람들의 잘잘못을 가리기 위해 소송을 제기하는 한 로마 왕국은 정의로운 사회를 구현하려는 하느님 역사의 한 부분이라고 설명한다.

[9,14]

'저녁이 되고 아침이 됐다. 그 엿샛날'(창세기 1,31).

유단 랍비는 말했다.

"이날은 세속적인 날에서 거룩한 날로 추가된다. 이날에 (하느

님의) 세상 창조는 끝났으며 이렇게 쓰여 있다. '그 엿샛날.'"¹

시몬 바르 마르타 랍비는 말했다.
"여기까지 창조의 시간을 계산한 것이며, 여기(엿샛날)부터 이후로는 시간 계산을 달리한다."²

주 해

1 일주일에서 거룩한 날은 안식일인 이렛날(토요일)이며, 안식일은 엿샛날(금요일) 저녁부터 시작된다. 이렛날을 거룩하게 지키기 위해 엿샛날에 거룩한 마음으로 안식일을 준비해야 한다. 이러한 의도에서 엿샛날을 거룩한 날로 여긴다. 그 한 예로 종교적인 유대인들은 엿샛날 오후까지 안식일에 입을 깨끗한 옷을 준비하고 집 안 청소를 하며 안식일을 위한 음식을 장만한다.

2 엿샛날까지가 하느님의 창조 작업을 이야기한 것이고, 이렛날에는 하느님이 일을 멈추고 쉬었다. 세상 창조의 이렛날(안식일)이 지난 다음부터는 아담과 하와가 자식을 낳고 살아가는 인류 역사가 시작된다. 여러 미드라쉬에 따르면, 아담과 하와는 안식일이 시작되기 바로 전에 에덴동산에서 쫓겨나갔다. 『엘리에제르 랍비의 해설집』 19장의 한 단락에서 그 예를 읽을 수 있다. "안식일이 시작되는 날 7시(금요일 오후 1시)에 첫 번째 아담이 에덴동산에 들어왔다. 만군의 천사들이 그를 찬양하며 그를 에덴동산으로 들여보냈고, 그는 안식일이 시작되는 해 질 때에 (에덴동산에서) 쫓겨나갔다." 창세기 3장의 에덴동산 이야기는 안식일 전날 일어난 사건이며 하느님은 아담과 하와를 에덴동산에서 쫓아내고 안식일에 쉬었다. [그다음 창세기 4장부터는 아담과 하와의 자식들 이야기로 이어진다.] 그래서 하느님이 창조의 일을 끝내는 엿샛날은 다른 날(하룻날에서 닷샛날까지)과 구별하기 위해 '그' 엿샛날이라고 정관사를 사용했다고 풀이한다. [우리말에는 정관사와 부정관사를 구별하는 단어가 없어서 지시대명사 '그'를 정관

사처럼 사용했다.〕 유대교에서 안식일은 여느 날과는 매우 다른 독특한 날이다. 안식일을 지키고 이날을 축복의 날로 여기는 것은 하느님의 세상 창조(하룻날부터 엿샛날까지)를 기억하기 때문이다.

Ⅱ
에덴동산
신화

인간 창조

주님 하느님이 땅에서 (모은) 흙으로 그 사람(아담)을 빚으시고,

그의 콧속에 생명의 숨을 불어넣어서,

그 사람은 살아 있는 목숨이 됐다.

[창세기 2,7]

13 하느님은 사람에게 두 가지 것을 만들어주었다

[14,1]

'주님 하느님이 땅에서 (모은) 흙으로 그 사람(아담)을 빚으셨다'(창세기 2,7).

'왕은 법규로 나라를 유지하지만, 헌물(뇌물)을 받는 사람(아담)은 나라를 망친다'(잠언 29,4)라고 쓰여 있다.

'왕.' 이는 왕들의 왕이신 찬미받으시는 거룩하신 분이다.

'법규로 나라를 유지한다.' 그분이 세상을 공정하게 만들어내셨다는 뜻이며, 이렇게 말한다. '처음에 하느님이 하늘과 땅을 만들어내셨다'(창세기 1,1).[1]

'헌물(뇌물)을 받는 사람(아담)은 나라를 망친다.' 이는 첫 번째 아담이며, 그는 세상의 첫 반죽 빵으로 (하느님의 세상 창조가 그와 함께) 끝나게 됐다. 첫 반죽 빵은 헌물이라고 부른다. 이렇게 말한다. '너희가 반죽한 처음 것으로 첫 반죽 빵을 헌물로 드려라'(민수기 15,20).[2]

요세 벤 카쯔라타 랍비는 말했다.

"이는 곡식가루를 물로 반죽하고 그 가운데에서 첫 반죽 빵을 떼어내는 것과 비슷하다. 이처럼 시작에 '물살이 땅(에레쯔)에서 올라 땅(아다마) 표면을 모두 적시었다'(창세기 2,6). 그리고 난 다음에 '주님 하느님이 땅에서 (모은) 흙으로 그 사람(아담)을 빚으셨다.'"

1 히브리 성경에 하느님을 엘로힘 혹은 주님(YHWH)으로 표기하는 경우가 있다. 랍비들의 전통에 따르면, 엘로힘은 정의의 하느님으로, 주님은 자비의 하느님으로 해석한다(본서 10장 [8,9] 참조).

2 하느님이 세상을 만들어낸 이유를 찾는 과정에서 한 랍비는 '세 가지 공덕을 (쌓기) 위해 세상이 만들어졌다'고 해석한다. 이 세 가지 공덕 가운데 하나가 첫 반죽 빵을 만드는 것이다(본서 3장 [1,4] 참조).

[14,2]

'그분이 빚으셨다.'

이것은 두 가지 빚어진 것들을 말한다. 아담으로 빚어진 것과 하와로 빚어진 것이다.

다른 설명

일곱 달에 (태어나도록) 빚어진 것과 아홉 달에 (태어나도록) 빚어진 것이다.

후나 랍비는 말했다.

"일곱 달에 빚어지고 낳으면 산다. 또는 아홉 달에 빚어지고 낳으면 산다. 그러나 아홉 달에 (태어나도록) 빚어졌는데 여덟 달에 낳으면 살지 못한다. 경중輕重 논리에 따라 일곱 달에 (태어나도록) 빚어졌는데 여덟 달에 낳으면 살지 못한다.[1]

(그리스어를 말하는 사람들이) 아바후 랍비에게 질문했다.

"당신은 일곱 달에 빚어지면 산다는 것을 어떻게 아십니까?"

그는 그들에게 말했다. "당신들의 언어체계에서 그것을 증명할 수 있습니다. 제타(살아라!)는 일곱이고, 에타(가라!)는 여덟입니다."[2]

주해

[1] 경중 논리는 랍비들의 해석 방법 가운데 가장 잘 사용되는 논리 양식으로, 쉬운 것을 알게 하여 좀 더 어려운 것을 이해할 수 있게 설명하는 방법이다. 예수의 가르침 가운데서도 경중 논리를 발견할 수 있다. 예를 들어 예수는 이렇게 말한다. '여러분의 목숨을 위해 무엇을 먹을까, 무엇을 마실까, 또 여러분의 몸을 위해 무엇을 입을까 걱정하지 마시오. 여러분의 목숨이 양식보다 그리고 여러분의 몸이 옷보다 더 중요하지 않습니까. 하늘의 새를 쳐다보십시오. 누구도 씨를 뿌리지 않고 아무도 추수하지 않으며 곳간에 모아들이지 않습니다. 하늘에 계신 여러분의 아버지께서 그것들을 먹여 주십니다. 여러분은 그것들보다 더 중요하지 않습니까'(마태복음 6,25-26).

[2] 그리스어 알파벳을 숫자로 환산하면 알파(1), 베타(2), 감마(3), 델타(4)…… 제타(7), 에타(8)다. 그리스어로 '살아라!'라는 뜻인 제토는 제타와 비슷하게 발음되고, '가라!(죽어라)'는 뜻의 이토는 에타와 비슷하게 발음되는 점에 착안하여 해석한 것이다(참고문헌 : Freedman, 112쪽 참조).

[14,3][1]

'그분이 빚으셨다.'

이것은 두 가지 빚어진 것들을 말한다. 아래에 있는 것들을 빚어낸 것과 위에 있는 것들을 빚어낸 것이다.

예호슈아 바르 느헤미야 랍비는 하나나 바르 이츠학 랍비의 이름으로, 그리고 랍비들은 엘아자르 랍비의 이름으로 말했다.

"그분이 위에 있는 것들의 네 가지 속성과 아래에 있는 것들의 네 가지 속성으로 그(사람)를 만들어내셨다. 그는 짐승처럼 먹고 마시며, 짐승처럼 열매 맺고 번성하며, 짐승처럼 배설하고, 짐승처럼 죽는다.

위에 있는 것들에 대해서는 그는 시중드는 천사들처럼 서 있으며, 시중드는 천사들처럼 말하며, 시중드는 천사들처럼 자기 의견이 있으며, 시중드는 천사들처럼 본다. 그렇다면 짐승은 보지 못할까? 놀랍게도 그(사람)는 옆으로도 본다."

티프다이 랍비는 아하 랍비의 이름으로 말했다.

"위의 것들은 (하느님의) 모습과 닮게 만들어졌지만, 그들은 열매 맺거나 번성하지 않는다. 그러나 아래의 것들은 열매 맺고 번성하지만 (하느님의) 모습과 닮게 만들어지지 않았다. 찬미받으시는 거룩하신 분이 말씀하셨다.

'보라, 내가 그를 위의 것들처럼 그 모습과 닮게 만들어내며 아래의 것들처럼 열매 맺고 번성하게 만들 것이다.'"

티프다이 랍비는 아하 랍비의 이름으로 말했다.

"찬미받으시는 거룩하신 분이 말씀하셨다.

'만약 내가 그를 위의 것들처럼 만들어내면 그는 살 것이며 죽지 않을 것이고, 아래의 것들처럼 만들어내면 그는 죽을 것이며 살지 못할 것이다. 그러므로 나는 위의 것들과 아래의 것들처럼 그를 만들어낸다. 만약 그가 죄를 지으면 죽을 것이고 죄를 짓지 않으면 살 것이다.'"

주 해

1 이 단락은 『창세기 미드라쉬 랍바』 8,11 (본서 10장)을 반복한 것이다.

[14,4]

'그분이 빚으셨다.'

두 가지 빚어진 것들을 말한다. 선한 성향과 악한 성향이다.

만일 짐승에게 이 두 가지 성향이 있었다면, 그 짐승은 자기를 (희생 제물로 바치기 위해) 죽이려고 손에 칼을 쥔 사람을 보자 두려워하여 죽었을 것이다. 〔그렇게 되면 그 짐승은 부정不淨하게 되어 제물로 합당하지 않게 된다.〕 그러나 보라. 사람에게는 이 두 가지 성향이 있다.[1]

하나니 바르 이디 랍비는 말했다.

"'그분(하느님)이 사람 (마음) 속에 영혼을 붙들어 매어놓으셨다'(스가랴 12,1). 이 구절은 사람의 목숨이 자기 (마음) 속에서 어려워지면 그렇게 되지 않는다는 것을 가르친다. 만일 어려움에 처하게 되면 그는 자신의 영혼을 떼어내어 던져버린다."[2]

주해

[1] 사람은 그런 상황에서 스스로 죽지 않는다. 그 대표적인 예가 '이츠학(이삭)의 묶임'이라는 제목으로 알려진 이야기에 나온다(창세기 22,1-13). 〔이츠학은 '그가 웃는다'는 뜻이다. 하느님이 아브라함에게 아들을 낳을 것이라고 말하자 '그가 웃었다'는 이야기에서 비롯한 이름이다. 아브라함은 하느님의 말에 대해 웃은 벌로 자기 아들을 희생 제물로 바쳐야 하는 시험을 받는다.〕 이에 대한 랍비들의 해석 가운데 『엘리에제르 랍비의 해설집』 31장에 나오는 단락을 읽어본다.

이츠학은 그의 아버지에게 말했다.

"아버지, 보십시오. 불과 장작을. 어디에 번제양이 있습니까?"

아브라함은 그에게 말했다.

"'하느님께서 번제양을 보여주신다, 내 아들아'(창세기 22,8). 네가 바로 양이다."

(……)

'(아브라함은) 제단을 쌓았다'(창세기 22,9). 이곳에 첫 번째 사람들(옛 선조들)이 제물을 바쳤다.

이츠학은 그의 아버지 아브라함에게 말했다.

"아버지, 저를 묶어주십시오. 제 두 손과 두 발을 묶어주십시오. 그렇지 않으면 제가 두려워 입에서 말이 나와 당신을 저주하며 폭력으로 '너의 아버지를 중히 여겨라'(라는 계명)를 어기게 됩니다."

그는 아들의 두 손과 두 발을 묶고 제단에 그를 묶어놓았다. 그는 불과 장작을 준비하여 그것들 위에 (아들을) 올려놓았다. 사람이 제단 위에서 짐승을 잡을 때 하는 것처럼 그는 그의 발을 그 위에 놓았다. 그는 팔과 무릎에 힘을 주고 손을 뻗쳐 식칼을 쥐었다. 그리고 이렇게 말한다. '아브라함은 그의 손을 뻗쳐 식칼을 쥐고 그의 아들을 잡으려고(죽이려고) 했다'(창세기 22,10).

(……)

그때 만군의 천사들이 말했다.

"세상의 주군이시여, 당신은 자비롭고 동정심이 많은 분이라고 불립니다. 당신은 당신의 모든 일에 자비를 베풉니다. 이츠학에게 자비를 베푸소서. 그도 사람이고 사람의 아들입니다. 그는 당신 앞에 (제단의) 짐승처럼 묶였습니다. 당신은 사람을 구원하십니다, 주여."

이 단락의 요점은 이츠학이 자유의지로 제단에 묶이기를 원한 것이지, 아브라함이 그를 억지로 묶어 제단에 올린 것이 아니라는 해석이다. 만일 아들을 묶어 제단에 바치려는 아버지의 몸짓에 두려운 나머지, 아들이 아버지를 저주하고 폭력으로 그를 때린다면 십계명의 하나를 어기게 되며 그 벌은 처형되는 것이다. 이츠학은 십계명을 지킨 공덕으로 구원될 수 있었다고 풀이한다.

2 하느님이 사람의 마음에 착한 성향을 일으키는 영혼을 붙들어 매어놓았다고 해도 자신의 처지가 그렇게 할 수 없을 경우에 일반적으로 사람은 자유의지에 따라 자신의 영혼을 내던지고 자기 자신을 구한다. 왜냐하면 인간 창조 처음부터 하느님은 사람에게 선한 성향과 악한 성향을 모두 주었기 때문이다. 예를 들어 배교가 강요되는 상황에서 대부분의 사람들은 처형되지 않으려고 배교를 한다. 그러나 유대교에서도 자신의 선한 성향을 끝까지 지키는 사람을 의롭다고 말한다. 자신의 목숨보다 하느님의 의로움을 구함이 더 중요하다고 행하는 사람을 의로운 사람(짜디크)이라고 부

베트 알파
5세기경 이스라엘 갈릴리 호수 남쪽 지역에 건립된 회당 베트 알파를 재구성한 그림.

'이츠학의 자박自縛'이 그려진 모자이크
베트 알파 회당 바닥의 모자이크 일부. '이츠학(이삭)의 자박' 사건을 그림으로 옮긴 것이다. 불타는 장작더미에 묶여 있는 아이 위에는 '이츠학,' 식칼을 든 아버지 위에는 '아브라함'이라고 적혀 있다. 가운데 하늘에서 줄무늬가 양쪽으로 난 것은 "아브라함, 아브라함"(창세기 22,11) 하고 부르는 천사의 목소리이고, 손을 내미는 그림 밑에는 '뻗치지 말라'(22,12), 나무에 매여 있는 숫양 위에는 '여기에 숫양'(22,13)이라고 써 있다.

른다(역주자 후기 '죽음이 좋다니 무슨 뜻일까' 참조). 아키바 랍비는 다음과 같이 말했다. "(사람에게) 모든 것은 예지豫知되며 자유의지는 주어진다. 세상은 선善으로 심판된다. 모든 것은 행함의 양量에 따른다"(『선조들의 어록』 3,15). 사람에게 자유의지가 주어졌지만 하느님은 사람의 행함을 심판할 때 그 선한 성향으로 이루어진 행함을 택한다는 뜻이다.

[14,5]

'그분이 빚으셨다.'

두 가지 빚어진 것들을 말한다. 이 세상에 빚어진 것과 오는 세상에 빚어지는 것이다.

삼마이 학파와 힐렐 학파(는 서로 다른 의견을 말했다.)

삼마이 학파는 말했다.

"이 세상에 빚어진 것은 오는 세상에 빚어지는 것과 같지 않다. 이 세상에서는 살갗과 살로 (빚어지기) 시작하여 힘줄과 뼈로 마무리된다. 그러나 오는 미래에는 힘줄과 뼈로 시작하여 살과 살갗으로 마무리된다. 예헤즈켈(에스젤)의 죽음에 대해 이렇게 말한다. '그리고 내가 보았더니, 보라, 그것(뼈)들 위에 힘줄이 (오르고), 그 위에 살이, 그것들 위로 살갗이 덮였다'(에스겔 37,8)."

요나탄 랍비는 말했다.

"예헤즈켈의 죽음에서는 배울 것이 없다. 예헤즈켈의 죽음은 어떠했느냐? 이것은 사람이 침례소에 들어가는 것과 비슷하다. 그가 처음에 벗은 것을 마지막에 입는다."[1]

힐렐 학파는 말했다.

"이 세상에 빚어진 것처럼 오는 세상에서도 같게 빚어진다. 이 세상에서는 살갗과 살로 시작하여 힘줄과 뼈로 마무리된다. 이처럼 오는 미래에도 살갗과 살로 시작하여 힘줄과 뼈로 마무리된다. 그래서 욥은 (이렇게 말한다.) '당신(하느님)은 나를 우유처럼 부으시고 치즈처럼 굳게 하시지 않습니까. 당신은 나를 살갗과 살로 입히시고 뼈와 힘줄로 나를 엮으실 것입니다'(욥기 10,10-11). (여기에서) '당신은 나를 부으셨다'고 쓰여 있지 않고 '당신은 나를 부으실 것입니다'라고 한다. '당신이 나를 치즈처럼 굳게 하셨다'고 쓰여 있지 않고 '당신이 나를 굳게 하실 것입니다'라고 한다. '당신은 나를 살갗과 살로 입히셨다'고 쓰여 있지 않고 '당신은 나를 입히실 것입니다'라고 한다. '당신이 나를 뼈와 힘줄로 엮으셨다'고 쓰여 있지 않고 '당신은 나를 엮으실 것입니다'라고 한다. 이것은 우유로 가득 찬 사발에 비유할 수 있다. 우유 속에 응유(凝乳)를 넣기 전까지 우유는 유동적이다. 그러나 우유 속에 응유를 넣자 우유는 곧 엉기게 되고 고체가 된다. 그래서 욥은 말한다. '당신(하느님)은 나를 우유처럼 부으시고 치즈처럼 굳게 하시지 않습니까. 당신은 나를 살갗과 살로 입히시고 뼈와 힘줄로 나를 엮으실 것입니다. 당신은 나에게 생명과 자비를 주셨으며 나를 돌보시고 내 영혼을 지켜주십니다'(욥기 10,10-12)."

주해

1 에스겔 37,8의 마지막은 '그들에게는 영혼이 없었다'는 문장이다. 그들은 죽은 것들이다. 힐렐 학파의 해석에서 보면, 오는 세상은 산 사람이 사는 곳이다. 그래서 에스겔의 죽음을 인용해 오는 미래를 설명하는 것은 타당하지 않다.

14

하느님은 사람을 왜
땅에서 모은 흙으로 만들었을까

[14,6]

'그분이 그 사람(아담)을 빚으셨다.'

이것은 아브라함의 공덕 때문이다.

레비 랍비는 말했다.

"'그는 거인들 가운데 위대한 사람(아담)이다'(여호수아 14,15). 그 (사람)는 아브라함이다. 그는 왜 위대하다고 불렸는가? 그는 첫 번째 아담보다 먼저 만들어졌어야 했기 때문이다. 그러나 찬미 받으시는 거룩하신 분이 말씀하시길 '무엇인가 잘못되면 그(아 브라함) 대신에 누구도 와서 고쳐줄 수 없다'라고 하셨다. '보라, 나는 시작에 아담을 만들어낼 것이며 만일 잘못되면 아브라함이 와서 그 대신에 고쳐줄 것이다.'"

아바 바르 카하나 랍비는 말했다.

"세상사로 말하자면 이러하다. (용마루에) 올려놓을 들보를 가 지고 있는 사람이 그것을 어디에 놓겠는가? 거실 가운데에 올려 놓지 않겠는가. 그래야 앞에 (놓을) 들보와 뒤에 (놓을) 들보를 버 틸 수 있다. 이처럼 찬미받으시는 거룩하신 분이 왜 아브라함을 모든 세대들 가운데 만들어내셨을까? 그가 앞의 세대들과 뒤의 세대들을 버틸 수 있게 하기 위해서다."[1]

레비 랍비는 말했다.

"온전한 여자를 타락한 집에 들여오기는 하지만 타락한 여자를 온전한 집에 들여오지는 않는다."[2]

주해

[1] 유대교 전통에 따르면, 아브라함은 이스라엘 역사에서 가장 온전한 사람이다.

[2] 이러한 예는 『창세기 미드라쉬 랍바』 17,3(본서 14장)에 나오는 '사악한 아내와 이혼한 요세 랍비의 일화'에서 읽어볼 수 있다.

[14,7]

'그분이 흙으로 아담을 빚으셨다.'

유다 바르 시몬 랍비는 말했다.

"이것(흙)은 젊은이를 말한다. 그는 성숙한 몸으로 만들어졌다."[1]

엘아자르 바르 심온 랍비는 말했다.

"하와도 성숙한 몸으로 만들어졌다."

요하난 랍비는 말했다.

"아담과 하와는 스무 살에 만들어졌다."[2]

후나 랍비는 말했다.

"흙은 남성형이고 땅은 여성형이다. 이 옹기장이(하느님)는 그의 그릇을 강하게 만들기 위해 남성인 흙과 여성인 땅을 가져왔다."[3]

찌포리의 한 (유명한) 사람(유대인)의 아들의 죽음에 대한 일화.[4]

그 아들이 이교도였다고 말하며 또는 이교도가 그의 집에 머물렀다고도 말한다.

요세 바르 할라프타 랍비는 그를 방문하러 갔다. 그는 그를 보고 앉아서 웃었다. 그는 그에게 말했다.

"당신은 왜 웃습니까?"

그는 그에게 말했다.

"우리는 당신이 오는 세상에 그(아들)의 얼굴을 볼 것이라고 하늘의 주군(하느님)을 믿습니다."

그는 그에게 말했다.

"이 사람에게 슬픔이 충분치 않아 당신은 더하려고 왔습니까? 부서진 토기를 다시 붙일 수 있습니까? 이렇게 쓰여 있지 않습니까. '(주님이 나에게 말씀하시길, 너는 내 아들, 내가 오늘 너를 낳았다…….) 옹기장이의 그릇처럼 너는 그들을 부술 것이다'(시편 2,9)."

놀랍게도 그렇다.

그는 그에게 말했다.

"토기는 (찰흙을) 물로 (반죽해) 만들어서 불로 완성합니다(구워냅니다). 유리그릇은 불로 만들어서 불로 완성합니다. 그래서 그것(유리그릇)이 부서지면 고칠 수 있습니다. 그러나 저것(토기)이 부서지면 고칠 수 없습니다."[5]

놀랍게도 그렇다.

그는 그에게 말했다.

"왜냐하면 그것은 (입으로) 불어서 만들어지기 때문입니다."

그는 그에게 말했다.

"당신의 입이 말한 것을 당신의 귀가 들을 것입니다. 그것(유리제품)이 살과 피(즉 사람)가 (입으로) 불어서 만들어진 것이고 (사람이 그것을)고칠 수 있다면 찬미받으시는 거룩하신 분이(사람의 콧속에 생명의 숨/바람을) 불어(넣어)서 만드신 것(사람)은 하나하나 어떻겠습니까?"[6]

이츠학 랍비는 말했다.

"'진흙 그릇처럼 너는 그들을 부술 것이다'라고 쓰여 있지 않고 '옹기장이의 그릇처럼 너는 그들을 부술 것이다'라고 쓰여 있다. 즉 (그 그릇은) 아직 구워지지 않았으며 (부서졌으면) 다시 돌아갈(즉 만들) 수 있다."[7]

주해

1 '젊은이'라고 번역한 단어(오페르)의 3자음자(עפר)는 '흙'으로 번역한 단어(아파르)와 같기 때문에 그렇게 해석한다.

2 기원전 1세기에서 서기 1세기 사이에 이스라엘 땅뿐 아니라 지중해 동쪽 지역에 큰 공동체를 이루며 활동한 유대교 분파인 에세네의 규례에서 스무 살에 대한 규정을 읽을 수 있다. "스무 살에 감찰을 받고, 가족의 운명을 결정하는 일에 참석하며, 거룩한 공동체의 일원이 된다. 그가 선과 악을 아는 스무 살이 충분히 되지 않았으면 잠자리를 하여 알려고 여자에게 가까이 가지 않을 것이다. 또한 그는 토라 재판에 증인으로 채택되며 재판의 청문회에 참여한다"(「새 계약의 규례」). 선과 악을 구별할 수 있는 나이는 단순히 결혼할 나이만을 가리키는 것이 아니라, 적어도 재판에 증인으로 나와 거짓과 진실을 판단할 수 있는 나이를 뜻한다. 랍비 유대교 문헌인 『선조들의 어록』에 나오는 규례를 보면 열여덟 살에 결혼을 하고, 스무 살에 직업을 선택한다고 말한다. 아담과 하와를 스무 살에 창조됐다고 해석하는 이유는 그들이 지식나무의 열매를 먹고 선과 악을 구별하는 지식을 배웠다고 이해하기 때문이다. 이때부터 여자는 임신하는 고통이 커지고, 남자는 가족을 부양하는 노동의 고통이 늘어난다.

3 히브리어 문법에는 남성형과 여성형이 있다.

4 찌포리는 나사렛에서 지중해 쪽으로 걸어서 반나절 정도 걸리는 곳에 있으며, 그 당시 국제교역의 중심 도시였다. 찌포리에 큰 김나지움이 있었으며, 그리스와 로마 문화의 영향을 많이 받았다.

5 여기에서 '저것(토기)'은 흙으로 만든 사람을 뜻한다.

6 하느님이 숨을 불어넣어 만든 사람도 잘못된 것을 고칠 수 있는데, 하느님이 사람의 잘못을 고칠 수 있다는 것을 어떻게 믿지 못하겠느냐!

7 옹기장이(하느님)가 흙으로 만든 그릇(사람)은 아직 불로 구워진 상태가 아니다. 여기서 불로 구워졌다는 것은 토라를 공부하여 법에 따라 행한다는 뜻이다. 사람(아담)이 토라 공부를 충분히 하지 못하고 저지른 잘못은 고칠 수 있다.

[14,8]

'땅에서 (모은) 흙으로.'[1]

베레크야 랍비와 헬보 랍비는 쉬무엘 바르 바르 나흐만 랍비의 이름으로 말했다.

"그분이 그를 속죄의 장소에서 만들어내셨다. 그래서 '너는 나를 위해 땅의 제단을 만들 것이다'(출애굽기 20,21). 찬미받으시는 거룩하신 분이 말씀하셨다. '보라, 나는 그를 속죄의 장소에서 만들어낸다. 그러므로 그는 버틸 것이다.'"[2]

'그분이 그의 콧속에 불어넣으셨다'(창세기 2,7).

이 구절은 그분이 그를 땅에서 창공까지 (닿는) 미완성물로 세우시고 그에게 숨을 던져 넣으셨다는 것을 가르친다.[3] 이 세상에서는 숨 쉬면서 (살아가지만) 죽음 이후 오는 미래에는 선물로 받

는다. '내가 내 기운(성령)을 너희에게 주겠으니 너희는 살 것이다'(에스겔 37,12).[4]

주해

1 '땅에서 (모은) 흙으로'에서 '땅'이라고 번역한 단어(아다마)는 보통 땅(야생 짐승이 사는 벌판이나 광야를 포함하는 땅)이 아니라, 사람의 생활권에 있는 땅(주거지, 경작지, 묘지 등)을 말한다. 〔광야나 황무지, 거주지 등을 포함한 모든 땅은 에레쯔라고 한다.〕 아담(사람)을 거주지의 흙으로 만든 의도는 그에게 먹고살도록 하기 위해 땅(경작지)을 일구는 임무를 주려는 데 있다. 그러므로 주거지에서 모은 흙으로 반죽하여 사람을 빚었다고 이해할 수 있다. 〔'흙'이라고 번역한 단어(아파르)는 '먼지, 흙' 등의 뜻이 있다. 여기에서 '흙'은 고대 메소포타미아의 인간 창조 신화와 비교해보면 점토와 같은 흙이라고 볼 수 있다.〕 또한 사람을 주거지의 흙으로 만든 이유는 사람들이 모여 살아야 하며 공동사회를 의롭게 유지해야 하는 데 있다. 공동사회를 바르게 유지하는 가장 기본적인 요소가 법이다. 그래서 에덴동산의 인간 창조는 세상에 인간을 처음으로 만든 인간 창조 신화가 아니라 문명사회를 정의롭게 이끌어가는 새로운 인간 창조를 이야기한다.

2 '땅의 제단'을 인용한 속죄의 장소는 성전을 뜻하며, 회개하는 곳에서 사람을 창조했다는 해석이다. 창조 처음에 만들어진 여섯 가지 혹은 일곱 가지 것들 가운데 회개가 포함되는 이유를 여기서도 이해할 수 있다(『창세기 미드라쉬 랍바』 1,4 〔본서 3장〕 참조).

3 '미완성물'에 대해서는 『창세기 미드라쉬 랍바』 8,1 (본서 8장) 참조.

4 사람은 이 세상에서 코에 땀을 흘리며 고통 속에 살아가지만, 오는 세상(의로운 공동체)에서는 하느님의 기운(성령)을 선물로 받아 행복한 삶을 산다.

[14,9]

'생명의 숨을 (불어넣으셨다).'

'숨'을 뜻하는 다섯 개의 단어가 있다. '목숨(숨 쉬는 것), 영혼 (바람), 숨쉼, 유일함, 살아 있음'이 그것이다.

'목숨(숨 쉬는 것).' 이것은 피다. 이렇게 말한다. '왜냐하면 피 는 목숨이기 때문이다'(신명기 12, 23).

'영혼(바람).' 이것은 오르고 내려오기 때문이다. 이렇게 말한 다. '사람들의 영혼이 (하늘로) 올라가며 짐승의 영혼이 땅으로 내려가는 것을 누가 아느냐?'(전도서 3,21)

'숨쉼.' 이것은 바람을 불어넣는 것이다. 창조할 때에 (생명의) 숨은 좋았다고 말한다.

'살아 있음.' 모든 팔다리는 죽지만 이것은 몸에 살아 있다.

'유일함.' 모든 팔다리는 쌍으로 이루어졌지만 이것은 몸에 유 일하다.

이렇게 쓰여 있다. '만일 그분(하느님)이 그(사람)에게 그분의 마음을 두시고 그의 숨을 그/그분에게로 거두어들이신다면 모 든 육체는 함께 죽을 것이고 사람(아담)은 흙으로 돌아갈 것이 다'(욥기 34, 14-15).

예호슈아 바르 느헤미야 랍비와 랍비들(의 해석은 달랐다).

예호슈아 바르 느헤미야 랍비는 말했다.

" '만일 그분(하느님)이 그 사람(아담)에게 그분의 마음을 두셨 다면' 그의 영혼(기운)은 그분의 손에 있다. '만일 그분이 그의 숨을 그에게로 거두어들이신다면', 즉 '그의 몸으로'(라고 해석하면), 모든 사람은 이미 괴로워한다. 그러나 사람이 잠잘 때에 숨은 그의 몸을 따뜻하게 해주어 감기 들어 죽게 하지 않는다."

랍비들은 말했다.

"'만일 그분(하느님)이 그 사람(아담)에게 그분의 마음을 두셨다면' 그의 영혼(기운)은 그분의 손에 있다. '만일 그분이 그의 숨을 그분께로 거두어들이신다면', 즉 '위로'(라고 해석하면), 모든 사람은 이미 함께 괴로워한다. 그러나 사람이 잠잘 때에 숨은 그의 몸을 따뜻하게 해주어 감기 들어 죽게 하지 않는다. 이렇게 쓰여 있다. '주님의 등불은 사람의 숨이다'(잠언 20,27)."[1]

비스니 랍비와 아하 랍비와 요하난 랍비는 메이르 랍비의 이름으로 말했다.

"이 숨은 모든 몸을 가득 채우고 사람이 잘 때에 그것은 올라가 위(하늘)에서 그에게 생명을 불어넣어 준다."

레비 랍비는 하니나 랍비의 이름으로 말했다.

"항상 숨 쉰다. 사람이 숨 쉬는 숨마다 그는 창조주에게 찬양해야 한다. 무슨 이유일까? '숨마다 주님을 찬양하라'(시편 150,6). 즉 숨 쉴 때마다 주님을 찬양하라."

주해

1 하느님이 사람에게 자기 마음을 두었다는 것은 하느님이 사람을 심판한다는 뜻이다. 심판의 날(죽음이 임박한 때)에 하느님이 심판대에 오른 사람의 행적을 감찰하고 그의 영혼이 그에게로 돌아가는 것이 합당하다고 하면 하느님에게서 받은 그의 숨은 그의 몸으로 돌아간다. 즉 그에게 하느님의

구원이 없다. 그러나 하느님이 그의 영혼을 하느님에게로 거두어들인다면 하느님은 그와 함께 괴로워하기 때문에 그에게 구원이 있다. 무엇보다도 살아 숨 쉬며 토라(하느님의 가르침)를 열심히 배워(따뜻하게 해서) 몸과 마음이 병들지 않게 해야 한다.

[14,10]

'그 사람(아담)은 살아 있는 목숨이 됐다'(창세기 2,7).

예후다 랍비는 말했다.
"이것은 그분이 그에게 짐승처럼 꼬리를 만들어주셨으나 돌아와 그를 존중하는 뜻으로 그것을 가져가 버렸다는 것을 가르친다."[1]

후나 랍비는 말했다.
"그분은 그를 자기 스스로 자유로운 종從으로 만드셨다. 그래서 그가 일하지 않으면 먹지 못한다."[2]

이것이 후나 랍비가 말한 것이다.
"'주님은 나를 내가 일어설(대항할) 수 없는 자들의 손에 넘기셨다'(애가 1,14). 만일 내 손이 내 마음대로 하면 나는 일어설 수 없다. 그들은 밤낮으로 일하지만 충분하지 않다."

랍비들의 동료인 하나나 랍비의 사위 쉬무엘 랍비는 말했다.
"여기서는 숨을 목숨(숨 쉬는 것)이라고 한다. 또는 영혼(바람)이라고도 한다. 어디에서 이렇게 말하는 구절을 찾을 수 있을까? 그것은 생명이라고 가르친다. 이런 방법을 병행 문구라고 한다."[3]

주 해

1 사람에게 짐승의 성향이 없지 않다는 점을 시사한다. 사람을 존중하는 이 유는 그에게 토라를 배울 수 있는 성향이 있기 때문이다.

2 사람이 자기 스스로 살아가기 위해서는 일해야 한다.

3 숨이 영혼이라고 말하는 구절은 창세기에서 읽을 수 있다. '콧속에 생명 의 영혼의 숨이 있는 모든 것(은 죽었다)' (창세기 7,22). 하느님이 사람의 콧속 에 생명의 숨을 불어넣어 살아 있는 목숨이 됐다는 구절과 창세기 7,22을 비교하면 숨을 영혼이라고 이해할 수 있다.

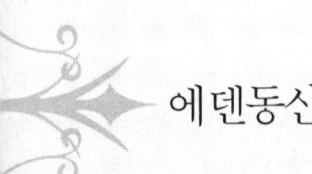

에덴동산

주님 하느님이 동쪽에 있는 에덴에 동산을 가꾸시고, 만든 그 사람(아담)을 그곳에 두셨다.

주님 하느님이 보기에 좋고 먹기에 맛있는 온갖 나무와, 동산 가운데에 생명나무와, 선과 악을 알게 하는 지식나무를 그 땅에서 자라게 하셨다.

[창세기 2,8-9]

주님 하느님이 그 사람(아담)을 데려다가 에덴동산에서 일구고 지키라고 그를 두셨다.

주님 하느님이 그 사람(아담)에게 명령하셨다.

"동산의 모든 나무 열매를 먹어라. 그러나 선과 악을 알게 하는 지식나무 열매는 먹지 마라. 네가 그것을 먹을 때, 너는 죽을 것이기 때문이다."

주님 하느님이 말씀하셨다.

"그 사람(아담)이 혼자 있는 것은 좋지 않다. 그에게 그의 상대로 도움 (될 것)을 만들어야겠다."

주님 하느님이 땅에서 온갖 들짐승들과 하늘의 온갖 새들을 만들어서, 그가 무엇이라고 부르는지 보려고 아담에게 데려오셨다.

아담이 살아 숨 쉬는 것을 무엇이라고 부르든 그것이 그 이름이었다.

그 사람은 온갖 가축들, 하늘의 새들, 온갖 들짐승들에게 이름을 불러주었다.

아담에게는 그의 상대로 도움 (될 것)을 찾지 못했다.

주님 하느님이 아담에게 단잠이 쏟아지게 하셨다. 그리고 그가 잘 때, 그의 갈빗대에서 하나를 가져가고 그것들 밑을 살로 막으셨다.

주님 하느님이 그 사람(아담)에게서 가져온 갈빗대로 여자를 만들어서 그 사람에게 데려다주셨다.

[창세기 2,15-22]

뱀은 주님 하느님이 만드신 어느 들짐승들보다 교묘했다.

그(뱀)는 그 여자에게 말했다.

"'너희는 동산의 모든 나무 열매를 먹지 마라'라고 하느님이 정말로 말씀했느냐!"

그 여자가 뱀에게 말했다.

"우리는 동산 나무의 열매 중에서는 먹어도 된다. 그러나 동산 가운데 있는 나무 열매 중에서는, 하느님이 '너희는 그것을 먹지 말고 그것에 손대지 말라. 그렇지 않으면 너희는 죽을 것이다'라고 말씀하셨다."

뱀이 그 여자에게 말했다.

"정말은 너희는 죽지 않을 것이다. 왜냐하면 너희가 그것을 먹을 때 너희 눈이 떠져서, 너희가 선과 악을 아는 신들처럼 될 것을 하느님이 아시기 때문이다."

그 여자는 그 나무가 먹기에 맛있고, 보기에는 예쁘고, 슬기로워지기에 그 나무가 탐스럽다는 것을 보았다. 그녀는 그 열매를 가져다가 먹었고, 함께 있던 남편에게도 역시 주어서 그는 먹었다.

그들 둘의 눈이 떠졌고, 그들은 벌거벗은 것을 알았다. 그리고 무화과나무 잎을 엮어 치마들을 만들어 입었다.

낮 바람에 동산에서 오가는 주님 하느님의 목소리를 그들은 들었다. 그 사람(아담)과 그의 아내는 주님 하느님의 면전에서 (피해) 동산의 나무 속으로 숨었다.

주님 하느님이 그 사람(아담)을 부르시고 그에게 말씀하셨다.

"너는 어디에 있느냐?"

그가 말했다.

"당신의 목소리를 동산에서 들었지만, 제가 벌거벗었기 때문에 두려워서 숨었습니다."

그분이 말씀하셨다.

"네가 벌거벗었다고 누가 너에게 이야기했느냐? 내가 너에게 먹지 말라고 명령한 그 나무 열매를 먹었느냐?"

그 사람이 말했다.

"저와 함께 있으라고 주신 그 여자가 그 나무 열매를 저에게 주어서 먹었습니다."

주님 하느님이 그 여자에게 말씀하셨다.

"네가 한 짓이 무엇이냐?"

그 여자가 말했다.

"뱀이 저를 속였습니다. 그리고 제가 먹었습니다."

주님 하느님이 뱀에게 말씀하셨다.

"네가 한 짓 때문에 너는 온갖 가축보다도 온갖 들짐승보다도 더 저주받을 것이다. 너는 배로 기어 다닐 것이고, 네가 살아 있는 동안 흙을 먹을 것이다. 너와 그 여자 사이에, 네 자손과 그녀의 자손 사이에 반목을 심어주겠다. 그가 네 머리를 짓밟고, 너는 그의 발꿈치를 물 것이다."

그 여자에게 말씀하셨다.

"내가 네 임신의 고통을 늘려주겠다. 고통스럽게 자식을 낳을 것이다. 네가 네 남편을 원하겠지만 그가 너를 다스릴 것이다."

아담에게 말씀하셨다.

"네 아내의 목소리를 듣고, 그것에서 먹지 말라고 명령한 그 나무 열매를 먹었기 때문에, 너로 인하여 땅은 저주받을 것이다. 네 일생 동안 너는 고통스럽게 (일하여) 먹을 것이다. 가시덤불이나 엉겅퀴가 너에게 (땅에서) 자라날 것이며, 너는 들의 풀을 먹을 것이다. 네가 땅으로 돌아갈 때까지 네 코(에) 땀(을 흘림)으로써 빵을 먹을 것이다. 너는 그것에서 가져왔기 때문이다. 너는 흙이기 때문에 흙으로 돌아갈 것이다!"

그 사람(아담)이 그의 아내 이름을 하와라고 불렀다. 그녀는 모든 삶의 어머니이기 때문이었다.

주님 하느님이 아담과 하와에게 가죽 옷을 만들어 입혔다.

주님 하느님이 말씀하셨다.

"보라, 사람이 선과 악을 아는 우리 가운데 하나처럼 됐다. 지금 그가 그의 손을 뻗쳐서, 생명나무에서도 또한 가져다가 먹고 영원히 살면 안 되겠다."

그래서 주님 하느님은 땅을 일구기 위하여 그를 데려온 에덴동산에서 그 사람들을 내보내셨다.

그 사람을 쫓아내셨고, 생명나무로 가는 길을 지키기 위하여 에덴동산 동쪽에 크룹들과 번쩍거리는 칼 (같은) 불길을 세우셨다.

[창세기 3,1-24]

15

하느님은 왜
에덴동산을 만들었나

[15,1]

'주님 하느님이 동쪽의 에덴에 동산을 가꾸셨다'(창세기 2,8).

야나이 랍비의 학파에서는 이렇게 말했다.

"동산을 가꾸는 일에 대해 그분은 왜 그분의 이름을 모두 밝히셨을까?[1]

그것은 창조 시작에 그 생각이 필요했기 때문이다. 씨가 싹이 터서 자라기 전에 사람은 그 방향에 대해 생각할 필요가 있다. 이렇게 쓰여 있다. '주님의 나무들, 그분이 심으신 레바논의 삼 나무들이 만족해한다'(시편 104,16)."

하니나 랍비는 말했다.

"그것(나무)들은 메뚜기의 촉각 같았으나 찬미받으시는 거룩하신 분이 그것들을 뽑아 에덴동산에 심으셨다. 즉 '주님의 나무들은 만족해한다.'[2]

하니나 랍비는 말했다.

"그들은 그들의 삶에 만족해하며 그들의 물에 만족해하고 그들이 심어진 것에 만족해한다."

요하난 랍비는 말했다.

> "세상은 삼나무를 사용할 만하지 못했다. 그래서 만들어지지 않았어야 했지만 성전에 필요했던 것이다.[3] 이렇게 말한다. '주님의 나무들, 레바논의 삼나무들이 만족해한다.' 여기에서 레바논은 다름 아닌 성전을 뜻한다. 이렇게 말한다. '이 좋은 산과 레바논'(신명기 3,25)."[4]

주 해

1 창세기 1장에서는 '하느님이 말씀하셨다'라고 쓰여 있는데 왜 에덴동산 이야기(창세기 2,4-3,24)에서는 주님(YHWH)이라는 하느님 고유의 이름을 언급하며 '주님 하느님'이라고 말하는지에 대한 질문이다.

2 하느님이 동산을 가꾸었다는 것은 그곳에 나무를 심었다는 뜻이다. 세상 창조에 나무는 이미 만들어졌으며 하느님이 그 나무들을 에덴동산에 옮겨 심었다고 연상한다. 시편 104편은 창조를 찬양하는 시편이고, 16절에 나오는 '주님의 나무들'은 레바논의 삼나무로 보며, 하느님이 그것들을 에덴동산에 옮겨 심었다고 풀이한다.

3 여기에서 성전은 예루살렘 성전을 가리킨다. 예루살렘 성전의 내부를 레바논의 삼나무로 장식했기 때문에 레바논의 삼나무 혹은 레바논은 예루살렘 성전을 가리키는 은유어로 사용된다.

4 신명기 3,25에서 '좋은 산'은 예루살렘이 있는 이스라엘 땅을 가리킨다. 여기에서 레바논은 예루살렘 성전을 뜻한다.

(다음 단락 뺐음)

[15,2]

'에덴동산.'

예후다 랍비와 요시 랍비(의 서로 다른 견해).

예후다 랍비는 말했다.
"동산이 에덴보다 더 크다. (어디에서 알 수 있을까?) '하느님의 동산에 있는 에덴의 모든 나무들은 그(레바논의 삼나무)를 부러워했다'(에스겔 31,9)라고 말한다."[1]

요시 랍비는 말했다.
"에덴이 동산보다 더 크다. '주님 하느님이 에덴에 동산을 가꾸셨다'(창세기 2,8)라고 말한다."[2]

(예후다 랍비는 말했다.)
"그러나 '동산에 물을 주기 위해 에덴에서 강이 (흘러)나온다'(창세기 2,10)라고 쓰여 있지 않는가?"[3]

요시 랍비의 의견에 따르면, 씨앗 한 말을 뿌릴 수 있는 밭에 대는 물로 씨앗 한 되를 뿌릴 수 있는 밭을 가꿀 수 있다.[4]

예후다 랍비의 의견에 따르면, 동산에 있는 연못 같아서 온 동산에 물을 댈 수 있다.[5]
예후다 랍비는 (자신의 주장을 입증하기 위해) 두 구절을 인용했으나, 요시 랍비는 오직 한 구절만 인용하지 않았는가.

찌포리의 하닌 랍비는 말했다.
"찬미받으시는 거룩하신 분이 요시 랍비의 눈을 뜨게 하시어 그는 자신의 의견을 입증하는 한 구절을 찾았다. 이렇다. '그리고 그분(하느님)이 광야를 에덴처럼, 들판을 주님의 동산처럼 만드신다'(이사야 51,3)."[6]

[주해]

1 동산이 에덴보다 더 크다는 것을 이 문구로 밝힌다.

2 따라서 에덴이 동산보다 크다.

3 이 인용구에서도 동산은 에덴 밖에 있다고 볼 수 있으며, 이것은 요시 랍
비의 의견과 다르다.

4 여기서 큰 밭은 에덴이고, 에덴에서 흘러나오는 물로 동산을 적실 수 있다.

5 연못은 에덴에 비유된다. 동산 안에 있는 에덴에서 흘러나오는 물로 온 동
산에 물을 댈 수 있다.

6 '들판'이라고 번역한 단어(아라바)는 광야보다 좁은 지역을 말한다. 때로는
요르단 강 동쪽 지역을 뜻하기도 한다. 예를 들어 다윗이 예루살렘 동쪽
광야에서 '내가 광야의 들판(아라바)에서 기다리겠소'(사무엘하, 15,28)라고 말
한다.

[15,3]

'동쪽에.'

쉬무엘 바르 나흐마니 랍비는 말했다.

"이것이 세상 창조 '전前에'라고 설명한다.[1]

그러나 그렇지 않다.

이것은 첫 번째 아담 '전前에'라고 볼 수 있다. 아담은 엿샛날
에 만들어졌고 에덴동산은 사흘날에 만들어졌다. '하느님은 나
의 왕이시며, 옛날부터 세상 가운데에서 구원을 이루십니다'(시편
74,12)라고 쓰여 있다.[2]

(아담이 이렇게 말했다고) 본다.

> '내가 일하려고 일어서기도 전에 찬미받으시는 거룩하신 분이 내 보상을 준비하신 것은 좋은 일입니다.'"[3]

주해

1 『창세기 미드라쉬 랍바』1,4(본서 3장)에 따르면, 창조 전에 일곱 가지가 만들어졌다고 해석한다. 그 일곱 가지 가운데 에덴동산이 있다. 이러한 해석이 나올 수 있었던 것은 '동쪽'이라고 번역한 단어(케뎀)는 공간적으로 '앞', 시간적으로 '전前, 옛날'을 뜻하기 때문이다.

2 에덴동산이 사흗날에 만들어졌다는 주장은 그날 땅에서 푸른 싹과 열매 나무가 돋아났기 때문이다. 시간적으로 에덴동산이 아담보다 먼저 만들어졌다는 이야기다.

3 에덴동산의 나무 열매는 하느님이 아담의 노동에 대한 보상으로 미리 준비한 것이다.

[15,4]

'그분은 아담을 그곳에 두셨다' (창세기 2,9).

예후다 랍비와 느헤미야 랍비.

예후다 랍비는 말했다.

"그분은 그를 세우셨다. 이렇게 말한다. '너는 네 위에 그(하느님이 선택한 사람)를 왕으로 세워야 한다'(신명기 17,15)."[1]

느헤미야 랍비는 말했다.

"그분은 그를 이끌었다. 이것은 잔치를 베풀고 손님을 초대하는 왕에 비유할 수 있다. 찬미받으시는 거룩하신 분이 아브라함의 공덕으로 아담을 초대했다. 이렇게 말한다. '당신은 내가 앉거나 일어서는 것을 아시며 멀리서도 내 속(생각)을 이해하십니다'(시편 139,2). '내가 앉거나.' 이것은 에덴동산 속에 앉는 것을 뜻한다. '내가 일어서거나.' 이것은 에덴동산에서 쫓겨나는 것을 뜻한다. '멀리서도 내 속(생각)을 이해하십니다.'

(하느님은) 무슨 공덕으로 나(아담/사람)를 만들어내려고 결정하셨을까? 그것은 멀리서 온 사람의 공덕으로 그렇다. (어디에서) '나(하느님)는 동쪽에서 맹금을 부르고 먼 나라에서 그의 조언자를'(이사야 46,11)이라고 말한다."[2]

주해

[1] 하느님이 아담을 이 세상의 왕으로 세우기 위해 에덴동산에 두었다고 풀이한다.

[2] 동쪽의 먼 나라에서 온 사람은 아브라함을 가리킨다. 아브라함의 아버지는 그의 가족을 데리고 가나안 땅으로 이주하려고 남부 메소포타미아의 도시 우르를 떠나 하란에 머물렀다. 하란에서 아브라함은 하느님이 일러주는 땅으로 가라는 소명을 받는다(창세기 11,31-12,1).

[15,5]

'그분은 그를 그곳에 두셨다.'

이렇게 말한다. '그들은 그곳에 이날까지 있다'(역대하 5,9).[1]

레비 바르 즈카리야 랍비는 말했다.
"그(아담)는 그 세상 창조에서 이루어진 그대로 있다."[2]

이츠학 바르 메리온 랍비는 말했다.

"'이것들은 하늘과 땅이 만들어졌던 때의 계보다'(창세기 2,4)라고 쓰여 있다. 그들의 창조주가 그들(아담과 하와)을 찬양하면 누가 그들을 얕잡아볼까? 그들의 창조주가 그들을 칭찬하면 누가 그들에게 잘못이 있다고 할까?[3] 그러니 그들은 아름답고 찬양받는다. 이렇게 말한다. '이것들은 하늘과 땅이 만들어졌던 때의 계보다.'"

[주해]

1 그들, 즉 아담과 하와는 이날(지금)까지 그곳(에덴동산)에 있다.

2 아담은 그가 만들어진 그대로 변함없이, 즉 죄짓지 않고 은총 가운데에 있다.

3 하느님이 사람을 만들어내고 그것은 좋다고 말했는데, 누가 그의 창조를 얕잡아볼 수 있겠느냐는 반문이다.

[15,6]

'주님 하느님이 보기에 좋고 먹기에 맛있는 온갖 나무와, 동산 가운데에 생명나무와, 선과 악을 알게 하는 지식나무를 그 땅에서 자라게 하셨다'(창세기 2,9).

이렇게 가르친다.
그 나무는 모든 생명 위를 덮는다.[1]

예후다 바르 일아이 랍비는 말했다.
"생명나무를 돌아가는 데 500년 걸리며 창조의 모든 물은 그 밑에서 솟아난다."

유단 랍비는 예후다 바르 일아이 랍비의 이름으로 말했다.

"이것이 끝이 아니다. 그 나무의 잎을 돌아가는 데 500년 걸리며 또한 나무의 줄기를 돌아가는 데도 500년 걸린다."

주해

1 그 나무는 모든 생명을 유지해준다. '생명나무'는 생명을 유지해주는 나무다.

[15,7]

'선과 악을 알게 하는 지식나무.'

아담과 하와가 먹은 그 나무는 무엇일까?

메이르 랍비는 말했다.

"그것은 밀이다. 어떤 사람에게 지식이 없다면 사람들이 말하길 '그 사람은 생전에 밀 빵을 먹어보지 못했구나'라고 한다."[1]

이츠학 랍비의 아들인 쉬무엘 랍비는 제이라 랍비에게 질문했다.

"정말로 밀입니까?"

그는 그에게 "그렇습니다"라고 말했다.

그는 그에게 "그러나 나무라고 쓰여 있습니다"라고 말했다.

그는 그에게 "그것은 레바논의 삼나무처럼 높이 자랍니다"라고 말했다.[2]

야콥 바르 아하 랍비는 말했다.

"느헤미야 랍비와 랍비들 사이에 논쟁이 있었다.

느헤미야 랍비는 말했다.

'(사람이 빵을 먹기 전에 이렇게 기도합니다.) 빵을 (만드는 곡식이) 땅에서 나오게 하신 분은 (찬미받으십니다). 즉 그분은 이미 빵을 (만드는 곡식이) 땅에서 나오게 하셨습니다.'

랍비들은 말했다.

'빵을 (만드는 곡식이) 땅에서 나오게 하신 분은 (찬미받으십니다). 즉 그분은 미래에 빵을 (만드는 곡식이) 땅에서 나오게 하실 것입니다.[3] 이렇게 말합니다. '땅에 한 줌 (크기)의 곡식(알들)이 생길 것이다' (시편 72,16)."[4]

예레미야 랍비는 제라 랍비 앞에서 찬미기도를 했다.

"빵을 (만드는 곡식이) 땅에서 나오게 하신 분은 (찬미받으십니다)."

그리고 그(제라 랍비)는 그를 칭찬했다.

그렇다면 이것은 느헤미야 랍비(의 견해)와 비슷한가?

놀랍게도 그렇지 않다.

단어들을 섞지 않아야 한다.[5]

주해

1 밀 빵을 먹어보지 못했다는 것은 그만큼 가난하다는 뜻이다. 그가 가난한 것은 그에게 전문적인 일을 할 수 있는 지식이 없다는 데에서 그 이유를 찾아볼 수 있겠지만, 그보다는 좀 다른 관점에서 설명할 수 있다. 여기서 지식은 선과 악을 구별할 수 있는 지식을 뜻한다. 유대교의 범주에서 보면, 이러한 지식은 토라 공부를 함으로써 습득할 수 있다. 물론 성경에 대한 지식이 토라 해석을 통해 이해되기 때문이기도 하지만, 당시 유대 사회에서 선과 악을 구별하는 지식은 토라의 울타리 안에서 찾을 수 있었다. 토라를 공부함으로써 하느님의 가르침을 이해할 수 있으며, 이로 인해 생

명의 원천에 가까이 갈 수 있다는 논리가 강조됐고, 이런 사회에서 토라 공부는 매우 중요한 구원의 수단이 됐다.

토라 공부를 하기 위해 토라 공부 학교에 다니려면 수업료를 내야 했다. 사람들이 생활에 여유가 있어서 토라 공부 학교에 다니는 것은 아니었고, 대부분의 랍비들과 학생들은 생업에 종사하며, 그 수입의 일부는 생활에, 다른 일부는 학교 수업료로 사용했다. 〔힐렐은 나무꾼이었는데 하루 수입의 절반을 수업료로 냈다고 전해진다.〕 그래서 그들은 스스로 가난하다고 말했다. 『선조들의 어록』에 전해진 힐렐의 언명(6,4)에서 그 예를 읽을 수 있다. "이것이 토라의 길이다. 네가 빵을 소금에 찍어 먹고 물을 잣대로 재어 마시며 땅바닥에 누워 자고 구차한 삶을 살면서도 토라 (공부)에 애쓰며 그렇게 행한다면 '너는 행복하며 너에게 좋은 것이다'(시편 128,2). 이 세상에서 행복하며 오는 세상에서도 좋은 것이다."

그러나 밀 빵을 먹어보지도 못할 정도로 가난한 사람은 학교를 다닐 엄두도 내지 못할 것이다. 이처럼 가난한 자는 무지하다고 여겼으며, 그 무지는 법이나 규례에 대한 지식이 없다는 뜻이다. 초기 유대 사회에서 이러한 규례를 터득하지 못한 가난한 사람들은 자연히 소외층에 속하게 됐으며, 그들을 '땅의 백성(암 하아레쯔, 즉 땅의 것에만 매달려야 하는 사람들)'이라고 불렀다.

복음서에서 예수는 '가난한 자는 복 받을 것입니다. 하늘 왕국이 그들 것입니다'(누가복음 6,20)라고 말한다. 여기서 '가난한 자'는 예수 공동체에 들어와 예수의 가르침을 배우고 행하는 사람을 가리킨다. 이렇게 해석할 수 있는 단서는 같은 단락을 기록한 마태복음에서 찾을 수 있다. '마음으로 가난한 자는 복 받을 것입니다. 하늘 왕국이 그들 것입니다'(마태복음 5,3). '마음으로'라는 단어를 덧붙여 듣는 이들의 이해를 도우려 한 것을 볼 수 있다. '마음'은 히브리어로 '레브(לב)'다. 이 단어가 어느 특정한 맥락에서는 모세오경(토라)을 은유적으로 표현한다. 이러한 상징성을 가지게 된 기원은 안식일에 회당에서 모세오경을 읽는 관습에서 찾을 수 있다. 1~4

세기 '이스라엘 땅'의 회당에서는 모세오경을 처음부터 끝까지 3년 단위로 읽었으며 3~6세기 바빌로니아의 회당에서는 1년 단위로 읽었다. 모세오경의 마지막 부분인 신명기 33-34장의 독송을 끝내고 다시 창세기 시작 부분을 읽는 날은 축제의 날로 초막절에 이 행사를 했다. 이날을 심하트 토라(토라의 기쁨)라고 부른다. 신명기의 마지막 단어가 '이스라엘'이며, 이스라엘의 마지막 글자는 라메드(ל ㄹ)다. 그리고 새로 읽는 창세기 1,1은 '처음에(베-레쉬트)'의 베트(ב ㅂ)로 시작한다. 라메드와 베트를 합친 단어인 레브(לב)는 '마음'이라는 뜻이다. 레브(마음)라는 단어를 모세오경을 독송하는 관습의 맥락에서 비교해보면 토라 공부를 상징적으로 표현한다. 하느님의 가르침을 배우는 것은 마음(레브)에서 일어나야 한다는 말이다. 마태복음 5,3의 '마음으로 가난한 자'라는 숙어를 모세오경의 은유적 표현인 레브(토라 공부)와 비교하면 '레브(토라 공부)로 가난한 자', 즉 하느님의 가르침을 배우고 실천하는 데 전념하여 돈벌이에 급급하지 않아 구차한 삶을 사는 사람을 뜻한다. 〔우리말 번역 성경에 흔히 '마음이 가난한 자'라고 번역됐는데 이는 의역이다.〕 '마음으로 가난한 자는 복 받는다'는 예수의 말씀은 위에서 인용한 힐렐의 "구차한 삶을 살면서도 토라(공부)에 애쓰며 그렇게 행한다면 너는 행복하다"라는 언명과 거의 같은 내용이다.

2 밀은 삼나무처럼 높이 자라기 때문에 나무의 범주에 들어간다. '레바논의 삼나무'는 예루살렘 성전의 은유적인 표현이다. 밀은 성전에서 하느님께 봉헌물로 드리는 첫 반죽 빵을 뜻한다(『창세기 미드라쉬 랍바』 1,4 〔본서 3장〕 참조).

3 느헤미야 랍비는 아담이 죄짓기 전에 하느님이 그가 먹을 빵을 준비했다고 설명한다. 여기서 빵은 지식나무의 열매를 뜻한다. 그러나 랍비들은 지식나무 열매는 미래, 즉 메시아 시대를 위해 준비된 빵이라고 풀이한다. 메시아를 위해 준비한 빵이다.

이러한 맥락에서 예수의 최후만찬을 이해할 수 있다. '그리고 제자들이 먹고 있을 때에 예수가 빵을 들고 축복하신 다음 떼어 제자들에게 주시며 말씀하셨다'(마태복음 26,26). 이 구절을 위의 미드라쉬와 비교하면 빵은 지식을 상징적으로 표현한다. 그 지식은 예수의 가르침이다. 최후만찬에는 빵과 포도주가 나온다. '또한 (그분은) (포도주) 잔을 들고 감사를 드리신 다음 그들에게 주며 말씀하셨다'(마태복음 26,27). 포도주는 문맥에 따라 토라를 은유적으로 표현한다. 그 예를 전도서 미드라쉬의 한 구절에서 찾을 수 있다. "솔로몬은 '나는 내 몸을 포도주로 길들여보고자 내 마음속에 작정했다'(전도서 2,3)라고 말했다. 이는 토라의 포도주로 내 몸을 길들여보려 한 것이다"(전도서 미드라쉬 2,6). 최후만찬은 메시아 시대에 의로운 공동체를 위해 준비된 빵과 포도주를 먹고 마시는 종교 의례다. 메시아 시대를 준비하는 메시아 예수의 가르침을 먹고 마시는 의례다. 초대 교회에서 교인들은 성만찬을 통해 메시아(그리스도)의 시대를 확신했다.

4 한 줌 크기의 곡식알처럼 곡식이 풍요한 시대가 올 것이라는 표현이다. 시편 72,16-17은 메시아 시대를 알리는 단락이며, 특히 17절('그의 이름은 영원할 것이며, 태양(이 생기기) 전에 그의 이름이 싹 돋게 하셨습니다')은 메시아의 이름을 계시한 구절이다(『창세기 미드라쉬 랍바』 1,4 〔본서 3장〕 참조).

5 두 의견 모두 논리적이라는 결론이다.

예후다 바르 일아이 랍비는 말했다.

"그것은 포도다. 이렇게 말한다. '그들의 포도는 독 포도이며 쓴 송이들이다'(신명기 32,32). 그것들은 이 세상에 쓴 것(슬픔, 괴로움 등)을 가져온 송이들이다."[1]

아코의 아바 랍비는 말했다.

"그것은 에트로그(구연나무 열매)다. 이렇게 쓰여 있다. '그 여자는 그 나무 열매가 먹기에 맛있어 보였다'(창세기 3,6). 그러니 나가서 어떤 나무가 그 열매처럼 먹을 수 있는 나무인지 알아보시오. 에트로그가 아니고는 찾을 수 없을 것이다."[2]

주해

1 아담으로 인해 이 세상에 쓴 것들, 즉 죽음, 슬픔, 고통 등이 생겼기 때문에 아담이 먹은 것은 쓴 포도라고 해석한다.

2 에트로그는 룰라브(대추야자나무 가지)와 함께 초막절의 상징물이다. 초막절은 유대교의 3대 명절 가운데 하나이며, 이스라엘인들이 이집트에서 탈출한 뒤 40년 동안 광야의 장막에서 살았던 것을 기억하기 위한 명절이다. 에트로그와 룰라브는 유대교의 대표 상징인 일곱 등잔의 등잔대인 메노라와 함께 등장하는 경우를 흔히 볼 수 있다. 그 일곱 개 등잔불이 어둠을 밝히는 빛으로 인식되어 메노라는 구원의 빛을 표상한다. 메노라의 장식이 나무와 열매로 표현되어 메노라는 '생명나무'로 인식된다. 메노라에 장식된 열매에는 두 종류가 있는데, 그 하나는 석류이며 다른 하나는 에트로그라고 말하기도 한다. 혹은 그것을 무화과라고도 말한다(『창세기 미드라쉬 랍바』 3,1 〔본서 7장〕 참조). 그 여자는 생명나무와 함께 나오는 에트로그를 먹었다고 해석한다.

요시 랍비는 말했다.

"그것은 무화과다. 어느 문제든 그 상황에서 배울 수 있다. 비유를 들겠다.

통치자의 한 아들이 여종들 가운데 한 여자와 잘못된 관계를 가졌다. 통치자는 이 일을 듣고 왕궁에서 그를 쫓아냈다. 그는 여종들의 문지방을 돌아다녔으나 누구도 그를 받아들이지 않았다. 그러나 그와 잘못을 한 여종이 문을 열고 그를 받아들였다. 이처럼 첫 번째 아담이 그 나무 열매를 먹었을 때에 찬미받으시는 거룩하신 분이 그를 에덴동산에서 쫓아내셨으며, 그는 모든 나무를 돌아다녔으나 어느 나무도 그를 받아들이지 않았다. 그것들은 그에게 무엇을 말했을까?"

베레크야 랍비는 말했다.

"보라, 그의 창조주를 속이고 그의 주인을 속인 속임꾼을! 이렇게 쓰여 있다. '오만한 발이 나에게 오지 않도록 하소서'(시편 36,12). (이것은) 창조주에게 오만한 발을 말한다. '사악한 자들의 손이 나를 흔들지 않게 하소서'(시편 36,12). (이것은) 나에게서 나뭇잎을 떼어가게 하지 말라는 뜻이다.[1]

그러나 그것은 무화과나무다. 그들은 그 열매를 먹었으며, 무화과나무는 그 문을 열고 그를 받아들였다. 이렇게 쓰여 있다. '그리고 그들은 무화과나무 잎을 엮어 치마들을 만들어 입었다'(창세기 3,7)."

그 무화과나무는 어떠했을까?

아빈 랍비는 말했다.

"그 무화과나무로 인해 이 세상에서 (사람들은) 7일 동안 애도하게 됐다.[2]

씨크닌의 예호슈아 랍비는 레비 랍비의 이름으로 말했다.

"그 무화과나무로 인해 이 세상에 애도와 슬픔이 생겼다.[3]

아자리야 랍비와 시몬 랍비의 아들 예후다 랍비는 예호슈아 벤 레비 랍비의 이름으로 말했다.

"찬미받으시는 거룩하신 분이 그 나무(의 이름)을 아담에게 밝

히지 않으셨으며, 미래에도 밝혀지지 않을 것이다. 보라, '여자
가 어느 짐승을 가까이하여 그와 교합을 한다면 너는 그 여자와
그 짐승을 죽일 것이다'(레위기 20,16)라고 쓰여 있다.

만일 사람이 죄를 지었다면 짐승은 무슨 죄를 지었을까?[4]

그러나 (짐승도 죄를 지은 것이고 죽어야 한다). 그렇지 않으면 그
짐승이 시장을 지나갈 때 사람들이 '저 짐승 때문에 아무개가 돌
에 맞아 죽었다'라고 말할 것이다.[5]

만일 편재하신 분(하느님)이 그(아담)의 자손의 영광을 위해[6]
(그 짐승을 죽이라고 명령하셨다)고 하면 그분의 영광을 위해 (그 나무
의 이름을 밝히지 않는 것은) 얼마나 놀라운가!"[7]

주해

1 사악한 자가 나무를 흔들어 나무에서 열매나 나뭇잎이 떨어지게 한다는
은유다. 앞으로 전개되는 이야기(창세기 3,1-7)에서 사악한 뱀이 하와의 생각
을 빗나가게 하여 나무 열매를 먹게 하는데, 뱀이 지식나무를 흔들어 나무
에서 열매가 떨어지게 했다고 일부 랍비들은 해석한다.

2 유대교의 장례법에 따르면, 죽은 이를 장사하고 죽은 이의 집에서 일주일
동안 애도의 날을 지킨다. 무화과나무로 인해 애도하게 됐다는 것은 아담
과 그의 아내가 먹은 무화과나무 열매 때문에 사람이 죽음을 맞게 됐다는
뜻이다.

3 아담과 하와가 금지된 지식나무의 열매(무화과)를 먹어서 죄를 짓게 됐으
며, 이로 인해 결국 세상에 고통과 슬픔이 생겼다. 복음서에 '저주받은 무
화과나무' 예화가 전해진다. '새벽에 성전으로 가실 때에 예수는 허기지셨
다. 마침 무화과나무 한 그루가 길에 있는 것을 보고 그 나무로 가셨다. 거
기에는 오직 잎사귀밖에 아무것도 없었다. 그러자 예수는 그 나무더러
'이제부터 영원히 너는 열매를 맺지 못할 것이다'라고 말씀하셨다. 그러
자 당장 무화과나무는 말라버렸다'(마태복음 21,18-19). 예수는 왜 무화과나무

를 저주했을까? 마태복음에 전해진 이야기처럼 배고픈 예수가 열매 달리지 않은 무화과나무를 보고 실망해서 저주했을까? 위의 미드라쉬와 비교해보면 에덴동산의 무화과나무로 인해 이 세상에 애도와 슬픔이 생겼기 때문에 새 아담인 예수가 무화과나무를 저주함으로써 세상에 애도와 슬픔이 생기지 않게 하려는 의도였다고 이해할 수 있다. 그래서 예수는 곧바로 제자들에게 '여러분은 믿음을 가지고 의심하지 않는다면 이 무화과나무에서 생긴 일을 할 수 있을 것입니다'(마태복음 21,21)라고 말한다. 제자들이 예수가 새 아담이고 메시아인 것을 의심하지 않는다면, 그들도 에덴동산의 무화과 사건이 생기지 않을 새로운 시대의 가르침(복음)을 전할 것이다.

4 레위기 20,16의 법규에서 사람이 죄지은 것이지, 짐승이 죄지은 것은 아니라고 반문한다.

5 사람들이 결국 그 짐승을 죽일 것이다.

6 아담의 자손(사람)이 하느님의 가르침(법)을 지킴으로써 얻게 되는 영광을 뜻한다.

7 만일 에덴동산 이야기에서 지식나무의 이름이 알려졌더라면 사람들은 그 나무를 내버려두지 않고 모두 죽여 없애버렸을 것이다.

16 어떻게 해야 아내와 즐거운 삶을 누릴 수 있을까

[17,1]

'주님 하느님이 말씀하셨다. 그 사람(아담)이 혼자 있는 것은 좋지 않다. 그에게 그의 상대로 도움 (될 것)을 만들어야겠다'(창세기 2,18).

우리는 『미쉬나』에서 "이 세상은 열 말씀(즉 열 개의 문장)으로 만들어졌다"(『선조들의 어록』 5,1)라고 배운다.

이것들은 이렇다.

'처음에 하느님이 하늘과 땅을 만들어내셨다'(창세기 1,1).[1]

'하느님의 바람(기운)이 일고 있었다'(1,2).[2]

'하느님이 말씀하셨다. 빛이 있어라'(1,3).

'하느님이 말씀하셨다. 창공이 있어라'(1,6).

'하느님이 말씀하셨다. 물이 한 곳으로 모여라'(1,9).

'하느님이 말씀하셨다. 땅은 새싹을 돋아나게 하라'(1,11).

'하느님이 말씀하셨다. 발광체들이 있어라'(1,14).

'하느님이 말씀하셨다. 물에 살아 숨 쉬는 것들이 떼 지어 다녀라'(1,20).

'하느님이 말씀하셨다. 땅은 살아 숨 쉬는 것들을 나오게 하여라'(1,24).

'하느님이 말씀하셨다. 우리가 사람을 만들자'(1,26).

랍비들이 풀어 쓴 창세 신화

198

메나헴 바르 요세 랍비는 '하느님의 바람이 일고 있었다'는 구절을 빼고 '주님 하느님이 말씀하셨다. 그 사람(아담)이 혼자 있는 것은 좋지 않다'라는 구절을 넣었다.

야콥 벤 쿠르샤이 랍비는 말했다.
"(하느님이 처음에) 바람을 만들어내신 것은 자명하다."[3]

주해

[1] 이 구절은 '처음에 하느님이 말씀하셨다. 하늘과 땅이 있어라!'라는 문장으로 풀이한다.

[2] 이 구절은 '하느님이 말씀하셨다. 바람이 일어라!'라는 문장으로 풀이한다.

[3] 야콥 랍비는 『미쉬나』에서 말하는 랍비들의 의견에 동조한다.

[17,2]

'좋지 않다.'

『미쉬나』에서 가르친다.

"아내가 없는 사람은 누구든지 좋은 것이 없고 도움이 없으며 기쁨이 없고 축복이 없으며 속죄도 없이 살게 된다."

좋은 것이 없다. '그 사람(아담)이 혼자 있는 것은 좋지 않다.'

도움이 없다. '그에게 그의 상대로 도움이 (될 것)을 만들어야겠다.'

기쁨이 없다. '그리고 너는 기쁠 것이다. 너와 네 집은'(신명기 14,26).[1]

축복이 없다. '네 집에 복이 내리게 하여라'(에스겔 44,30).

속죄가 없다. '그리고 그는 그 자신과 그 집을 위해 속죄를 할

것이다'(레위기 16,11).[2]

시몬 랍비는 예호슈아 벤 레비 랍비의 이름으로 말했다.
"평화가 없다. '당신에게 평화가, 당신의 집에 평화가'(사무엘상 25,6)라고 말한다."

씨크닌의 예호슈아 랍비는 레비 랍비의 이름으로 말했다.
"삶이 없다. '네가 사랑하는 아내와 함께 삶을 보아라'(전도서 9,9)라고 말한다."[3]

히야 바르 고메디 랍비는 말했다.
"(아내가 없는) 자는 완전한 사람이 아니다. '그분이 그들(남자와 여자)에게 복을 내리시고 그들의 이름을 사람(아담)이라고 부르셨다'(창세기 5,2)라고 말한다. 둘을 하나처럼 사람(아담)이라고 부른다."[4]

어떤 사람들은 이렇게 말했다.
"그런 자는 (하느님을) 덜 닮았다. '참으로 하느님의 모습으로 사람을 만들었다'(창세기 9,6)라고 말한다. 그다음에 뭐라고 쓰여 있나? '너희는 열매 맺고 번성하라!'(창세기 9,7)"[5]

주 해

1 여기와 다음 구절에서 '집'을 아내로 풀이한다.

2 그가 그의 아내를 위해 속죄하지 못하면 그 자신도 속죄할 수 없다.

3 남편은 그의 아내와 함께 삶을 즐겨라.

4 하느님이 남자와 그 아내에게 복을 내리고 그들을 사람이라고 불렀다는 이 구절의 배경은 부부를 가리킨다. 아내가 없는 사람은 완전한 사람이 아

니다.

5 유대교의 613개 계명 가운데 첫 번째 것이 '열매 맺고 번성하라'는 계명이다. 이는 자식을 낳고 번성하라는 뜻이다.

[17,3]

'그에게 그의 상대로 도움 (될 것)을 만들어야겠다.'

만일 그가 공덕을 쌓았다면 (그의 아내는) 도움이 되지만 만일 그렇지 않으면 그의 상대가 된다.[1]

예호슈아 바르 느헤미야 랍비는 말했다.

"만일 사람이 공덕을 쌓았다면 그의 아내는 하나니야 바르 하키나이의 아내처럼 되지만, 만일 그렇지 않으면 그녀는 갈릴리 사람 요세 랍비의 아내처럼 될 것이다.

요세 랍비에게 사악한 아내가 있었다. 그녀는 그의 누이의 딸이었다. 그녀는 그를 그의 제자들 앞에서 부끄럽게 하곤 했다. 그래서 그의 제자들은 그에게 말했다.

'선생님, 그녀와 이혼하십시오. 그녀가 당신을 존중하지 않습니다.'

그는 그들에게 말했다.

'위자료가 많아서 나는 그녀와 이혼할 수가 없소.'

한번은 그와 엘아자르 바르 아자르야 랍비가 해설을 했다. 그들이 공부를 끝마치자 그는 그에게 말했다.

'선생님, 우리가 당신 집에 가도 되겠습니까?'

그는 그에게 그렇게 하자고 말했다.

그들이 집에 들어오자 그녀는 그들을 쳐다보고 밖으로 나가려

했다. 그는 화로에 솥이 놓여 있는 것을 보고 그녀에게 이 솥에 무엇이 있냐고 물었다. 그녀는 그 속에 국이 있다고 말했다. 그는 가서 뚜껑을 열어보니 닭고기가 있는 것을 보았다. 엘아자르 바르 아자르야 랍비는 그가 들은 대화를 알았으며, 그들은 함께 앉아서 먹었다. 그는 그에게 말했다.

'선생님, 그녀가 거기에 국이 있다고 하지 않았습니까? 그런데 우리는 닭고기를 보았습니다.'

그는 그에게 '기적이 일어났군요' 라고 말했다.

그들이 식사를 끝내자 그는 그에게 말했다.

'선생님, 그 여자와 이혼하십시오. 그녀는 당신을 존중하지 않습니다.'

그는 그에게 말했다.

'나에게는 그 위자료가 많아 그녀와 이혼하기가 힘듭니다.'

그는 그에게 말했다.

'우리가 그 위자료를 나누어 내겠습니다. 그러니 당신은 이혼하십시오.'

그들은 그렇게 했으며, 그녀의 위자료를 그들 사이에 나누었다. 그는 그녀와 이혼했고, 그녀보다 좋은 여자와 혼인했다.

그녀(그의 첫 번째 아내)의 사악한 죄로 인해 이러한 일이 생겼다. 그녀는 가서 그 도시의 파수꾼과 혼인했다. 얼마 후 그 남자에게 고생이 찾아왔다. 그래서 그녀는 그를 데리고 (구걸을 하기 위해) 온 동네를 돌아다니게 됐다(즉 그는 눈이 멀게 됐다). 그들이 요세 랍비가 살고 있는 이웃에 오자 그녀는 그를 데리고 돌아갔다. 그가 그 도시의 파수꾼이어서 온 동네를 자세히 알고 있었기 때문에 그는 그녀에게 말했다.

'당신은 왜 갈릴리 사람 요세 랍비가 살고 있는 이웃에 나를 데리고 가지 않소? 내가 듣기로는 그가 계명을 지킨다고 하오.'[2]

그녀는 그에게 말했다.

'나는 그의 이혼녀이며 나에게 그를 대면할 만한 기운이 없습니다.'

어느 날 그들은 요세 랍비의 이웃에서 구걸을 하게 됐다. 그는 그녀를 때리기 시작했으며 그녀의 울부짖음은 온 동네를 부끄럽게 했다. 갈릴리 사람 요세 랍비는 밖을 내다보고 그들(파수꾼과 그녀)이 길거리에서 창피당하고 있는 것을 보았다. 그는 그들을 데리고 그가 소유한 집의 방에 그들을 머물게 했으며, 그들의 여생 동안 먹여 살렸다. 이것은 아래와 같은 구절 때문이다. '그리고 너는 네 살로부터 숨지 않을 것이다' [3](이사야 58,7)."[4]

주해

[1] 남편이 토라로 공덕을 쌓으면 그의 아내가 도움이 되지만, 그렇지 않으면 그의 아내는 남편과 겨룰 대상이 된다.

[2] 유대교의 613개 계명 가운데 하나가 구걸하는 자에게 자선을 베푸는 것이다. 구걸하는 자에게 자선하는 것에 관해 『잠언 미드라쉬』(28,27)에서 아키바 랍비는 다음과 같이 말한다. "누구든 가난한 자에게 자선을 베푸는 이는 부족함이 없다. 만일 그렇게 하지 않고 자기 눈을 감추면 그는 많은 저주를 받는다." 그는 말했다. "만일 가난한 자가 아침 일찍 네 집에 와서 그에게 동전 하나를 주었고 그는 제 길을 갔는데, 오후에 다른 이가 왔다 하여 그에게 '나는 이미 첫 번째 사람에게 주었소'라고 말하지 말라. 다음 사람에게도 역시 주는 것이 계명이다. (성경에) '너는 아침에 씨앗을 뿌리고 저녁에도 손을 놓지 말라. 왜냐하면 이것이 타당한지 저것이 타당한지 혹은 둘 다 하나처럼 좋을지 너는 알지 못하기 때문이다'(전도서 11,6)라고 쓰여 있다."

[3] 이사야 인용구에서 '네 살'은 자기 아내로 해석한 것이다. 이것은 창세기 2장에 나오는 에덴동산 이야기에서 아담이 자기의 갈빗대로 만들어진 여

자에게 '이는 이제 내 뼈로부터의 뼈이고 내 살로부터의 살이다'(창세기 2,23)라고 말하는 내용을 근거로 한다.

4 요세 랍비의 일화가 이야기하려는 초점은 심지어 이혼한 사이라고 해도 남편이 토라의 공덕을 쌓으면 그에게 반대(상대)했던 아내도 결국 도움이 될 수 있다는 것이다. 그러니 심지어 함께 살고 있는 부부 사이에서는 어떻겠느냐는 이야기다. 이 일화에서처럼 유대교에서는 부부 사이에 잘못된 점이 발견되면 어느 정도 고쳐주려는 시도는 해보라고 조언하지만, 끝까지 용서하거나 참으라고 강요하지는 않는다. 사람이 토라 공부와 선행으로 공덕을 쌓지 않으면 그의 아내는 그에게 반대하는 상태로 머물게 되지만, 그가 공덕을 쌓게 되면 그녀는 그의 도움이 된다. 여자가 남자의 도움이 되는 것은 남자에게 달린 문제다. 아내는 남편을 도와주는 배필로 머무는 것이 아니라, 아내 때문에 남자는 더 공덕을 쌓을 수 있는 계기를 갖게 된다.

17 갈빗대로 만든 여자는 어떠한가

[17,4]

'주님 하느님이 땅에서 온갖 들짐승들과 하늘의 온갖 새들을 만들어서, 아담이 그것을 무엇이라고 부르는지 보려고 그에게 데려오셨다. 아담이 살아 숨 쉬는 것을 무엇이라고 부르든, 그것이 그 이름이었다'(창세기 2,19).

사람들이 요하난 벤 자카이 랍비 앞에서 물었다.

"'하느님이 말씀하셨다. 땅은 그 종류에 따라 살아 숨 쉬는 것들을 그 종류에 따라 나오게 하여라. 그래서 그렇게 됐다'(창세기 1,24)라고 말씀하셨는데, 왜 **'주님 하느님이 땅에서 온갖 들짐승들을 만드셨다'**고 (다시) 말씀합니까?"

그는 그들에게 말했다.

"저 부분은 창조에 대한 것이며, 이 부분은 정복에 대한 것입니다. 여기에 대해 이렇게 말합니다. '네가 어느 성읍을 점령하려고 싸우며 오랫동안 포위하고 있을 때'(신명기 20,19)."[1]

아하 랍비는 말했다.

"찬미받으시는 거룩하신 분이 아담을 만들어내려고 하실 때 그분은 시중드는 천사들과 상의하셨다.

그분이 그들에게 말씀하셨다.

'우리가 사람을 만들자'(창세기 1,26).

그들은 그분께 말했다.

'이 사람에게 좋은 점이 무엇입니까?'

그분이 그들에게 말씀하셨다.

'그의 지혜가 너희의 것보다 더 많을 것이다.'

그분이 그들 앞에 집짐승과 들짐승과 새들을 데려와서 그들에게 말씀하셨다.

'이것의 이름이 무엇이냐?'

그들은 그것을 알지 못했다.

그분이 그것들에게 아담 앞을 지나가게 하고는 그에게 말씀하셨다. '이것의 이름이 무엇이냐?'

그는 말했다.

'이것은 황소입니다. 저것은 당나귀입니다. 이것은 말입니다. 저것은 낙타입니다.'

그분이 그에게 말씀하셨다.

'그러면 네 이름은 무엇이냐?'

그는 그분께 말했다.

'저를 아담이라고 부르는 것이 어울립니다. 왜냐하면 저는 땅(아다마)에서 만들어졌기 때문입니다.'[2]

그러자 그분이 그에게 말씀하셨다.

'그러면 나는, 내 이름은 무엇이냐?'

그는 그분께 말했다.

'당신은 주님이라고 부르는 것이 어울립니다. 왜냐하면 당신은 당신이 창조하신 모든 것의 주인이기 때문입니다.'[3]

이에 대해 히야 랍비는 말했다. '나는 주님이며 그것이 내 이름이다'(이사야 42,8). 그것은 첫 번째 아담이 '나에게 부른 내 이름이다'라는 뜻이다.[4]

그분이 돌아와서 짐승들이 쌍쌍으로 그(아담) 앞에 지나가게 하셨다. 그러자 그(아담)가 말했다.

　'모든 것에는 그 짝이 있는데 나에게는 짝이 없습니다.'

　'아담에게는 그의 상대로 도움 (될 것)을 찾지 못했다'(창세기 2,20).

　놀랍게도 그분은 왜 시작부터 그를 위해 그녀를 만들어내지 않았을까?

　찬미받으시는 거룩하신 분은 그가 앞으로 그녀에 대해 불평할 것을 예견하셨기 때문이다. 그러므로 그분은 그가 그분 앞에서 그녀를 요청할 때까지 그녀를 만들어내지 않으셨다. 그러나 그가 그녀를 요청하자 곧바로 '주님 하느님이 아담에게 단잠이 쏟아지게 하셨다'(창세기 2,21)."

주해

1 창조의 순서에서 온갖 살아 숨 쉬는 짐승들이 먼저 만들어졌고, 그다음에 사람이 만들어졌다. 그리고 하느님은 사람에게 그것들을 다스리라고 말했다(창세기 1,28). 그 다스리는 방법으로 하느님은 아담에게 그것들의 이름을 부르게 한 것이다.

2 '땅, 토지'의 뜻인 '아다마'에 '아담'이라는 음절(/아담아/)이 들어 있다는 점에 착안한 해석이다.

3 주님이라고 번역한 하느님의 이름은 '아도나이'라고 발음하며, 이 단어는 주인의 뜻인 '아돈'에 소유격 접미어를 붙인 형태다.

4 『미쉬나』「산헤드린」(10,1)에 전해지는 단락에서 하느님의 이름과 관련된 내용을 읽을 수 있다.

"모든 이스라엘은 오는 세상에 한몫을 차지한다. '네 백성은 모두 의로운 이들이며 영원히 땅을 상속받을 것이다. (이스라엘은) 내가 심은 나무의 햇순이며 내 손으로 한 일이니 나는 영광 받을 것이다'(이사야 60,21)라고 말한다. 그러나 오는 세상에 한몫을 차지하지 못하는 이들은 이러하다.

죽은 이들의 부활이 토라에서가 아니라고 말하는 자(즉 토라에 근거하지 않는다고 말하는 자).

토라는 하늘에서가 아니라고 말하는 자(하늘에서, 즉 하느님께 받은 것이 아니라고 말하는 자).

그리고 변절자다.

아키바 랍비는 말했다.

'이단 서적을 읽는 자도 또한 그렇고, 상처에 주문을 낭송하며 '나는 이집트인들에게 내린 어떤 질병도 너에게 내리지 않을 것이다. 나는 너를 낫게 하는 주님이다'(출애굽기 15,26)라고 말하는 자도 그렇다.'

아바 사울은 말했다.

'하느님의 이름을 글자대로 소리 내는 자도 그렇다.'"

하느님의 이름을 글자대로 부르는 자는 물론, 그 이름을 잘못 소리 내어 부르는 자 또한 오는 세상에 한몫을 차지하지 못한다. 의로운 공동체(오는 세상)에 들어갈 수 없다는 뜻이다. 그런 사람은 마지막 날 심판에서 천국에 들어갈 수 없다는 판결을 받는다. 이러한 이유로 유대교에서는 하느님의 이름(YHWH)을 발음하지 않고 우회적인 표현인 '주님(아도나이)', '찬미받으시는 거룩하신 분', '쉐키나(현존하시는 분)', '편재하신 분' 등으로 말한다.

[17,5]
'주님 하느님이 아담에게 단잠이 쏟아지게 하셨다.'

씨크닌의 예호슈아 랍비는 레비 랍비의 이름으로 말했다.

"타락의 시작이 잠이다. 잠만 자면 토라 공부를 하지 않으며 일도 하지 않는다."

랍(예후다 랍비)은 말했다.

"단잠에는 세 가지 종류가 있다.

달게 자는 단잠과 예언을 위한 단잠과 무의식적인 단잠이다.

달게 자는 단잠. '주님 하느님이 아담에게 단잠이 쏟아지게 하셨다.'

예언을 위한 단잠. '해가 저물자 아브람에게 단잠이 쏟아졌다'(창세기 15,12).

무의식적인 단잠. '누구도 보지 못하고 알지 못하며 깨어나지 않았다. 왜냐하면 주님이 그들에게 단잠이 쏟아지게 하시어 그들은 자고 있었기 때문이다'(사무엘상 26,12)."

랍비들은 말했다.

"심지어 어리석음의 단잠이 있다. (어디에서) '주님이 너희(어리석은 백성)에게 단잠의 기운을 부으셨다'(이사야 29,10)고 쓰여 있다."

하니나 바르 이츠학 랍비는 말했다.

"(사람이) 부분적으로 실감하는 것에는 세 가지가 있다.

죽음의 부분적인 실감은 잠이다.

예언을 부분적으로 실감할 수 있는 것은 꿈이다.

오는 세상을 부분적으로 실감할 수 있는 것은 안식일이다."[1]

아빈 랍비는 두 가지 것을 더했다.

"위로부터의 빛을 부분적으로 실감하는 것은 태양이고, 위로부터의 지혜를 부분적으로 실감하는 것은 토라다."[2]

주 해

1 안식일을 지키는 사람은 안식일마다 오는 세상(메시아 시대의 세상)의 기쁨을 누린다. 매주 예배에 참석하는 사람은 주일마다 메시아 시대의 기쁨을 누린다.

2 '위로부터'는 하느님을 뜻한다. 하느님의 지혜를 부분적으로 경험할 수 있는 것이 토라(하느님의 가르침)다. 하느님의 지혜를 전체적으로 실감할 수 있는 길은 토라 공부와 선행이다.

이와 관련해서 요한복음에 전해진 예수의 가르침을 이해할 수 있다. 유월절 축제 중에 예수는 예루살렘에 머물면서 일곱 가지 기적(표징)을 행했으며, 많은 사람들이 이것을 보고 그의 이름을 믿었다(요한복음 2,23). 바리새 사람 니고데모는 예수에게 와서 "랍비님, 당신이 선생으로서 하느님으로부터 오신 줄을 우리는 압니다"라고 말한다. 그러자 예수는 이렇게 대답한다. "누구든지 위로부터 나지 않으면 하느님 나라를 볼 수 없습니다." 니고데모는 예수에게 늙은 나이에 어떻게 다시 태어날 수 있느냐고 반문한다. 그러자 예수는 "누구든지 물과 바람(하느님의 기운/성령)으로 (다시) 나지 않으면 하느님 나라에 들어갈 수 없습니다"라고 말한다. 니고데모는 "어떻게 그런 일이 이루어질 수 있습니까?" 하고 묻는다. 예수는 이렇게 대답한다. '내가 당신들에게 땅의 일을 말했어도 당신들은 믿지 않았는데, 내가 하늘의 일을 말한다면 어떻게 믿겠습니까?'(요한복음 3, 1-12) 예수가 말한 '위로부터'라는 표현은 창세기 미드라쉬의 '위로부터(하느님)'와 같은 맥락에서 이해할 수 있다. '위로부터' 다시 태어나는 방법은 '물과 성령(하느님의 기운)'이며, 미드라쉬에 비추어보면 이것들은 토라(하느님의 가르침)에 상응하는 단어들이다. 물과 성령의 세례(정결례)를 통해 하느님의 지혜를 부분적으로 실감할 수 있다는 설명이다. 예수가 말한 '땅의 일'이 그가 행한 기적들을 뜻한다면, 기적을 믿지 않는 바리새 사람들이 하늘의 일, 즉 물과 성령의 세례를 통한 기적을 하느님의 지혜로 믿을 수 있겠느냐는 반문이다. 바리새 사람은 물과 성령의 세례가 토라의 일부인 정결례에 속하는 것이지 전체가 아니라고 주장한다. 예수는 물과 성령의 세례로 새로 태어나는 길이 기적에 속하며, 이는 하느님이 그분의 아들을 통해 행하는 구원사업이라고 가르친다.

[17,6]

'그리고 그분이 그의 갈빗대에서 하나를 가져가고 그것들 밑을 살로 막으셨다'(창세기 2,21).

쉬무엘 바르 나흐만 랍비는 말했다.

"이것은 그분이 그의 옆쪽에서 가져가신 것을 말한다. '성막의 갈빗대에'(출애굽기 26,20)라고 쓰여 있다."[1]

쉬무엘은 말했다.

"그분이 두 갈빗대 사이에서 하나를 꺼내셨다. 왜냐하면 '그 밑에'라고 쓰여 있지 않고 '그것들 밑에'라고 쓰여 있다."[2]

하니나 바르 아다 랍비는 말했다.

"창세기의 시작부터 여기까지 히브리 글자 싸메크는 사용되지 않았다. 여자가 만들어졌을 때 사탄도 만들어졌다. 만일 누가 '그것은 온 땅을 돈다(쏘베브)'라는 문구에서 싸메크가 사용됐다고 말하면, 그에게 '그것은 강에 대한 것입니다'라고 말하시오."[3]

주해

1 '성막의 갈빗대'는 성막의 옆면을 뜻한다. 이처럼 아담의 옆에서 하나를 가져가 여자를 만들었다고 풀이한다(『창세기 미드라쉬 랍바』 8,1 〔본서 8장〕 참조).

2 '그것들 밑'이라고 단수가 아니라 복수형으로 쓰인 점에 착안하여 갈빗대 사이에서 갈빗대 하나를 꺼내어 여자를 만들었다고 풀이한다.

3 '막다'로 번역한 동사(싸가르)의 첫 글자가 싸메크다. 사탄(שטן)은 악의 대명사로 사용됐으며 사탄의 첫 글자를 싸메크로 쓰는 경우도 있다. 〔히브리어로 사탄의 첫 음절 발음이 '사'다.〕 여자와 죄가 같이 시작됐다는 것이

초점이다. '돈다(쏘베브)'는 동사도 싸메크로 시작하는 단어지만, 여기서는 강이 움직인다는 것이며, 갈빗대를 꺼낸 곳을 살로 막은 것(싸가르)은 아담과 여자에 관한 이야기며, 앞으로 그들이 죄를 짓게 된다는 점을 '막았다'는 동사에서 미리 알 수 있다고 풀이한다.

[17,7]

'그리고 그분이 그의 갈빗대에서 하나를 가져가고 그것들 밑을 살로 막으셨다.'

한 여인이 요세 랍비에게 질문했다.

"왜 훔쳐야 했습니까?"[1]

그는 그녀에게 말했다.

"비유를 들겠습니다. 만일 한 사람이 은銀 1온스를 당신 손에 몰래 맡겼는데 당신이 공개적으로 그에게 금 1파운드를 돌려주었다고 한다면 이것이 훔친 것입니까?"[2]

그녀는 그에게 말했다.

"그러면 그는 왜 비밀리에 그렇게 했습니까?"[3]

그는 그녀에게 말했다.

"처음에 그분이 그를 위해 여자를 만들었습니다. 그런데 그녀에게서 많은 분비물과 피가 흘렀습니다. 그래서 그분은 그에게서 그녀를 떼어놓고 다시 한 번 만들었습니다."

그녀는 그에게 말했다.

"당신이 말한 것에 덧붙이겠습니다. 나는 내 어머니의 동생과 혼인해야 했습니다. 그런데 나는 그와 함께 같은 집에서 살았기 때문에 나는 그의 눈에 친숙해졌습니다. 그래서 그는 다른 여자와 혼인했습니다. 그러나 그녀는 나처럼 잘생기지 않았습니다."[4]

한 경건한 자가 한 경건한 여자와 혼인한 일화가 있다.

그들은 자식을 낳지 못했다. 그래서 그들은 서로 "우리는 찬미 받으시는 거룩하신 분께 전혀 쓸모없습니다"라고 말했다.[5]

그들은 (산헤드린에 와) 서서 이혼에 합의했다. 그리고 남자는 가서 사악한 여자와 혼인을 했고 그녀는 그를 악인으로 만들었다. 그 여자는 가서 악한 남자와 혼인을 했으나 그녀는 그를 의인으로 만들었다. 참으로 모든 것은 여자에게 달렸다.[6]

주해

1 하느님이 아담에게 잠을 재우고 그 사이에 갈빗대를 가져간 것은 훔친 행위가 아니냐는 질문이다.

2 이 비유에서 은 1온스는 아담의 갈빗대, 금 1파운드는 하와를 뜻한다. '비밀리에'는 아담이 자고 있는 동안을, '공개적으로'는 하느님이 하와를 아담에게 데려왔다는 뜻이다.

3 왜 아담이 보는 앞에서 여자를 만들지 않았느냐는 질문이다.

4 만일 하느님이 여자를 만드는 것을 아담이 보았다면 아담은 그녀에게 '당신은 내 뼈로부터의 뼈고 내 살로부터의 살이다'라고 말할 정도로 호감을 가지지 않았을 것이라는 이야기다.

5 왜냐하면 첫 번째 계명이 자식을 낳고 번성하는 것이기 때문이다.

6 유대인들 사회에서 어머니가 유대인이면 자식들은 태어나면서 유대인이 되지만, 아버지가 유대인이고 어머니가 유대인이 아닌 경우 그 자식들은 태어나면서 유대인이 되는 것은 아니다.

[17,8]

사람들이 예호슈아 랍비에게 질문했다.

"어째서 남자는 나갈 때 얼굴을 아래로 숙이고 여자는 나갈 때 얼굴을 위로 듭니까?"

그는 그들에게 말했다.

"남자는 그가 만들어진 곳(땅)을 쳐다보는 것이며 여자는 그녀가 만들어진 곳(갈빗대)을 쳐다보기 때문입니다."

"어째서 여자는 향수가 필요하고 남자는 향수가 필요하지 않습니까?"

그는 그들에게 말했다.

"아담은 땅에서 만들어졌고 땅은 악취를 결코 내지 않습니다. 그러나 하와는 뼈에서 만들어졌습니다. 이렇게 비유할 수 있습니다. 만일 고기에 소금을 뿌리지 않고 3일 동안 놔두면 곧바로 악취가 납니다."

"어째서 여자의 소리는 돌아다니는데 남자의 소리는 그렇지 않습니까?"[1]

그는 그들에게 말했다.

"비유를 들겠습니다. 만일 대접에 고기를 담아놓으면 (흔들어도) 소리가 나지 않습니다. 그러나 대접 안에 뼈를 놓으면 곧바로 소리가 납니다."

"어째서 남자는 달래기가 쉬운데 여자는 달래기가 쉽지 않습니까?"

그는 그들에게 말했다.

"아담은 흙으로 만들어졌습니다. 만일 여러분이 흙에 물 한 방울을 떨어뜨리면 곧바로 흙은 물을 흡수합니다. 그러나 하와는 뼈에서 만들어졌기 때문에 여러분이 물에 뼈를 심지어 며칠 동안 담가놓아도 뼈는 물을 흡수하지 않습니다."

"어째서 남자는 여자를 찾아다니는데 여자는 남자를 찾아다니지 않습니까?"

그는 그들에게 말했다.

"비유를 들겠습니다. 이것은 물건을 잃어버린 경우와 비슷합니다. 물건을 잃어버린 사람은 잃어버린 물건을 찾아다닙니다. 그러나 잃어버린 물건은 그를 찾아다니지 않습니다."[2]

"어째서 남자는 여자에게 씨를 맡기지만 여자는 남자에게 씨를 맡기지 않습니까?"

그는 그들에게 말했다.

"이것은 보증금을 손에 쥐고 있는 한 사람의 경우와 비슷합니다. 그는 그것을 맡길 수 있는 믿을 만한 사람을 찾습니다."[3]

"어째서 남자는 (밖으로) 나갈 때에 베일을 쓰지 않지만 여자는 베일을 씁니까?"

그는 그들에게 말했다.

"이것은 죄지은 사람에 비유할 수 있습니다. 그는 사람들 앞에서 부끄러워합니다. 이처럼 여자는 나갈 때 베일을 씁니다."[4]

"어째서 여자들이 장례 행렬 앞에서 먼저 걸어갑니까?"[5]

그는 그들에게 말했다.

"그들이 이 세상에 죽음을 가져오게 했기 때문입니다.[6] 그러므로 그들이 장례 행렬 앞에서 먼저 걸어갑니다. '(그가 묘지로 가면) 모든 남자들이 그 뒤를 따르고 그 앞에도 무수하다'(욥기 21,32)라고 쓰여 있습니다."[7]

"어째서 여자에게 생리하는 계명이 주어졌습니까?"

"왜냐하면 그녀가 첫 번째 아담의 피를 흘리게 했기 때문입니다. 그러므로 여자에게 생리하는 계명이 주어졌습니다."

"어째서 여자에게 첫 반죽 빵을 만들라고 하는 계명이 주어졌습니까?"

"왜냐하면 첫 번째 아담이 세상의 첫 반죽 빵을 끝내야 했는데 그녀가 그를 망쳐놓았습니다. 그러므로 여자에게 첫 반죽 빵을 만드는 계명이 주어졌습니다."

"어째서 여자에게 안식일 촛불을 켜라고 하는 계명이 주어졌습니까?"[8]

그는 그들에게 말했다.

"왜냐하면 그녀가 첫 번째 아담의 목숨을 꺼버렸기 때문입니다. 그러므로 여자에게 안식일 촛불을 켜라는 계명이 주어졌습니다."[9]

주해

[1] 여자들은 많이 떠드는데 남자들은 왜 그렇지 않으냐는 질문이다.

[2] 남자에게서 여자를 만들기 위해 남자는 자기 갈빗대를 하나 잃어버렸다는 이야기다.

[3] 자식은 보증금이라는 말이다. 유대 사회에서 아버지는 아들에게 아버지의 직업을 물려주는 경우가 많다.

[4] 에덴동산 이야기에서 하와가 죄를 지었다는 점을 이야기한다.

[5] 장례 행렬에서 여자들은 남자들에 앞서 걸어간다.

[6] 에덴동산 이야기에서 여자가 먼저 죄를 지었기 때문이다.

[7] 죽은 이의 뒤에 남자들이 따라가고 앞에는 여자들이 간다.

[8] 안식일은 축복을 받는 날이기 때문에 안식일 촛불을 켜서 집을 밝힌다. 이

촛불을 밝히는 일은 그 집의 여주인 몫이다. 금요일 해가 지기 조금 전에 여주인이 안식일을 찬미하는 기도문을 읽으며 촛불을 켠다.

9 '목숨을 꺼버리다'라는 표현은 '불을 켜다'라는 표현과 대조된다.

18 뱀은 얼마나 교묘했을까

[19,1]

'뱀은 교묘했다'(창세기 3,1).

'참으로 지혜가 많은 가운데 화도 많으며 지식을 더하는 자는 근심을 더한다'(전도서 1,18).

사람이 자기에게 지혜를 많이 쌓으면 그는 자신에게 화를 더하게 된다. 또한 자기에게 지식을 더하면 그는 자신에게 근심도 더한다.

솔로몬이 말했다.

"나는 나에게 지혜를 많이 쌓았지만 나에게 화도 많이 쌓게 됐다. 내가 나에게 지식을 더했지만 나에게 근심도 더하게 됐다."

여러분은 생전에 '당나귀가 밖으로 나가 오한이 들 정도로 감기 걸렸다'는 이야기를 들은 적이 있는가?

그렇다면 고통은 어디에 있을까?

사람들에게서 생긴다.

랍(예후다 랍비)은 말했다.

"현명한 제자에게는 경고할 필요가 없다."

요하난 랍비는 말했다.

"그(현명한 제자)는 베트쉐안에서 나오는 좋은 아마포와 같다. 만일 그 아마포에 조금이라도 흠집이 있으면 그것을 버린다. 그러나 아르벨라에서 나오는 아마포는 어떠할까? 그 가격이 얼마나 될까?"[1]

이쉬마엘 랍비는 가르쳤다.

"낙타는 짐 지는 것이 일이다.[2]

세상사로는 이렇게 이야기할 수 있다. 두 사람이 식당에 들어갔다. 한 사람은 '구운 고기와 흰 빵과 좋은 술을 주시오'라고 말했다. 다른 사람은 '빵과 시금치를 주시오'라고 말했다. 이 사람은 먹고 배탈이 났으며 저 사람은 먹고 배탈이 나지 않았다. 따라서 (지혜가 많아져서) 어떤 이에게는 (화가) 많아지겠지만 다른 이에게는 많아지지 않는다."

메이르 랍비의 이름으로 이렇게 가르친다.

"뱀이 위대해진 것처럼 그의 몰락도 그렇다. '그(뱀)는 어느 짐승보다 교묘했다'(창세기 3,1). '그(뱀)는 어느 짐승보다 더 저주받을 것이다'(창세기 3,14)."

'뱀은 어느 들짐승들보다 교묘했다'(창세기 3,1).

호샤야 랍비는 말했다.

"그는 갈대처럼 두드러지게 서 있었고 그에게 발이 있었다."[3]

예레미야 벤 엘아자르 랍비는 말했다.

"그는 에피쿠루스 파派였다."[4]

심온 벤 엘아자르 랍비는 말했다.

"그(뱀)는 낙타 같았다. 이 세상은 참 좋은 것을 잃었다. 만약에 이런 일이 생기지 않았더라면 사람은 그의 손에 물품들을 보냈을 것이며, 그는 갔다가 돌아왔을 것이다."

주해

1 현명한 제자를 좋은 아마포에 비유한다. 『미쉬나』의 법규에 따르면, 사람이 '하지 말라'는 계명을 어겼으면 그에게 경고를 준다. 이 경고를 받은 사람이 또 잘못을 했으면 그에게 벌을 내린다. 그러나 현명한 제자에게는 경고가 필요 없다. 왜냐하면 현명한 제자라고 불리는 것은 그가 모든 계명을 알고 행하는 것이기 때문이다. 만일 현명한 제자가 어느 한 계명이라도 어겼다면 그는 경고 없이 곧바로 벌을 받는다.

2 낙타가 짐을 지고 다니듯이 사람의 임무는 토라를 지키고 사는 것이다.

3 하느님이 뱀에게 내린 벌 가운데 하나가 뱀이 기어 다니는 것이다(창세기 3,14). 이 구절에 착안하여 뱀은 원래 사람처럼 서 있었다고 추론한다. 에덴동산의 뱀은 고대 메소포타미아 신화의 맥락에서 보면 뱀 신을 가리킨다. '생명나무'라는 주제로 엮인 이야기에서 뱀은 고대 메소포타미아 신화에 나오는 '좋은 나무의 주主'라는 이름을 가진 뱀 신 '닌기쉬지다'다. 닌기쉬지다는 저승의 선신善神이며 치유의 신으로, 저승에 온 착한 사람들의 혼을 달래주는 역할을 한다. 고대 메소포타미아의 치유의 뱀 신 전승은 고대 그리스로 이어지며, 제우스의 사자使者 헤르메스의 지팡이(caduceus)에서 그 상징성을 볼 수 있고, 로마 황제 마르쿠스 안토니우스(기원전 30년 사망)의 동전 뒷면에도 나타난다. 지금도 의료 기관이나 약국, 의무 군대 등의 표지로 두 뱀의 모양이 사용된다. 그리스어로 파르마콘(φαρμακον)은 약藥이라는 뜻도 있지만, 독毒이라는 뜻으로도 사용된다. 에덴동산에서 뱀은 하와에게 약도 주고 병도 주는 격이 됐다(『수메르 신화』 7장 '거룩한 도시 딜문' 참조).

4 에피쿠루스 파는 고대 그리스 철학의 한 학파로 에피쿠루스(기원전

341~270년경)로부터 시작됐다. 그들은 인생의 목표는 쾌락에 있으며 즐거움을 해치는 일을 하지 않아야 한다고 주장했다. 2~5세기의 랍비들은 이 교도들을 에피쿠루스 파라고 불렀다. 뱀을 에피쿠루스 파에 비유한 것은 뱀이 하와에게 와서 즐겁게 수다를 떨었다고 연상하기 때문이다.

헤르메스(psychopompos)
헤르메스는 '영혼의 안내자'로 표현되며, 저승에 있는 망자들의 영혼을 풀어주는 구속자로 여겨졌고, 목자들의 신으로 알려졌다.

마르쿠스 안토니우스의 동전
앞면 : 마르쿠스 안토니우스의 두상.
뒷면 : 두 뱀이 서로 마주 보고 있는 모습. 그 가운데 안토니우스의 아내 옥타비아의 두상이 새겨져 있다.

[19,2]

'그(뱀)는 그 여자에게 말했다. '하느님이 너희는 동산의 모든 나무에서 먹지 말라' 하고 정말로 말했느냐!'(창세기 3,1)

하니나 벤 산산 랍비는 말했다.

"'정말로'라는 단어로 시작해서 '정말로' 잘못되는 경우가 네 번 있다. 그것들은 이렇다. '뱀, 빵 굽는 시종장, 코라흐(코라)의 회중, 하만.'

'뱀.' '정말로 하느님이 말씀하셨느냐?'(창세기 3,1)[1]

'빵 굽는 시종장.' '정말로 나(시종장)는 내 꿈에서 보았습니다'(창세기 40,16).[2]

'코라흐의 회중.' '정말로 당신(모세)은 우리(회중)를 젖과 꿀이 흐르는 땅으로 데려가지 못했습니다'(민수기 16,14).[3]

'하만.' '정말로 에스테르 왕후는 누구도 들어오지 못하게 했다'(에스더 5,12)."[4]

주해

1 뱀이 아담의 아내에게 이렇게 물어보았지만 결국 뱀은 하느님의 벌을 받게 된다.

2 요셉에게 해몽을 부탁한 빵 굽는 시종장은 자기 꿈이 자신의 죽음을 이야기한다는 것을 알게 된다(창세기 40,16-22).

3 코라흐는 모세와 아론에게 반기를 들었고, 코라흐에 합세한 이스라엘 사람들은 250명이었다. 그들은 모세에 대항하여 하느님이 약속한 젖과 꿀이 흐르는 땅에 그들을 데려가지 못했다고 하며 그들을 광야에서 죽게 한다고 비난했다. 모세는 화가 나서 하느님께 이 사건을 말했고, 하느님은 그들이 서 있던 땅이 갈라지게 하여 그들은 저승으로 떨어졌다(민수기 16,1-34).

4 하만이 그의 아내에게 이렇게 이야기했다. 에스테르(에스더) 왕후가 잔치
   를 베풀어 왕과 하만을 초대했다고. 하만은 대궐 밖에서 근무하는 유대인
   모르데카이(모르드개)를 싫어했다. 하만의 아내는 하만에게 긴 장대를 만
   들어 그를 거기에 매달도록 왕에게 청하라고 말했다. 결국 그 장대에 하만
   이 매달리게 됐다(에스더 5-7장).

[19,3]

'그 여자가 뱀에게 말했다. '우리는 동산 나무의 열매 중에
서 먹어도 된다.' 그러나 동산 가운데 있는 나무 열매 중에서
는, 하느님이 '너희는 그것을 먹지 말고 그것에 손대지 말라.
그렇지 않으면 너희는 죽을 것이다'라고 말씀하셨다'(창세기 3,2).

이때 아담은 어디에 있었을까?

아바 바르 코리야 랍비는 말했다.
"그는 세상의 도리에 열중하고서 잠들어 있었다."[1]

랍비들은 말했다.
"찬미받으시는 거룩하신 분이 그를 데려다 이 세상 모든 것을
보여주시며 말씀하시길, '여기는 묘목 자리이고 저기는 씨 뿌리
는 자리다'라고 하셨다. '어느 인간도 지나가지 않은 땅에 사람
(아담)은 거주하지 않았다'(예레미야 2,6)라고 쓰여 있다. 첫 번째 아
담은 거기에 거주하지 않았다."[2]

'그러나 동산 가운데 있는 나무 열매 중에서 하느님이 '너희
는 그것을 먹지 말고 그것에 손대지 말라'고 말씀하셨다.'

그런데 '그분의 말씀에 더하지 말라. 그랬다가는 그분이 너를 꾸짖으시고 너는 거짓말쟁이가 된다'(잠언 30,6)라고 쓰여 있다.[3]

히야 랍비는 가르쳤다.

"원칙보다 더 높이 울타리를 만들지 않아야 한다. 그래야 울타리가 쓰러지지 않고 심은 나무도 망가뜨리게 되지 않는다. 찬미받으시는 거룩하신 분은 '네가 그것을 먹는 날에 너는 죽을 것이기 때문이다'(창세기 2,17)라고 말씀하셨다.

그러나 그녀는 그렇게 말하지 않았으며, '하느님이 너희는 그것을 먹지 말고 그것에 손대지 말라'라고 말씀하셨다고 했다.

뱀은 그녀가 거짓말하는 것을 보고 그녀를 나무 앞으로 데려가 그녀를 나무로 밀어냈다.

그는 그녀에게 '이래도 너는 죽지 않았다. 네가 나무에 손대도 죽지 않은 것처럼 그것을 먹어도 죽지 않을 것이다.' 오히려 '왜냐하면 너희가 그것을 먹을 때 너희 눈이 떠져서, 너희가 선과 악을 아는 신들처럼 될 것을 하느님이 아시기 때문이다'(창세기 3,5)라고 말했다."[4]

주해

1 유대교에서 '세상의 도리道理'(글자 그대로 '땅의 길')는 '도덕, 윤리, 바른 행동, 계명' 등을 가르치는 책을 가리킨다. '아담이 세상의 도리에 열중했다'는 것은 아담이 자식을 낳아야 하는 계명을 지키기 위해 그 여자와 잠자리를 했다는 뜻이다.

2 하느님은 아담을 데리고 온 세상을 보여주었지만 아담은 그곳에 살지 않았다. 그때 아담은 에덴동산에 살았다고 풀이한다.

3 하느님이 아담에게 지식나무에 대해 말할 때 '지식나무 열매는 먹지 말라. 네가 그것을 먹는 날에 너는 죽을 것이기 때문이다'(창세기 2,17)라고 했

다. 이 말 가운데 '나무에 손을 대지 말라'는 명령은 없다. 그러나 하와가 뱀에게 하느님의 말씀을 전할 때 '나무에 손대지 말라'고 마치 하느님이 말한 것처럼 보태어 이야기한 것이다. 실상 열매나무에 손을 대도 그 열매를 먹지 않을 수 있다. 그러나 열매를 먹지 않기 위해서는 아예 나무에 손을 대지 않아야 한다. 이렇게 지혜가 많아지면 근심도 많아진다.

4 '손대지 말라'고 덧붙여 말한 하와는 결국 거짓말쟁이가 됐다.

[19,4]

탄후마 랍비는 말했다.

"안티오키아에서 사람들이 나에게 (왜 선과 악을 아는 신들이냐고) 질문했다.[1] 그러나 '너희가 그것을 먹는 날에 하느님이 아시기 때문이다'라고 쓰여 있다."[2]

씨크닌의 예호슈아 랍비는 레비 랍비의 이름으로 말했다.

"뱀은 창조주를 헐뜯으며 말했다.

'그분은 이 나무 열매를 먹고 세상을 만들어냈습니다. 그리고 그는 당신들에게 '너희는 이것에서 먹지 않을 것이다'(창세기 2,17)라고 말했습니다. 그래야 당신들이 다른 세상을 만들어내지 않을 것이며, (이 세상에서) 이 사람이 저 사람을 싫어할 것입니다.'"[3]

예후다 바르 시몬 랍비는 말했다.

"(세상 창조에서) 그날 다음에 만들어진 것이 그날 (만들어진) 것을 다스린다.

하늘은 하룻날에, 창공은 이튿날에 (만들어졌다). 창공이 하늘의 무게를 짊어지지 않을까?[4]

창공은 이튿날에, 초목은 사흗날에. 창공이 초목을 위해 물을 대주지 않을까?

초목은 사흘날에, 발광체들은 나흘날에. 발광체들이 초목의 열매를 맺게 하지 않을까?[5]

발광체는 나흘날에, 날짐승은 닷샛날에."

예후다 바르 시몬 랍비는 말했다.

"정결한 새의 광채는 그 새가 훨훨 날아다닐 때 태양을 덮어버린다.[6]

사람은 모든 것 다음에 만들어졌기 때문에 그는 그보다 앞서 만들어졌던 모든 것을 다스릴 수 있다. 그러므로 그분이 다른 세상을 만들기 전에 (그는 나무 열매를) 먹을 것이다. 그래서 모든 것을 다스리려고 할 것이다. 그러니까 '그 여자는 그 나무가 먹기에 좋고(맛있고), 보기에는 예쁘며, 슬기로워지기에 그 나무가 탐스럽다는 것을 보았다'(창세기 3,6)라고 쓰여 있다. 그녀가 보았던 것은 뱀의 말이었다."[7]

주해

1 '하느님'이라고 번역하는 단어 '엘로힘'은 복수로 말하면 '신들'이다. '선과 악을 아는 신들'(창세기 3,5)이라고 번역하는 이유는 '안다'는 동사가 복수형이기 때문이다.

2 '하느님이 아신다'(창세기 3,5)라는 문장에서 동사형은 단수다. 따라서 신들이 아는 것이 아니다.

3 사람들 사이에 증오심이 생긴 이유는 에덴동산에서 열매를 먹었기 때문이다.

4 창공이 하늘 아래 있기 때문에 창공은 하늘의 무게를 짊어지고 있다.

5 태양으로 인해 곡식이 자라고 열매가 맺게 된다.

6 날짐승들의 큰 무리가 하늘을 날아다니며 태양을 가린다. 새가 발광체를

다스린다.

7 하와는 뱀의 말이 옳다는 것을 보았다. 지식나무의 열매를 먹으면 다른 세상을 만들어낼 수 있다는 것을 보았다는 말이다. 뱀은 아담의 아내에게 열매를 먹으면 눈이 떠져 선과 악을 (구별할 줄) 아는 신들처럼 된다고 진실을 말해준 것이다. 여자는 자신 있게 열매를 먹고 그녀의 남편에게도 주어 그도 먹었다. 그들은 정말로 눈이 떠져서 〔그들이 열매를 먹기 전에 실제로 장님이었다고 생각하는 사람은 아마 없을 것이다.〕 선과 악을 구별할 수 있는 지식을 배울 수 있게 됐다. 뱀은 그녀를 사악하게 만들려고 유혹한 것이 아니라 선악을 구별하는 지식을 배울 수 있게 유도한 것이다. 그래서 미드라쉬에서는 에덴동산의 뱀을 유모나 가정교사로 비유하여 설명한다 (『창세기 미드라쉬 랍바』 2.2 〔본서 5장〕 참조).

19 지식나무의 열매를 먹어서 어떻게 됐나

[19,5]

'그 여자는 그 나무가 먹기에 좋고(맛있고), 보기에는 예쁘며, 슬기로워지기에 그 나무가 탐스럽다는 것을 보았다'(창세기 3,6).

요시 바르 짐라 랍비는 말했다.

"이 나무에 대해 세 가지 것을 말한다. 먹기에 좋고(맛있고), 보기에는 예쁘며, 지혜를 더해준다. 이 세 가지를 한 문장으로 말했다. 그것(나무)이 좋다고 그녀가 보았던 것은 그것이 좋다는 것이고, 그것이 눈에 예쁘다는 것은 그것이 보기에 아름답다는 것이며, 그 나무가 슬기로워지기에 탐스러웠다는 것은 그것이 지혜를 더해준다는 것이다. 이렇게 말한다. '에즈라흐 사람 에탄의 마스킬(슬기로운 노래)'(시편 89,1)."[1]

'그녀는 그 열매를 가져다가 먹었다'(창세기 3,6).

아이부 랍비는 말했다.

"그녀는 포도송이를 짜서 그(아담)에게 주었다."

심라이 랍비는 말했다.

"그녀는 지식의 (알 만한) 대답으로 그에게 와서 '내가 죽고 다른 여자가 당신을 위해 만들어진다면 당신은 어떻게 생각합니까?'라고 말했다.² 이렇게 말한다. '태양 아래 어느 것도 새로운 것은 없다'(전도서 1,9).³ '혹은 내가 죽고 당신은 홀로 남아 있을 것이라고 생각합니까?' 이렇게 말한다. '그분이 (땅을) 황무지로 만들어내시지 않았으며 거주하라고 만드셨다'(이사야 45,18)."⁴

랍비들은 말했다.
"그녀는 그에게 울부짖기 시작했다."⁵

'그녀는 그녀와 함께 있던 남편에게도 역시 주어서, 그는 먹었다'(창세기 3,6).

여기에서 '역시'라는 단어는 집짐승과 들짐승과 날짐승을 포함한다는 뜻이다. 불사조라는 날짐승 하나를 제외하고 모두가 그녀의 말을 들었다. 이렇게 쓰여 있다. '내가 내 둥지에서 죽을 것이며 불사조처럼 내 살 날을 늘릴 것이다'(욥기 29,18).⁶

야나이 랍비의 학생들은 말했다.
"불사조는 1000년을 살며 1000년 마지막에 그 둥지에서 불이 일어나 타지만 알 하나가 남으며 그것의 힘은 전처럼 강해져 (다시) 산다."

유단 바르 심온 랍비는 말했다.
"불사조는 1000년을 살며 1000년 마지막에 그 몸은 쓰러지고 날개는 떨어지지만 알 하나가 남으며 그것의 힘은 전처럼 강해져 (다시) 산다."

주 해

1 마스킬은 '슬기로운 (노래)'로 이해할 수 있으며 창세기 3,5의 '슬기로워지기에'와 같은 동사의 원형을 가지고 있다.

2 여기에서 '지식의 (알 만한) 대답'은 성경 구절을 뜻한다. 그녀의 질문에 대해 히브리 성경에서 찾아서 대답한다.

3 아담에게 새로운 여자가 만들어져도 특별히 그녀와 다를 것이 없다는 점을 밝히기 위해 '태양 아래 새로운 것은 없다'는 전도서의 구절을 들어 설명한다.

4 하와가 죽더라도 아담이 홀로 살 이유는 없다. 왜냐하면 이 땅은 거주하라고 만들어졌기 때문이다. 부부 사이에 어느 누가 죽더라도 홀로 여생을 보내지 말라고 조언한다.

5 그녀가 죽고 아담이 홀로 살 것을 생각하며 울었다고 볼 수 있다.

6 모든 짐승들도 하와가 주는 열매를 먹었다고 전제하는 이유는 하느님이 뱀에게 저주를 내릴 때 '네가 한 짓 때문에, 너는 온갖 가축보다도 온갖 들짐승보다도 더 저주받을 것이다'(창세기 3,14)라는 구절에서 찾을 수 있다. 뱀이 다른 짐승들보다 더 저주받은 것은 다른 짐승들도 저주받았다는 것을 전제하기 때문이다.

'그들 둘의 눈이 떠졌다'(창세기 3,7).

그렇다면 그들은 장님이었을까?

유단 랍비는 요하난 벤 자카이 랍비의 이름으로 그리고 베레크야 랍비는 아키바 랍비의 이름으로 말했다.
"이것은 유리제품 가게를 지나가던 한 시골 사람에 비유할 수 있다. 유리잔과 유리그릇으로 가득 찬 광주리가 그 사람 앞에 있

랍비들이 풀어 쓴 창세 신화

230

는데, 그는 지팡이를 흔들어 모두 깨버렸다. 그 주인이 일어나 그를 붙잡고 말했다. '나는 당신에게서 아무것도 보상받을 것이 없소.[1] 그러나 오시오. 당신이 얼마나 귀중한 것들을 망가뜨렸는지를 보여주겠소.' 이처럼 그분(하느님)은 그들(아담과 하와)이 얼마나 많은 세대를 망가뜨렸는지 그들에게 보여주셨다."[2]

'그들은 그들이 벌거벗은 것을 알았다'(창세기 3,7).

심지어 그들의 손에 있는 (즉 그들이 지킬 수 있는) 계명 하나에서도 그들은 (계명을 지킴으로써 얻을 공덕의 기회를) 박탈당했다.[3]

'그리고 그들은 무화과나무 잎을 엮었다'(창세기 3,7).

심온 벤 요하이 랍비는 말했다.
"이 잎은 이 세상에 죽음을 가져왔다."

이츠학 랍비는 말했다.
"당신(아담)은 죄를 지었습니다. 그러니 바늘을 들고 바느질을 하시오."[4]

'그리고 치마들을 만들어 입었다'(창세기 3,7).

아바 바르 카하나 랍비는 말했다.
"치마가 아니라 치마들이라고 쓰여 있다. 치마들이라는 것은 속옷, 겉옷, 외투 등을 말한다. 또한 남자를 위한 것처럼 여자를 위한 치마, 모자, 머리띠도 말한다."[5]

주해

1 그 시골 사람이 가난했기 때문에 보상받을 것이 없었다.

2 아담과 하와가 눈을 뜨게 됨으로써 그들 세대부터 홍수가 생긴 세대까지 사람들이 부정不淨하게 됐다.

3 그들이 지식나무의 열매를 먹지 말라는 계명을 어겼기 때문에 에덴동산에 살 수 있는 기회를 잃게 됐다.

4 만일 아담과 하와가 죄를 짓지 않았다면 나뭇잎을 엮어 치마들을 만드는 일을 하지 않아도 됐지만 계명을 어긴 죄를 지었기 때문에 그 벌을 받아야 했다. 에덴동산에 살면 일하지 않는다는 점을 알 수 있다. 천사들은 사람처럼 일하지 않는다.

5 벌거벗은 몸을 가리기 위해서 치마로는 부족하기 때문에 치마들(복수형)이라고 쓰여 있는 점에 착안하여 여러 종류의 옷이라고 설명한다.

'낮 바람에 동산에서 오가는 주님 하느님의 목소리를 그들은 들었다'(창세기 3,8).

할파이 랍비는 말했다.

"우리는 '동산에서 오가는 하느님의 목소리를 들었다'라는 구절에서 목소리가 (지나)갔다는 것을 들었다(배웠다).[1] 그리고 불이 (지나)갔다. 이렇게 말한다. '불이 땅에 내려갔다(떨어졌다)'(출애굽기 9,23)."[2]

아바 바르 카하나 랍비는 말했다.

"여기('불이 땅에 내려갔다')에서는 '오가다'라고 쓰여 있지 않다.[3] '오가다'는 '뛰어넘어 올라간다'는 뜻이다.

하느님의 현존(쉐키나)은 원래 아래(땅)에 있었는데, 첫 번째

아담이 죄를 짓자 현존은 첫째 창공으로 올라가버렸다.[4]

카인이 죄를 짓자 둘째 창공으로 올라가버렸으며, 에노쉬 세대에서는 셋째 창공으로, 홍수 세대에서는 넷째 창공으로, 바벨탑 세대에서는 다섯째 창공으로, 소돔 때문에 여섯째 창공으로, 아브라함 시절에 이집트 때문에 일곱째 창공으로 올라가버렸다.

그러나 이에 상응하여 일곱 명의 의인이 일어났다.

그들은 '아브라함, 이츠학(이삭), 야콥, 레비, 크하트, 암람과 모세'다.[5]

그들은 하느님의 현존을 땅으로 내려오게 했다.[6]

아브라함이 일어나서 (현존을) 여섯째 창공으로 내려오게 했고, 이츠학이 일어나서 여섯째에서 다섯째로 내려오게 했고, 야콥이 일어나서 다섯째에서 넷째로 내려오게 했고, 레비가 일어나서 넷째에서 셋째로 내려오게 했고, 크하트가 일어나서 셋째에서 둘째로 내려오게 했고, 암람이 일어나서 둘째에서 첫째로 내려오게 했고, 모세가 일어나서 위에서 아래(땅)로 내려오게 했다."

이츠학 랍비는 말했다.

"이렇게 쓰여 있다. '의인들이 땅을 이어받을 것이고 그곳에 영원히 거주할 것이다'(시편 37,29). 그러면 악인들은 무엇을 할까? 그들은 공중에 날아다닐까? 아니다. 악인들은 하느님의 현존이 땅에 거주하지 못하게 한다."

주해

1 그때 하느님이 동산에서 오가고 있었다고 흔히 이해하지만, 이 랍비는 하느님의 목소리가 오가고 있었다고 해석한다.

2 여기에서 '지나가다'는 '가다, 걷다'라는 뜻의 동사를 번역한 것이다.

3 '불이 땅에 내려갔다.' 이 문장에서 동사는 '가다'라는 뜻이지 '오가다'가 아니다. 에덴동산 이야기에서는 하느님의 목소리가 '오가다'라고 쓰여 있다.

4 아담과 하와가 죄를 짓자 하느님의 현존은 하늘로 올라갔다.

5 아론과 모세의 아버지가 암람이고, 암람의 아버지가 크하트이며, 크하트의 아버지가 레비(레위)다(출애굽기 6,14-20). 레비는 야곱과 레아 사이에서 태어난 아들(창세기 29,34)이다. 아브라함에서부터 모세로 이어지는 족보에서 의인들이 나왔다.

6 악인들 때문에 하느님의 현존이 하늘로 올라갔지만 의인들의 공덕으로 현존은 다시 땅에 내려오게 됐다. 그 마지막 단계로 모세는 시나이 산 꼭대기에서 하느님의 손가락으로 새긴 석판을 가지고 내려와 그것을 궤 안에 보관함으로써 결국 하느님의 현존은 이스라엘 공동체 가운데 머물러 있게 됐다.

[19,8]

베레크야 랍비는 말했다.

"'그들(나무들)이 (소리를) 들었다'라고 읽지 마시오. 오히려 '그들이 (소리를) 듣게 했다'라고 읽으시오. 그들은 그곳에 있던 나무들이 '보시오, 창조주를 속인 속임꾼을!'이라고 말하는 소리를 들은 것이다."

다른 설명

"그들은 천사들이 '주님 하느님이 동산에 있는 그들에게 가신다'라고 말하는 소리를 들었다."

레비 랍비와 이츠학 랍비.

레비 랍비는 말했다.
"(천사들은) '동산에 있는 그는 죽었다'(고 말했다)."

이츠학 랍비는 말했다.
"(천사들은) '죽은 자가 (아직) 걷고 있다'(고 말했다)."[1]
놀랍게도 그렇다.

찬미받으시는 거룩하신 분이 그에게 말씀하셨다.
"낮 바람에 (그는 죽을 것이다)."[2]
이것(낮 바람에)은 '하루 연기해서'라는 뜻이다. 즉 그에게 하루를 살게 하신 것이다.[3]
그래서 (하느님은 이렇게 말씀하셨다).
"내가 그에게 말한다. '네가 그것을 먹는 날에, 너는 죽을 것이기 때문이다'(창세기 2,17). 그러나 너희는 그것이 내게 있는 하루인지 너희에게 있는 하루인지를 알지 못한다. 이제 나는 그에게 내게 있는 하루를 주겠다. 그것은 1000년이다."
그래서 그는 930년을 살았으며 그의 자식들에게는 70년을 남겨놓았다. 그러므로 '우리 햇수는 70년이다'(시편 90,10)라고 쓰여 있다.[4]

'낮 바람에.'

랍은 말했다.
"그분(하느님)이 그를 동쪽 편에서 심판하셨다. '낮 바람에'는 낮(태양)이 떠올라오는 바람을 뜻한다."

제브디 벤 레비는 말했다.

"그분이 그를 서쪽 편에서 심판하셨다. '낮 바람에'는 낮(태양)과 함께 저무는 바람을 뜻한다."

랍의 의견에 따르면, 낮(태양)이 떠오르며 뜨거워지는 것처럼 그분이 그를 가혹하게 대하셨다. 그러나 제브디 벤 레비의 의견에 따르면, 낮(태양)이 저물면서 차가워지는 것처럼 그분이 그를 관대하게 대하셨다.[5]

'그 사람(아담)과 그의 아내는 동산의 나무 속으로 숨었다'

(창세기 3,8).

아이부 랍비는 말했다.
"아담의 키가 100큐빗으로 줄었다."[6]

'동산의 나무 속으로.'

레비 랍비는 말했다.
"이것은 그의 자식들이 나무로 만든 관에 들어갈 조짐을 보여 준다."[7]

주해

1 하느님의 계명을 어긴 아담은 죽은 자인데, 그는 하느님의 목소리를 듣고 나무 속으로 숨었다. '나무 속'이라는 표현은 (나무로 만든) 관棺 속을 연상한 해석이다.

2 '선선한 바람'이 불 때 아담과 하와는 하느님이 동산을 오가는 소리를 들었다고 흔히 번역한다. '낮 바람에'는 글자 그대로 번역한 것이며 '낮'이라

는 뜻 이외에 '날'이라는 뜻도 있다.

3 '낮'을 '날'로 이해해서 하루로 생각할 수 있다. '바람'이라고 번역한 단어 (루아흐**רוח**)를 '라바흐'로 읽으면 '연기하다, 늘리다' 등의 동사로도 사용된다.

4 아담이 930년 살았다는 구절(창세기 5,5)과 사람의 수명이 70년이라는 시편의 한 구절을 적용해서 하느님의 하루는 1000년이라는 계산이 나온다. 아담의 계보(창세기 5장)에 나오는 열 명의 족장들 가운데 가장 오래 산 족장이 969년 살았으며 〔'메투쉐라흐(므두셀라)가 산 모든 햇수는 969년이었고, 죽었다'(창세기 5,27).〕 어느 족장도 1000년이 되도록 살지는 못했다. 왜냐하면 누구도 하느님의 하루 이상을 살 수 없기 때문이다.

5 어느 의견이 옳다고 결정하지 못하는 이유는 해석자들이 아담과 그의 아내가 에덴동산에서 쫓겨나간 때가 안식일 전이냐 아니면 그 후냐에 대해 엇갈린 주장을 펴고 있었기 때문이다. 낮 바람이 뜨거웠다면 아담은 안식일을 에덴동산에서 보내지 못했을 것이고, 낮 바람이 차가웠으면 그는 안식일을 에덴동산에서 보낼 수 있었다.

6 『창세기 미드라쉬 랍바』 8,1(본서 8장)에 따르면, 아담의 키는 세상의 북쪽에서 남쪽을 채울 정도로 컸다. 그러나 그가 죄짓자 그의 몸집은 팍 줄어들어 나무 속으로 숨을 정도가 됐다.

7 아담이 죄짓고 나무 속으로 숨었다는 것을 나무 관 속에 넣는 망자와 비교한다. 하느님의 명령을 어긴 죄인은 죽은 것과 같다고 설명한다.

[19,9]

'주님 하느님이 그 사람을 부르시고 그에게 말씀하셨다. 너는 어디에 (있느냐)?'(창세기 3,9)

(하느님이 말씀하셨다.)

"어제 너는 내 뜻에 (있었는데), 이제 뱀의 뜻에 (있구나). 어제 너는 세상의 이 끝에서 저 끝까지 (다스렸는데), 이제 동산의 나무 속으로 (숨어) 있구나."

아바후 랍비는 하니나 랍비의 이름으로 말했다.

"이렇게 쓰여 있다. '그들은 아담처럼 계약을 어겼다'(호세아 6,7). 그들은 첫 번째 아담 같았다.

첫 번째 아담은 어떠한가?

(하느님이 말씀하셨다.)

'내가 그를 에덴동산 속에 데려왔으며 그에게 명령했으나 그는 내 명령을 어겨서 나는 그를 내보내고 쫓아내기로 심판했다. 그러나 나는 그를 위해 애가哀歌를 준비했다.'

'내가 그를 에덴동산 속에 데려왔다.' 이렇게 말한다. '주님 하느님이 그 사람을 데려다가, 에덴동산에서 일구고 지키라고 그를 두었다'(창세기 2,15).

'내가 그에게 명령을 했다.' 이렇게 말한다. '주님 하느님이 그 사람에게 명령했다'(창세기 2,17).

'그는 내 명령을 어겼다.' 이렇게 말한다. '내가 너에게 먹지 말라고 명령한 그 나무에서 먹었느냐?'(창세기 3,11)

'나는 그를 내보내기로 심판했다.' 이렇게 말한다. '그러므로 주님 하느님이 그를 에덴동산에서 내보내셨다'(창세기 3,23).

'나는 그를 쫓아내기로 심판했다.' 이렇게 쓰여 있다. '그 사람을 쫓아내셨다'(창세기 3,24).

'나는 그를 위해 애가(에이카)를 준비했다.' 이렇게 말한다. '주님 하느님이 그 사람을 부르시고 그에게 말씀하셨다. 너는 어디에(아예카)?'[1]

이렇게 '너는 어디에(아예카)'라고 쓰여 있다.

(하느님이 말씀하셨다.)

'또한 나는 그의 자식들을 이스라엘 땅에 데려왔으며 그들에게 명령했으나 그들은 내 명령을 어겨서 나는 그들을 내보내고 쫓아내기로 심판했다. 그러나 나는 그들을 위하여 애가를 준비했다.'

'내가 그들을 이스라엘 땅에 데려왔다.' 이렇게 말한다. '내가 너희를 농원의 땅으로 데려왔다'(예레미야 2,7).

'내가 그들에게 명령을 했다.' 이렇게 말한다. '너는 이스라엘 백성에게 명령할 것이다'(출애굽기 27,20). '이스라엘 백성에게 명령하라'(레위기 24,2).

'그들은 내 명령을 어겼다.' 이렇게 말한다. '온 이스라엘이 당신의 토라(가르침)를 어겼습니다'(다니엘 9,11).

'나는 그들을 내보내기로 심판했다.' 이렇게 말한다. '그들을 내 앞에서 내보내라. 그리고 그들이 떠나가게 하라'(예레미야 15,1).

'나는 그들을 쫓아내기로 심판했다.' 이렇게 쓰여 있다. '나는 그들을 내 집에서 쫓아내겠다'(호세아 9,15).

'나는 그들을 위해 애가(에이카)를 준비했다.' 이렇게 말한다. '어찌하여(에이카) 백성들로 붐비던 도시(예루살렘)가 외로이 앉아 있는가!'(애가 1,1)"

주해

1 '애가'는 히브리 성경의 애가를 가리킨다. 애가는 '에이카(어찌하여)'로 시작하며, 이 단어는 '너는 어디에'라고 번역한 단어(아예카)와 비슷하게 발음된다.

[19,10]

'그분이 말씀하셨다. 네가 벌거벗었다고 누가 너에게 이야기했느냐?'(창세기 3,11)

레비 랍비는 말했다.

"이것은 누룩을 빌리려고 마술사의 아내에게 찾아간 한 여인에 비유할 수 있다.

그녀는 그녀에게 말했다.

'당신 남편은 당신과 무엇을 합니까?'

그녀는 그녀에게 말했다.

'그는 나와 온갖 좋은 것을 합니다. 그런데 뱀과 전갈로 가득 찬 이 궤짝은 나에게 허락하지 않았습니다.'

그녀는 그녀에게 말했다.

'그의 온갖 값진 것들이 거기에 있으며 그는 다른 여자와 혼인하길 원하고 그것을 그녀에게 줄 것입니다.'

그녀는 어떻게 했을까?

그녀는 그녀의 손을 그 속에 넣었다. 그러자 그것들이 그녀를 물기 시작했다. 그녀의 남편은 (집에) 돌아오자 그녀가 외치는 소리를 들었다. 그는 그녀에게 말했다.

'당신은 이 궤짝을 만졌군요?'

이처럼 찬미받으시는 거룩하신 분이 첫 번째 아담에게 말씀하셨다.

'내가 너에게 먹지 말라고 명령한 그 나무에서 먹었느냐?'(창세기 3,11)"[1]

주해

[1] 이 비유에서 누룩을 빌리려고 온 여인이 마술사의 아내를 빗가게 유도한다. 여기에서 누룩은 뱀을 은유적으로 표현한다. 그래서 창세기 3,11을 인용한 것이다.

복음서에서 예수가 누룩을 조심하라고 말하는 맥락도 이러한 비유에서 이해할 수 있다. '너희는 스스로 바리새 사람들의 누룩을, 곧 그 위선을 조심하시오.'(누가복음 12,1). 바리새 사람들의 위선을 누룩으로 표현한 것은 하와를 빗가게 한 뱀의 의도와 비교할 수 있다.

[19,11]

'그 사람이 말했다. 나와 함께 있으라고 주신 그 여자가, 그 나무에서 나에게 주어서 먹었습니다'(창세기 3,12).

찬미받으시는 거룩하신 분이 단지를 두드리셨으나 오줌통인 것을 발견하신 경우가 네 번 있다. 그것들은 '아담, 카인, 발암(발람) 그리고 히즈키야(히스기야)'다.[1]

'아담.' 이렇게 말한다. '그 사람(아담)이 말했다. '나와 함께 있으라고 주신 그 여자가, 그 나무에서 내게 주어서 먹었습니다.''

'카인.' 이렇게 말한다. '주님이 카인에게 말씀하셨다. '네 동생 헤벨이 어디 있느냐?' 그는 말했다. '나는 모릅니다. 내 동생을 지키는 이가 나입니까?'(창세기 4,9)

'사악한 발암.' 이렇게 말한다. '하느님이 발암에게 오셔서 그에게 말씀하셨다. '너와 함께 있는 이 사람들은 누구냐?'(민수기 22,9)

'히즈키야.' 이렇게 말한다. '그러자 이사야 예언자는 히즈키야 왕에게 와서 그에게 말했다. '이 사람들이 무엇을 말했습니까?'(열왕기하 20,14)

그러나 예헤즈켈(에스겔)은 이들보다 낫다. 이렇게 말한다. ''사람의 아들아, 이 뼈들이 살아나겠느냐?' 그는 말했다. '주님 하느님, 당신이 아십니다'(에스겔 37,3).'

히네나 바르 파파 랍비는 말했다.

"이것은 사냥꾼의 손에 잡힌 새에 비유할 수 있다. 사냥꾼이 한 사람을 만났다. 그는 그에게 말했다. '내 손에 있는 이 새는 살았습니까? 죽었습니까?' 그는 그에게 말했다. '당신이 원하면 산 것이고, 당신이 원하면 죽은 것입니다.' 이처럼 '사람의 아들아, 이 뼈들이 살아나겠느냐?' 그는 말했다. '주님 하느님, 당신이 아십니다.'"[2]

주해

1 단지에 무엇이 있나 두드려보았으나 그 속에 오줌이 차 있다는 것을 알게 됐다. 하느님이 그들에게 질문했으나 그 대답이 형편없었다는 뜻이다.

2 하느님이 질문한 것에 대한 대답은 하느님만이 알고 있다는 말이다. 복음서에 전해진 예수의 기도에서 이러한 경우를 발견할 수 있다. 예수는 제자들과 함께 겟세마네 동산에 가서 이렇게 기도한다. '제가 원하는 대로 하

지 마시고 아버지께서 원하시는 대로 하십시오'(마가복음 14,36). 하느님이 예수에게 준 임무('너는 내 사랑하는 아들이다')에 대한 해답은 하느님만이 알기 때문이다.

[19,12]

'그 사람이 말했다. 나와 함께 있으라고 주신 그 여자가, 그 나무에서 나에게 주어서 먹었습니다'(창세기 3,12).

'내가 (하느님께서 나에게 고통을 주셨다고) 말씀드린다고 (하더라도) 내가 그분을 두려워하지 않을 것입니다. 왜냐하면 나는 나와 함께 있지 않기 때문입니다'(욥기 9,35)라고 쓰여 있다. 즉 욥은 이렇게 말한 것이다. "나는 '나와 함께 있으라고 주신 그 여자가, 그 나무에서 나에게 주어서 먹었습니다'라고 말한 그 사람(아담) 같지 않다. 그는 그 아내의 말을 들었지만 나는 내 아내의 말을 듣지 않았다."[1]

아바 바르 카하나 랍비는 말했다.
"욥의 아내는 디나였으며, 그는 그녀에게 이렇게 말했던 것이다.[2] '당신은 파렴치한 여자들의 하나가 말하듯 말합니다. 좋은 것 역시 우리가 하느님에게서 받아들이지만 나쁜 것이라고 여하튼 우리가 받아들이지 않겠습니까?'(욥기 2,10) 여기서 '내가 받아들이다'라고 쓰여 있지 않고 '우리가 받아들이다'라고 말한다. 우리는 좋은(선한) 것에는 좋다고 하고 나쁜 것들에 대해서는 좋지 않다고 할까? '욥은 그의 입술로 죄짓지 않았다.' 그는 그의 입술로 죄짓지 않았지만 그의 마음으로는 죄를 지었다."

아바 바르 카하나 랍비는 말했다.

"그리고 '내가 먹었습니다'라고 쓰여 있지 않고 '내가 먹었으며 내가 먹을 것입니다'(라고 쓰여 있다)."

심온 벤 라키쉬 랍비는 말했다.

"첫 번째 아담은 그분을 욕하고 모독하기 전까지는 에덴동산에서 쫓겨나지 않았다. '그곳(포도밭)에 확을 만들었다. 그리고 포도가 맺기를 바랐는데 돌포도를 맺었다'(이사야 5,2)라고 쓰여 있다."

'주님 하느님이 그 여자에게 말씀하셨다. '네가 한 짓이 무엇이냐?' 그 여자가 말했다. '뱀이 나를 속였습니다. 그리고 내가 먹었습니다'(창세기 3,13)'.

(그녀가 이렇게 말했다.)

"그가 나를 부추겼고 죄에 빠뜨렸으며 죄짓게 됐습니다."

'그가 나를 부추겼다.' 이렇게 말한다. '적이 그(다윗)를 선동하지 못했다'(시편 89,23).

'그가 나를 죄에 빠뜨렸다.' 이렇게 말한다. '네가 이웃에게 꾸어줄 때'(신명기 24,10).

'그가 나를 죄짓게 했다.' 이렇게 말한다. '히즈키야가 너희를 속이지 않게 하시오'(역대하 32,15).

주해

1 갑자기 욥의 자식들이 모두 죽고 그의 재산도 모두 사라져버렸다. 심지어 그의 온몸에 부스럼이 생겨 욥은 그릇 조각으로 몸을 긁으며 잿더미 속에 앉아 있었다. 그때 그의 아내가 그에게 말했다. "당신은 아직도 당신의 온전함을 굳게 지키십니까? 하느님을 저주하고 죽으십시오." 그러자 그는

그녀에게 말했다. "파렴치한 여자들의 하나가 말하듯 당신은 말합니다⋯⋯." 욥은 그의 입술로 죄짓지 않았다(욥기 2,9-10).

2 여기에서 디나는 야곱의 딸을 가리킨다. 디나와 욥의 아내를 연결하는 이유는 '파렴치한 여자'라는 단어가 디나의 이야기에 나오기 때문이다. '쉐켐(가나안 남자)이 야곱의 딸(디나)과 동침하여 이스라엘에 파렴치한 짓을 했기 때문이다'(창세기 34,7).

그들은
무슨 벌을 받았나

[20,1]

'주님 하느님이 뱀에게 말씀하셨다. 네가 한 짓 때문에 너는 온갖 가축보다도, 온갖 들짐승보다도 더 저주받을 것이다'(창세기 3,14).

'혀 (놀리는) 사람은 이 세상에 서지 못하게 하시고, 포악한 사람은 악이 그를 덮들 속에 몰아넣게 하소서'(시편 140,12).

레비 랍비는 말했다.

"오는 미래에 찬미받으시는 거룩하신 분이 우상 숭배자들을 잡아다 지옥으로 던져버리시며 그들에게 이렇게 말씀하실 것이다. '너희는 왜 나의 자식들에게 벌 받게 했느냐?'

그들은 그분께 말했다.

'그들 가운데 몇몇이 와서 그들 동료들에게 악한 혀로 말했습니다.'

그러자 찬미받으시는 거룩하신 분이 그들을 모두 잡아다 지옥으로 던져버렸다."[1]

다른 설명

'혀 (놀리는) 사람.'

이것은 (에덴동산 이야기의) 뱀을 뜻한다. 그는 그의 창조주에 대해 악한 혀로 말했다. "그가 이 세상에 서지 못하게 하소서." 이것은 '너는 네 배로 기어 다닐 것이다'(창세기 3,14)를 뜻한다.[2]

'포악한 사람은 악이 그를 덫 속에 몰아넣게 하소서' 라고 쓰여 있지 않고 '덫들 속에 몰아넣게 하소서'라고 한다. 그래서 아담이 저주받았고 하와가 저주받았으며 뱀도 저주받았다.[3]

주해

1 이스라엘 공동체 사람들 가운데 혀를 놀리는 사람들, 즉 조롱꾼들과 포악한 사람들이 있으며 하느님은 그들을 우상 숭배자로 여겨 짐승을 사로잡기 위해 만들어놓은 우리(지옥)에 그들을 보낸다.

2 뱀은 하느님의 저주를 받아 땅 위에 서서 다니지 못하게 됐다.

3 '덫'이라고 단수형이 아니라, '덫들'인 복수형이라는 점에 착안하여 설명한다. 뱀과 하와와 아담이 모두 여러 번 저주를 받았다고 풀이한다.

[20,2]

'주님 하느님이 뱀에게 말씀하셨다. '네가 한 짓 때문에 너는 온갖 가축보다도, 온갖 들짐승보다도 더 저주받을 것이다.''

'(말) 뒤집기를 좋아하는 사람은 논쟁을 일으키고 속삭이는 자는 친구를 갈라놓는다'(잠언 16,28).

'(말) 뒤집기를 좋아하는 사람.' 이것은 뱀을 가리킨다. 그는 창조주에 대해 말을 뒤집었기 때문이다.

'속삭이는 자.' 이도 또한 뱀이며, 그는 창조주에 대해 말을 속삭였다. '너는 정말로 죽지 않을 것이다'(창세기 3,4).[1]

'그는 친구를 갈라놓는다.' 그는 세상의 친구를 갈라놓는다. 그래서 곧바로 그(뱀)는 저주받았다.[2]

주님 하느님이 뱀에게 말씀하셨다.

"네가 한 짓 때문에, 너는 더 저주받을 것이다."

그분은 아담과 대화를 하셨으며 하와와 대화를 하셨다. 그러나 뱀과는 대화를 하지 않으셨으며, 찬미받으시는 거룩하신 분이 이렇게 말씀하셨다.

"이 뱀은 사악하고 입심 좋은 자다. 내가 그에게 무엇인가 말하면 그는 나에게 '당신이 그들에게 명령하셨듯이 나도 그들에게 명령했습니다. 그들이 왜 당신의 명령을 거역하고 내 명령을 따랐겠습니까?'라고 대답할 것이다."

그래서 그분이 그(뱀)에게 달려가 (그 이유를 묻지 않고 곧바로) 판결(저주)을 내리셨다.

주해

1 뱀이 아담의 아내에게 '너희는 동산의 모든 나무에서 먹지 말라고 하느님이 정말로 말했느냐?'(창세기 3,1)라고 묻는 문장은 하느님이 아담에게 한 말을 뒤집어 질문하는 식이다. 하느님은 아담에게 '동산의 모든 나무에서는 먹어라. 그러나 선과 악을 알게 하는 지식나무에서는 먹지 말라'(창세기 2,16-17)라고 말했다. 뱀은 그녀에게 속삭이는 말로 '너는 정말로 죽지 않을 것이다. 왜냐하면 너희가 그것을 먹을 때 너희 눈이 떠져서, 너희가 선과 악을 아는 신들처럼 될 것을 하느님이 아시기 때문이다'(창세기 3,4-5)라고 달콤하게 유혹했을 것 같다.

2 '세상의 친구'는 하느님의 현존을 뜻한다. 뱀 때문에 하느님의 현존이 아담과 하와를 떠났다.

[20,3]

'주님 하느님이 뱀에게 말씀하셨다. '네가 한 짓 때문에 너는 온갖 가축보다도, 온갖 들짐승보다도 더 저주받을 것이다.''

히야 랍비는 미쉬나의 가르침을 말했다.

"'위대한 사람들에 대해서 말할 때는 가장 위대한 사람부터 (열거하기) 시작한다. 그러나 명예롭지 못한 사람들에 대해서 말할 때는 가장 낮은 사람부터 (열거하기) 시작한다.'

위대한 사람들에 대해서는 '모세는 아론에게, 엘아자르에게 그리고 이타마르와 그의 자식들에게 말했다'(레위기 10,6)고 말한다.

명예롭지 못한 사람들에 대해서는 '주님 하느님이 뱀에게 말씀하셨다. '네가 한 짓 때문에…….'' 그분이 그 여자에게 말씀하셨다. '내가 네 임신의 고통을 늘려주겠다……'(창세기 3,16). 그분이 아담에게 말씀하셨다. '너는 네 아내의 목소리를 들었다'(창세기 3,17)라고 말한다. 이것은 처음에 뱀이 저주를 받았고, 그다음에 하와가 저주를 받았으며, 그다음에 아담이 저주받았다는 것을 가리킨다."

(다음 단락 뺐음)

[20,4]

'네가 한 짓 때문에.'

호샤야 랍비는 말했다.

"(하느님이 뱀에게 이렇게 말씀하셨다.)

'네 모든 행함이 그 여자를 위한 것이라고 하지만 그 여자를 위한 것이 아니다.'"[1]

예후다 바르 시몬 랍비는 호사야 랍비의 이름으로 말했다.

"이 책(창세기)의 시작부터 여기까지 하느님의 이름이 일흔한 번 나온다. 이것은 그 뱀이 대大산헤드린에서 판결을 받은 것과 같다."[2]

엘리에제르 랍비는 말했다.

"여러분은 살면서 자기 동료를 지팡이로 때리고 나서 다시 돌아와 그에게 채찍질하는 사람을 보았을까? 그래서 '너는 온갖 가축보다도 더 저주받을 것이다.' 분명히 '그(뱀)는 온갖 들짐승보다도 더 저주받을 것이다.'"

주해

1 뱀이 아담의 아내를 위해 하느님의 명령을 어기게 했다면, 그것은 그녀가 저주를 받게 되는 결과로 그녀를 위한 것이 아니다.

2 산헤드린은 유대인 공동체의 대의회다. 산헤드린은 '함께 모이다'라는 뜻의 그리스어에서 파생한 단어다. 산헤드린은 종교법뿐 아니라 시민법과 관련된 제반 문제를 처리하는 입법기관이며 사법기관이다. 산헤드린에는 71명의 재판관들이 있으며, 이보다 작은 단위의 소小산헤드린은 23명이 모인다. 산헤드린은 의원들이 반타원형 형태로 모여 서로 마주 보거나 옆으로 볼 수 있어 토론과 논박을 수월하게 진행할 수 있다. 또한 방청객은 의원들을 마주 보게 되어 있다. 사형을 판결해야 하는 중요한 사안은 23명의 의원들이 모이는 소小산헤드린에서 진행됐다. 산헤드린의 판결은 의원들의 투표로 결정됐다. 그러나 찬반의 결과가 하나 차이인 경우 (12명과

11명으로 찬반이 갈린 경우) 판결을 내리지 못하고 이곳에 모인 토라 공부 학교의 학생들을 순서대로 선출하여 그들의 심리 과정을 거치며 투표에 이르게 했다. 산헤드린의 투표 판정에서 절대적 원칙은 찬반의 차이가 적어도 두 명은 되어야 한다는 것이다.

산헤드린에서 예수에 대해 심문하는 장면이 복음서에 나온다. 그곳에 모인 사람들 가운데 예수의 죄를 놓고 사형에 처할 것인지를 결정하는 사람들이 산헤드린 의원들이다. '대제관들과 모든 산헤드린 의원들이 예수를 죽이려고 그분에 대한 증인들을 찾았다. 그러나 찾지 못했다. 많은 거짓 증인들이 나섰지만 마침내 두 명이 나서서 그들은 말했다'(마태복음 26,59-61). 왜 마침내 두 명일까? 많은 거짓 증인들이 나왔어도 찬반의 차이가 두 명이 되지 않아 마지막 결정을 하지 못하고 있다가 마침내 두 명이 예수에게 불리한 의견을 내놓은 것 같다. 실상 예수를 따르던 무리가 많았다고 볼 수 있다. '그들(대제관과 원로들)은 속임수로 예수를 붙잡아 죽이려고 모의했다. 그러나 그들은 '백성 가운데서 소동이 일어나지 않도록 명절에는 안 됩니다' 하고 말했다'(마태복음 26,4)라고 전하는데, 이것은 예수를 처형하자는 의견에 반대하던 산헤드린 의원들도 많이 있었음을 알려준다.

(다음 단락 뺐음)

[20,5]

'너는 네 배로 기어 다닐 것이다'(창세기 3,14).

찬미받으시는 거룩하신 분이 그에게 "너는 네 배로 기어 다닐 것이다"라고 말씀하실 때 시중드는 천사들이 내려와서 그의 손과 발을 잘라버렸다.[1] 그의 목소리는 땅의 이 끝에서 저 끝까지

울려 퍼졌다. 뱀(의 울부짖음)은 (훗날) 이집트의 패망을 가르쳐준다. 우리는 그에게서 가르침을 배운다. 이렇게 말한다. '그(이집트) 목소리는 뱀처럼 (도망)간다'(예레미야 46,22).

유단 랍비와 후나 랍비.
그들 중 한 사람이 말했다.
"(하느님이 뱀에게 이렇게 말씀하셨다.) 너 때문에 내 피조물들이 죽은 자들을 위해 (애도하며) 몸을 구부리고 걸어가게 됐다. 그러므로 '너는 네 배로 기어 다닐 것이다.'"

엘리에제르 랍비는 말했다.
"찬미받으시는 거룩하신 분의 저주는 축복을 담고 있다. 만일 찬미받으시는 거룩하신 분이 그에게 '너는 네 배로 기어 다닐 것이다'라고 말씀하시지 않았더라면 그는 어떻게 벽으로 도망할 수 있으며 구멍으로 들어가 살 수 있을까?"

'네가 살아 있는 동안 흙을 먹을 것이다'(창세기 3,14).

힐파이 랍비는 말했다.
"이 흙은 여느 것이 아니며, 그는 땅을 파고 바위 밑에까지 내려가 그 땅의 흙 줄기를 택하여 먹는다."

레비 랍비는 말했다.
"오는 미래(메시아 시대)에는 모든 것이 치유된다. 그러나 뱀과 기브온 사람들만 제외한다.
뱀에 대해 '흙이 뱀의 빵이 될 것이다'(이사야 65,25)라고 말한다.
기브온 사람들에 대해 '이스라엘의 모든 부족들 가운데 그 도시에서 우상을 숭배했던 사람들이 그 도시에서 일할 것이다'(에스겔 48,19)라고 말한다."[2]

이시 랍비와 호샤야 랍비는 아하 랍비의 이름으로 네 가지를 말했다.

"찬미받으시는 거룩하신 분이 그(뱀)에게 말씀하셨다. 내가 너를 가축과 들짐승의 왕으로 만들어주겠다. 그러나 너는 그것을 원하지 않았다. 그래서 '너는 온갖 가축보다도, 온갖 들짐승보다도 더 저주받을 것이다'(창세기 3,14).

내가 너를 아담처럼 똑바로 서서 걷게 만들어주겠다. 그러나 너는 원하지 않았다. 그래서 '너는 네 배로 기어 다닐 것이다.'

내가 너에게 아담처럼 먹는 것들을 먹을 수 있게 해주겠다. 그러나 너는 원하지 않았다. 그래서 '너는 네가 살아 있는 동안 흙을 먹을 것이다.'

너는 아담을 죽이고 하와를 아내로 맞이하기를 원했다. 그래서 '너와 그 여자 사이에, 네 자손과 그녀의 자손 사이에 반목을 심어주겠다'(창세기 3,15).

원하는 것은 주어지지 않고 손에 있는 것은 빼앗긴다. 그러므로 우리는 카인과 코라흐, 발암, 도엑, 아히토펠, 게하지, 압살롬, 아도니야, 우지야, 하만의 경우 그렇다는 것을 발견한다. 그들이 원한 것은 주어지지 않았고 그들 손에 있던 것들은 빼앗겼다."

주해

1 뱀이 어떻게 기어 다니게 됐는지에 대한 해답으로 천사들이 뱀의 손과 발을 잘라버렸다고 풀이한다. 뱀이 에덴동산에서 저주받기 전까지는 분명히 서서 다녔던 것으로 옛날 사람들은 이해했다(본서 18장 [19,1] 참조).

2 이 세상에서 우상을 숭배했던 사람들은 메시아 시대에 치유되지 못한다.

[20,6]

'그분이 그 여자에게 말씀하셨다. 내가 네 임신의 고통을 늘려주겠다. 너는 고통 속에 자식을 낳을 것이다'(창세기 3,16).

예후다 바르 시몬 랍비와 요하난 랍비는 엘아자르 바르 시몬 랍비의 이름으로 말했다.

"찬미받으시는 거룩하신 분은 그 의로운 여자를 제외하고 어느 여자와도 대화할 필요가 없었다. 그러나 그녀는 특별하다."[1]

아바 바르 카하나 랍비는 이츠학 랍비의 이름으로 말했다.

"그분이 그녀에게 얼마나 완곡하게 말씀하셨을까? '아니다, 참으로 네가 웃었다'(창세기 12,15)라고 말한다.[2] 그리고 '하가르는 자기에게 말씀하신 주님의 이름으로 불렀다'(창세기 16,13)라고 쓰여 있다."

예호슈아 랍비는 이디 랍비의 이름으로 말했다.

"이것은 천사가 이야기한 것이다.[3] '주님이 그녀(레베카)에게 말씀하셨다'(창세기 25,23)라고 쓰여 있다."

레비 랍비는 하마 바르 하나 랍비의 이름으로 말했다.

"이것은 천사가 이야기한 것이다."

엘아자르 랍비는 요시 바르 짐라의 이름으로 말했다.

"이것은 (노아의 아들) 셈이 이야기한 것이다."[4]

1 그 의로운 여자는 아브라함의 아내 사라를 가리킨다.

2 하느님이 사라와 대화한 이유는 그녀가 하느님의 말씀을 가볍게 여겼기 때문이다. '주님이 아브라함에게 말씀하셨다. '어찌하여 사라는 웃었느냐?' 그러자 사라는 부인하며 이렇게 말했다. '나는 두려웠기 때문에 웃지 않았습니다.' 그러자 그분이 말씀하셨다. '아니다. 참으로 너는 웃었다'(창세기 18,12-15).' 에덴동산 이야기에서도 하느님이 하와에게 벌을 주기 위해 직접 말하는 이유는 특별하다.

3 창세기 16,13에서 하가르가 하느님과 말한 것으로 보이나 실상 그녀는 하느님의 천사와 이야기했다. '주님의 천사가 그녀에게 말했다'(창세기 16,12).

4 레베카(리브가)가 임신하여 배 속에서 아기들이 서로 부딪히자 그녀는 하느님에게 여쭈어보러 갔다. 그녀는 하느님의 성소에 가서 그녀의 배 속에 있는 아기들에 대해 하느님의 뜻을 물어본 것이다. 그때 하느님의 천사가 그녀에게 대답했다고 상상한다. 혹자는 그가 노아의 아들 셈이라고도 한다. 죽은 조상이 그의 자손에게 나타나 자손의 앞날을 알려주는 단락이다. 복음서에 이와 비슷한 이야기가 있다. 예수는 그의 제자들을 데리고 높은 산으로 올라갔다(마태복음 17,1-9). 예수는 모습이 변하여 해처럼 빛났다. 그 때 모세와 엘리야가 나타나 예수와 함께 이야기를 나누었다. '이때 구름에서 소리가 나며 이는 내 사랑하는 아들이다(시편 2,7), 나는 그에게서 즐거워한다(이사야 42,1), 너희는 그의 말을 들어라(신명기 18,15)라고 했다'(마태복음 17,5). 이사야 42,1의 구절은 예수가 요한에게 세례 받을 때에도 나온다. 이 문구는 나사렛의 예수가 메시아임을 천명한다. 예수의 조상인 모세와 엘리야를 통해 예수가 앞으로도 영원히 이스라엘의 메시아임을 다시 한 번 확인해주는 장면이다.

(다음 단락 뺐음)

[20,7]

'네가 네 남편을 원하겠지만 그가 너를 다스릴 것이다'(창세기 3,16).

원하는 것에는 네 가지가 있다.

여자가 원하는 것은 다름 아닌 그녀의 남편이다. '네가 네 남편을 원하겠지만'이라고 말한다.

악한 성향이 원하는 것은 다름 아닌 카인과 그의 동료들이다. '그러나 만일 네가 잘하지 못하면, 문지방에 죄가 웅크리고 있으며, 그것(죄/악한 성향)이 너를 원하겠지만'(창세기 4,7).

비가 원하는 것은 다름 아닌 땅이다. '당신(하느님)은 땅을 찾아오셔서 땅에 물 대십니다(즉 비를 내린다)'(시편 65,10)라고 말한다.

찬미받으시는 거룩하신 분이 원하는 것은 다름 아닌 이스라엘이다. '그가 원하는 것은 나에 대해서입니다'(아가 7,11)라고 말한다.[1]

다른 설명

'네가 네 남편을 원하겠지만.'

우리가 약하다는 뜻이다. 그러나 비록 우리가 약하지만 우리는 찬미받으시는 거룩하신 분의 구원을 희망한다. 그래서 우리는 매일 그분의 이름을 그분과 함께 하나 되어 부른다.[2]

'그가 너를 다스릴 것이다'(창세기 3,16).

갈릴리의 요시 랍비는 말했다.

"남편이 다스리는 것이 모든 문제에도 가능할까? 이렇게 말한다. '맷돌이나 그 위짝을 담보물로 삼아서는 안 된다. 그것은 생명을 담보물로 삼기 때문이다'(신명기 24,6)."³

타브리누스가家의 한 여인에 관한 일화다.
그녀는 한 가난한 자와 혼인을 했다.⁴ 그 가난한 자는 현인들에게서 축복을 받기 위해 그들에게 왔다. 그는 그들에게 (선물로) 점토 등잔을 올려놓은 금 메노라를 내놓았다. 그러자 그들은 '네가 네 남편을 원하겠지만 그가 너를 다스릴 것이다'라는 구절이 이루어졌다고 말했다.⁵

주해

1 '나'는 이스라엘 공동체를 비유한다.

2 유대교에서는 매일 기도할 때마다 쉬마['들어라(쉬마) 이스라엘, 주님은 우리 하느님이고 주님은 하나다'(신명기 6,4)]를 낭송한다.

3 이 규례는 여자가 빚진 경우를 말한다. 여자가 빚을 졌더라도 여자에게서 맷돌을 담보물로 가져가면 안 된다. 왜냐하면 맷돌은 식구들을 위해 빵을 만드는 도구로, 그것을 가져가면 결국 사람의 생명을 빼앗아가는 것이기 때문이다.

4 부유한 가정의 한 여인이 가난한 사람과 혼인한 경우를 이야기한다.

5 금 메노라는 아내를, 점토 등잔은 가난한 남편을 비유한다. 비록 부유한 아내일지라도 가난한 남편의 다스림을 받는다는 뜻이다. 금 메노라도 불을 밝히기 위해서는 등잔이 있어야 하기 때문이다. 남편이 가난하지만 불을 밝힐 만한 학식과 인품이 있다는 이야기다.

[20,8]
'그분이 아담에게 말씀하셨다. 네가 네 아내의 목소리를 들

었기 때문에'(창세기 3,17).

심라이 랍비는 말했다.

"그녀는 대답을 알고 그에게 와서 말했다. '내가 죽으면 다른 하와가 당신을 위해 만들어질 것이라고 당신은 생각합니까?' '태양 아래 새로운 것은 없다'(전도서 1,9). 혹은 '내가 죽으면 당신은 게으름을 피우며 앉아 있을 것이라고 생각합니까?' '그분이 (땅을) 불모지로 만들어내시지 않았으며 (땅에) 거주하라고 만드셨습니다'(이사야 45,18)."

랍비들은 말했다.

"그래서 그녀는 목소리 높여 그를 위해 울기 시작했다. 그러므로 '네가 네 아내의 목소리를 들었기 때문에' 라고 쓰여 있다. 즉 네가 네 아내의 말소리를 들었다고 쓰여 있지 않고 그녀의 목소리를 들었다고 쓰여 있다."[1]

'그 나무에서 먹었기 때문에'(창세기 3,17).

(이 구절은) 아코의 아바 랍비의 의견을 지지한다. (아담이 먹은 것은) 에트로그라고 그는 말했다.

'내가 너에게 명령한'(창세기 3,17).

"즉 (하느님이 이렇게 말씀하셨다). 내가 너에게 가축과 들짐승과 날짐승을 돌보라고 말했다. 그런데 무엇이 충분하지 않아 너는 그것들을 돌보지 않고 (먹지 말라는 열매를) 그것들에게도 주고 먹었느냐?"[2]

'너로 인하여 땅은 저주받을 것이다'(창세기 3,17).

이로 인해 저주받은 것들, 예를 들어 모기, 벼룩, 파리 등이 (땅에서) 너에게 올라올 것이다. (저주받은) 낙타도 생기게 할까?

미그달 (출신)의 이츠학 랍비는 말했다.
"이런 경우 이득이 생길 수 있다. 그것을 팔아 이윤을 챙기면 된다."[3]

주해

1 아담이 그의 아내에게서 들은 목소리는 남편을 향한 애도의 울음소리다.

2 즉 가축이나 들짐승이나 날짐승이 그 열매를 먹지 못하도록 돌보라고 하느님이 아담에게 명령했다.

3 모기나 파리 같은 해충은 죽일 수 있지만 낙타가 무슨 이유로든 저주받은 해충처럼 행동한다고 해도 그 낙타를 죽일 필요는 없다. 그것을 이방인들에게 팔아 손실은 면할 수 있다.

[20,9]

'너는 네 일생 동안 노고勞苦로 먹을 것이다'(창세기 3,17).

이씨 랍비는 말했다.
"생계유지가 출산보다 두 배나 힘들다. 출산에 대해 '너는 고통 속에 자식을 낳을 것이다'(창세기 3,16)라고 쓰여 있다. 그러나 생계유지에 대해서는 '너는 네 일생 동안 노고로 먹을 것이다'라고 쓰여 있다."[1]

엘리에제르 랍비와 쉬무엘 바르 나흐만 랍비.

엘리에제르 랍비는 말했다.

"구원이 생계유지에 관련되듯이 생계유지는 구원에 관련된다. 이렇게 말한다. '그분(주님)이 우리를 우리의 원수들로부터 해방했습니다'(시편 136,24). 그리고 또한 그분(주님)은 '모든 육신에게 빵을 주시는 분'(시편 136,25)이다. 구원이 기적이라면 생계유지도 기적이다. 매일 생계를 유지하듯이 구원하는 일도 매일 일어난다."

쉬무엘 바르 나흐만 랍비는 말했다.

"생계유지는 구원보다 더 위대하다. 왜냐하면 구원하는 일은 천사를 통해 이루어지지만 생계를 유지하는 것은 찬미받으시는 거룩하신 분을 통해 이루어진다.

천사를 통한 구원에 대해 어디에서 알 수 있을까? '모든 악에서 나(야곱)를 구원한 천사'(창세기 48,16)라고 말한다.

찬미받으시는 거룩하신 분을 통한 생계유지에 대해 '당신(주님)은 당신의 손을 열고 모든 생명을 뜻대로 배불리십니다'(시편 145,16)라고 말한다."[2]

예호슈아 벤 레비 랍비는 말했다.

"생계유지가 갈대 바다를 가르는 것보다 더 위대하다. 이렇게 말한다. '갈대 바다를 둘로 가르신 분(하느님), 참으로 그분의 자애는 영원합니다'(시편 136,13). 그리고 이렇게 말한다. '모든 육신에게 빵을 주신 분, 참으로 그분의 자애는 영원합니다'(시편 136,25)."[3]

주해

1 '고통(עֶצֶב 아짜브)'과 '노고(עִצָּבוֹן 아쯔본)'로 번역한 단어는 모두 '고통'이라는 뜻을 지니고 있다. 특별히 '노고'라고 번역한 이유는 창세기 3,17의 문맥상 고통스럽게 일하여 먹고산다는 의미를 나타내기 위해서다. 태어나는 것은 한 번의 고통이지만 먹고살기 위해 가시덤불과 엉겅퀴가 자란 들판을 경작지로 만들어 수확을 내는 힘든 노동은 평생의 고통이다.

2 사람이 하느님의 가르침을 배우고 행하면 하느님은 매일 우리의 생계를 유지해준다. 예수의 말씀에서 이러한 내용을 읽을 수 있다. '여러분의 목숨을 위해 무엇을 먹을까 무엇을 마실까 또 여러분의 몸을 위해 무엇을 입을까 걱정하지 마시오. 여러분의 목숨이 양식보다 그리고 여러분의 몸이 옷보다 더 중요하지 않습니까? ……믿음이 약한 사람들아……. 하늘에 계신 여러분의 아버지는 이 모든 것이 여러분에게도 역시 필요하다는 것을 알고 계십니다. 그러나 여러분은 먼저 하느님 나라와 그분의 의로움을 찾으시오. 그러면 여러분은 이 모든 것을 곁들여 받을 것입니다'(마태복음 6,25-33). 하느님의 가르침을 믿고 따르는 사람에게는 하느님의 생계유지가 기대된다.

3 갈대 바다를 둘로 갈라 사람들이 지나갈 수 있게 한 구원은 오직 이스라엘 사람을 위한 것이지만, 모든 육신에게 빵을 주는 것은 인류를 위한 것이기 때문에 생계유지가 갈대 바다를 갈라놓은 이적보다 더 위대하다. 〔성경 이해의 범주에서 '이적'은 신의 힘으로 생긴 놀라운 일을 뜻하며, '기적'은 성령의 힘을 입은 사람이 행한 놀라운 일을 말한다고 구분해볼 수 있다.〕

[20,10]

'가시덤불이나 엉겅퀴가 너에게서(땅에서) 자라날 것이며, 너는 들의 풀을 먹을 것이다'(창세기 3,18).

예후다 랍비와 느헤미야 랍비.

예후다 랍비는 말했다.
"만일 아담(사람)이 공덕을 쌓았다면 그 덕분에 에덴동산의 모든 풀을 먹을 것이다. 이제 그는 공덕을 쌓지 못했기 때문에 '가시덤불이나 엉겅퀴가 너에게서(땅에서) 자라날 것이다.'"

느헤미야 랍비는 말했다.
"만일 아담(사람)이 공덕을 쌓았다면 에덴동산에 있는 풀을 가질 수 있고 세상의 맛있는 것들을 맛볼 수 있을 것이다. 이제 그는 공덕을 쌓지 못했기 때문에 '너는 들의 풀을 먹을 것이다.'"

이츠학 랍비는 말했다.
"이 세대에 대해 그분이 '너는 들의 풀을 먹을 것이다'라고 말한 것이다. 사람(아담)은 들판을 싹 쓸어버리고 풀만 남겨놓는다. 첫 번째 아담이 이 말을 들었을 때 그의 얼굴에 땀이 났다. 그는 '도대체 내가 가축처럼 구유에 매여 있어야 합니까?'라고 말했다. 찬미받으시는 거룩하신 분이 그에게 말했다. '너는 네 얼굴에 땀을 흘리고서야 빵을 먹을 것이다.'"

레비 랍비는 말했다.
"그(아담)가 첫 번째 저주에 머물러 있었다면 더 좋았을 텐데."[1]

'너는 네 코(에) 땀(을 흘림)으로 빵을 먹을 것이다'(창세기 3,19).

아바후 랍비는 말했다.
"이것은 환자에게 나타나는 다섯 가지 좋은 표징 가운데 하나다. 다섯 가지 표징은 이러하다. 재채기, 땀, 잠, 꿈 그리고 정액.

'재채기.' 어디에서 (알 수 있을까?) '그의 재채기는 빛을 발산 했다' (욥기 41,18)라고 말한다.[2]

'땀.' 어디에서? '너는 네 코(에) 땀(을 흘림)으로 빵을 먹을 것이다' 라고 말한다.

'잠.' 어디에서? '잠자고 나면 편해진다' (욥기 3,13)라고 말한다.

'꿈.' 어디에서? '주님이 저에게 꿈꾸게 해주시고 저를 살게 해주십시오' (이사야 38,16)라고 말한다.

'정액.' 어디에서? '그는 씨(자손)를 볼 것이며 오래 살 것이다' (이사야 53,10)라고 말한다."

케사리아의 랍비들은 말했다.

"세상사로 말하면 소화되는 것도 그렇다. 어디에서 입증할 수 있을까? '(허리) 굽힌 자(체한 것)가 속히 풀릴 것이며 그는 죽지 않을 것이다' (이사야 51,14)."[3]

하가이 랍비는 이츠학 랍비의 이름으로 말했다.

"또한 (먹고 싶은 생각이 들어) '빵이 모자라지 않을 것이다' (이사야 51,14)."

'네가 땅으로 돌아갈 때까지, 너는 그것에서 가져왔기 때문이다' (창세기 3,19).

그분은 그에게 말씀하셨다.

"너를 만든 한 줌의 흙을 네 손으로 약탈한 것이 아니더냐?"[4]

'너는 흙이기 때문에, 흙으로 돌아갈 것이다' (창세기 3,19).

심온 벤 요하이 랍비는 말했다.

"여기에 토라는 죽은 이들이 (다시) 살 것을 연상하게 한다. 왜
냐하면 '너는 흙이기 때문에 흙으로 간다'고 쓰여 있지 않고 '돌
아간다'고 쓰여 있다."[5]

주 해

1 들에 엉겅퀴나 가시덤불이 자라도 그 사이에 자란 다른 나무의 열매를 먹
   을 수 있는 것이 들판에 풀만 남은 것보다 낫다.

2 '옛날에 일어난 일곱 가지 이적' 이야기(아가다)가 유대교 문헌에 전해진
   다. 그 일곱 가지 가운데 네 번째 이적이 재채기와 연관된다. 다음 번역은
   『엘리에제르 랍비의 해설집』 52장에 수록된 이야기다.

"하늘과 땅이 만들어진 날부터 병든 사람은 없었지만, 길거리나 장터에 있
으며 재채기를 하면 그의 숨은 그의 콧구멍에서 나가곤 했다. 우리의 선조
야콥이 와서 이것에 관하여 자비를 구했으며 그는 그분 앞에서 말했다. '세
상의 주님이시여, 저에게서 제 목숨을 가져가지 마십시오. 제가 제 아들들
과 제 집안의 자식들에게 계명을 줄 때까지는.' 그분은 그의 청원을 들었다.
이 일들이 있은 후에 요셉에게 말했다. '보십시오, 당신의 아버지가 아프십
니다' (창세기 48,1). 땅의 모든 왕들은 이 말을 듣고 놀랐다. 하늘과 땅이 만들
어진 날부터 이와 같은 것은 없었기 때문이다. 그래서 사람이 재채기를 하
면 그에게 '생명을 위하여!' 라고 반드시 말해야 한다. 그 죽음이 빛으로 바
뀌었기 때문이다. 그래서 '그의 재채기는 빛을 발산했다' (욥기 41,18)라고 말
한다."

3 '(허리) 굽힌 자' 를 먹고 체한 것으로 풀이한다.

4 흙으로 만든 아담이 흙으로 돌아가지 않는다면 아담은 흙을 훔친 것이나
   다름없다.

5 '죽은 이들이 (다시) 사는 것' 은 부활을 뜻한다. 본디 있었던 곳으로 '돌아
   간다' 는 뜻이다.

[20,11]

'그 사람(아담)은 그의 아내 이름을 하와라고 불렀다'(창세기 3,20).

그녀는 그에게 (자기 뜻을) 나타내라고 주어졌으나 뱀처럼 엿듣는 자가 됐다.

다른 설명

첫 번째 아담은 그녀가 몇 세대를 사라지게 했는지 그녀에게 나타냈다.[1]

아하 랍비는 말했다.

"뱀은 하와의 (뜻을) 나타낸 자이고 그녀는 아담의 뱀이다."[2]

'왜냐하면 그녀는 모든 삶의 어머니이기 때문이었다'(창세기 3,20).

심온 벤 엘리에제르 랍비는 말했다.

"(그 이름은) 그녀가 모든 생명과 함께 있다(는 뜻이다).

이렇게 가르쳤다.

만일 (남편이) 부자면 아내는 그와 함께 올라가지만, 가난한 자이면 그와 함께 내려가지 않는다."[3]

시몬 랍비는 말했다.

"'모든 삶의 어머니'는 모든 생명의 어머니다."[4]

시몬 랍비는 이렇게 말했다.

"하와가 아담으로부터 멀리 떨어져 있었던 130년 동안[5] 남자 영혼들이 그녀에게 열렬했다.[6] 그녀가 아이를 가지자 여자 영혼들이 아담에게 열렬했다. 그들은 아이를 낳았다. 이렇게 쓰여 있다. '그(다윗의 아들)가 죄를 지으면 나(하느님)는 사람들의 매로 그를 징계하겠다. 아담의 자식들의 재해 때문에 (생긴 것이다)'(사무엘하 7,14). 즉 옛날(첫 번째) 아담의 자식들을 말한다.

집(에 사는) 영혼들이 좋다고 말하는 자는 그들이 그와 함께 살기 때문이다. 그러나 그들이 해롭다고 말하는 자는 그들이 그의 악한 성향을 알기 때문이다.

들(에 사는) 영혼들이 좋다고 말하는 자는 그들이 그와 함께 살지 않기 때문이다. 그러나 들의 영혼들이 해롭다고 말하는 자는 그들이 그의 악한 성향을 알지 못하기 때문이다."[7]

주해

1 아담에서부터 노아의 세대까지 모두 열 세대를 뜻한다.

2 뱀은 하와의 뜻을 알고 그녀에게 '그 열매를 먹으면 눈이 떠진다'라고 말했다. 하와는 지식나무 열매를 먹고 눈이 떠져 선과 악을 구별할 수 있는 지식을 갖고자 했다.

3 남편이 부자면 그와 함께 부를 누리지만, 가난한 자가 되면 그와 함께 죽을 때까지 살지 않는다.

4 삶이 선하든 악하든 모두 생명이다.

5 아담은 130살에 그의 모습으로 그와 닮은 아이를 낳았다(창세기 5,3). 그러니까 아담은 130살이 될 때까지 하와와 잠자리를 하지 않았다고 추론한다.

6 여기에서 '영혼들'은 타락한 천사들이라고 이해할 수 있다. 창세기 6장에서 그 힌트를 얻을 수 있다. "땅 위에 사람들이 많아지기 시작했고, 그들에게 딸들이 태어났을 때, 하느님(신들)의 아들들은 아담(사람)의 딸들이 얼마

나 아름다운지를 보았고, 그들의 마음에 드는 대로 아내로 삼았다. 주님께서 말씀하셨다. '내 기운(성령)이 사람(아담)에게 영원히 머물지 않을 것이다. 그 또한 살(肉)이며, 그의 인생은 120년이 될 것이다'(창세기 6,1-3)." '하느님(신들)'은 엘로힘이며 복수로 해석하면 신들이고, 단수로 해석하면 하느님이다. 이 단락에 대한 미드라쉬에서는 '하느님의 아들들'이라고 이해하며 그들은 타락한 천사들이라고 풀이한다. 그러나 창세기 6,1-4의 배경을 역사적인 사건으로 본다면 '신들의 아들들'이라고 이해할 수도 있다. '신들'은 이방신들을 가리키며 이방신들의 아들들은 우상 숭배자들이다. 아담의 딸들이 이스라엘의 딸들(이스라엘의 하느님을 예배하는 사람들의 딸들)을 뜻한다고 보면, 이방인들이 이스라엘 여자들과 혼인한 경우를 이야기한다. 또한 하느님의 기운(성령)이 그들에게 영원히 머물지 않는다는 것은 그들이 영원한 생명을 구하지 못한다는 뜻이다. 이스라엘 사람이 이방인과 혼인하면 하느님의 구원을 기대할 수 없다는 뜻으로 볼 수 있다.

7 집에 사는 영혼은 좋고 들에 사는 영혼은 나쁘다. 집주인에게 악한 성향이 있으면 집의 영혼들도 그에게 해롭게 한다. 들 주인이 악하면 들의 영혼들이 해롭다는 것을 알지 못한다.

[20,12]

'주님 하느님이 아담과 하와에게 가죽 옷들을 만들어 그들을 입혔다'(창세기 3,21).

메이르 랍비의 토라에서 '빛 옷들'이라고 쓰인 것을 발견했다.[1] 이것들은 첫 번째 아담의 옷들로 횃불과 비슷하다. 아래가 넓고 위가 좁다.

이츠학 랍비는 말했다.

"그것들은 손톱처럼 부드럽고 진주처럼 아름답다."

요하난 랍비는 말했다.
"그것들은 베트쉐안에서 (만들어) 온 좋은 아마포 옷 같다."

'가죽 옷들.'

이것들은 가죽에 붙어 있다.
엘아자르 랍비는 말했다.
"그것들은 염소 가죽이다."
요슈아 랍비는 말했다.
"그것들은 토끼 가죽이다."
요시 바르 하니나 랍비는 말했다.
"그것들은 양 가죽이다."
심온 벤 라키쉬 랍비는 말했다.
"그것들은 카시논 양털이며 맏아들을 낳았을 때 사용한다."[2]
사무엘 바르 나흐만 랍비는 말했다.
"그것들은 낙타털과 토끼털로 만든 것이다."

'가죽 옷들' 은 가죽으로 만든 옷이다.

레비 랍비는 말했다.
"토라는 여러분에게 세상의 도리에 대해 가르친다. '먹는 것에
신경 써라. 입는 것에는 덜 써라. 그러나 사는 곳에는 더 써라.'
'먹는 것에 신경 써라.' '동산의 모든 나무에서 먹어라'(창세기
2,16).[3]
'입는 것에는 덜 써라'. (이것에 대해) '주님 하느님이 아담과 하
와에게 가죽 옷들을 만들어 그들을 입혔다.'[4]

'사는 곳에는 더 써라'. '보십시오! 그들(아담과 하와)은 둘이었
는데 온 세상에 살았다.'"[5]

주해

[1] '가죽(עור 오르)'을 '빛(אור 오르)'으로 해석한다. 두 단어의 발음(오르)이 비
슷하다.

[2] 고대 이스라엘에서는 맏아들을 사제로 보냈다.

[3] 모든 나무에서 먹어도 된다고 했지만 실상 먹지 말아야 할 나무의 열매가
있다.

[4] 옷은 하느님이 만들어주었으니까 예배드리는 날을 제외하고는 그렇게 애
쓸 필요가 없다.

[5] 그 넓은 세상에 둘이 살고 있으니 어느 곳에 살아야 할지 신경을 많이 써
야 한다. 유대교의 법도에 따르면, 유대인은 음식 규례를 지켜야 한다. 종
교적인 유대인들에게는 먹지 못하는 음식이 있으며(돼지고기, 비늘 없는 물고
기 등), 고기에서 피를 빼야 한다. 또한 함께 먹지 못하는 음식도 있다(고기
와 우유 제품을 섞어 먹으면 안 된다). 이렇게 음식 규례에 신경을 써야 한다. 그
러나 입는 옷에 대해서는 안식일에 깨끗한 옷을 입으면 되는 것 외에는 별
로 신경 쓸 필요가 없다(본서 23장 참조). 이러한 유대교 규례와 전통(명절, 법
도 등)을 지키기 위해서는 모여 사는 것이 편리하다. 이스라엘 땅에서 쫓겨
나 외국에 살았던 (디아스포라) 유대인들은 대부분 집단 거류지(게토)를 이
루었다.

22 사람이 우리 가운데 하나처럼 됐으니
어떻게 할까

[21,1]

'주님 하느님이 말씀하셨다. 보아라, 그 사람(아담)이 우리 가운데 하나처럼 됐다'(창세기 3,22).

'그리고 나는 한 거룩한 이가 말하는 것을 들었으며, 한 거룩한 이는 말하고 있는 어떤 이에게 말했다'(다니엘 8,13)고 쓰여 있다.[1]

'나는 한 거룩한 이가 말하는 것을 들었다.' 여기에서 '한 거룩한 이'는 찬미받으시는 거룩하신 분을 가리킨다. 이렇게 말한다. '주님은 우리 하느님이고 주님은 하나다'(신명기 6,4).

'거룩한.' 왜냐하면 모두가 그분 앞에서 '거룩하시다'라고 말하기 때문이다.

'말하다.' 그분은 그분의 피조물에게 (견디기) 힘든 판결을 내리는 것을 뜻한다. (예를 들어) '(땅은) 네 앞에 가시덤불과 엉겅퀴를 돋아나게 할 것이다'(창세기 3,18).

'한 거룩한 이는 말하고 있는 어떤 이에게 말했다.'

후나 랍비는 ('어떤 이에게'는) '아무개에게'라는 뜻이라고 말했다. 아킬라스는 "그분이 그분 앞쪽에 있는 이에게 말씀하셨다"라고 번역했다. 즉 (이 사람은) 첫 번째 아담이며, 그가 시중드는 천사들 앞으로 나아가 섰다.

'일일 번제에 대한 환시가 언제까지나 지속되겠습니까?'(다니엘 8,13)

첫 번째 아담에게 내린 판결은 영원할까?[2]

놀랍게도 그렇지 않다.

'파멸을 가져온 그 죄악' (다니엘 8,13).

이처럼 그(아담)의 죄악이 무덤에서까지 파멸을 가져올까?[3]

'성소와 군대를 짓밟히게 한다' (다니엘 8,13).

이처럼 그(아담)와 그의 자손들이 죽음의 천사들에 의해 짓밟히게 될까?[4]

'그는 나에게 말했다. 저녁과 아침이 2300번 바뀔 때까지입니다. 그러면 성소는 의롭게 될 것입니다' (다니엘 8,14).

아자리야 랍비와 요하난 랍비는 이츠학 랍비의 이름으로 말했다.

"어쨌든 저녁이 되면 아침이 아니고, 아침이 되면 저녁이 아니다. 그러나 그 뜻은 이러하다. 우상 숭배자들의 아침이 저녁이 되고, 이스라엘의 저녁이 아침이 된다는 말이다.[5] 그때에 '성소가 의롭게 된다'고 말한다. 그때에 내(하느님)가 그(아담)의 판결을 의롭게 하겠다. '주님 하느님이 말씀하셨다. 보아라, 그 사람(아담)이 우리 가운데 하나처럼 됐다'고 말한다."[6]

주 해

1 다니엘 8,13을 인용하는 이유는 이 구절에 '하나'라는 단어가 거룩하신 분을 가리킨다고 이해하기 때문이다. 다니엘 8,13의 '하나'와 창세기 3,22의 '하나'는 서로 공통점이 있음을 몇몇 예를 들며 입증한다.

2 일일 번제는 속죄하기 위한 희생제물이다. 일일 번제를 올리는 이유는 사람이 죄를 지었기 때문이며, 그 죄의 시원은 아담에게서 찾는다. 그래서 아담이 지은 죄에 대한 판결이 영원하냐고 반문한다.

3 사람은 아담의 죄로 영원히 무덤에 있어야 하느냐는 반문이다. 현인들은

죄지은 사람이 회개하면 무덤에서 부활할 수 있다고 가르쳤다.

4 성소를 '거룩한 이', 즉 아담으로 대비해서 설명한다.

5 저녁을 어둠으로, 아침을 빛으로 대비한다.

6 '그때'는 부활의 날을 말한다. 사람을 의롭게 한다는 것은 부활을 뜻한다. 유대교 장례 관습에 따르면, 죽은 이를 저녁 무렵에 매장하는 경우는 극히 예외적이다. 왜냐하면 저녁은 죽음을 뜻하며, 죽은 이는 이미 어둠에 들어 갔기 때문에 죽은 이의 부활을 기다린다. 그래서 유대교에서는 유대인들의 공동묘지를 '산 자들의 땅'이라고 부른다.

다니엘 8,13-14에 대한 랍비들의 해석과 예수의 죽음과 부활 사건을 비교해볼 수 있다. '저녁때가 되자 아리마태아 출신의 부유한 사람 요셉이……. 빌라도에게 나아가 예수의 시신을 (내달라고) 청했다……. 요셉은 그 시신을 받아서……. 자기의 새 무덤에 안장하고는 무덤 입구에 큰 돌을 굴려놓고 되돌아갔다'(마태복음 27,57-60). '안식일이 지나고 첫날이 밝아올 무렵에 막달라 마리아와 다른 마리아가 묘소를 보러 갔다……. 주님의 천사가 하늘에서 내려오더니……. 그 돌을 굴려내고……. 천사가 입을 열어 여자들에게 말했다. '그분은 여기에 계시지 않습니다. 말씀대로 일으켜지셨기 때문입니다'(마태복음 28,1-6).' 예수의 죽음은 첫 번째 아담의 죽음으로 상징된다. 예수는 아담의 죄를 짊어지고 저녁에 어둠 속으로 들어가 안식일을 지내며 새 아담이 되어 그다음 날 아침에 영원한 생명의 빛으로 부활한다.

[21,2]

'내가 게으른 자의 밭을, 그리고 마음이 부족한 사람(아담)의 포도원을 지나갔다. 보라, 온통 엉경퀴가 자란다'(잠언 24,30).

후나 랍비는 말했다.

"보아라, 누가 밭을 사거나 포도원을 사면 그를 '어떤 자'라고 부르거나 혹은 '어떤 사람'이라고 부른다. 그런데 그가 어째서 게으르다는 것일까? 그가 무슨 일을 했기에 그렇게 부를까?[1]

'내가 게으른 자의 밭을 지나갔다.' 이는 첫 번째 아담을 뜻한다.

'마음이 부족한 사람(아담)의 포도원.' 이는 하와를 뜻한다."

후나 랍비는 말했다.

"어디에서 하와를 아담이라고 부르는지 찾았을까?

'(우상 숭배자들은) 아담의 아름다움처럼 (신상을 만들어) 집(신전)에 놓는다'(이사야 44,13).[2]

'보라, 온통 엉겅퀴가 자란다.' 왜냐? '(땅은) 네(아담) 앞에 가시덤불과 엉겅퀴를 돋아나게 할 것이다'(창세기 3,18).

'그리고 가시덤불이 그의 얼굴을 덮었다'(잠언 24,31). 왜냐? '너(아담)의 코땀으로 빵을 먹을 것이다'(창세기 3,18).

'돌담이 무너졌다'(잠언 24,31). 왜냐? '주님 하느님이 에덴동산에서 그 사람(아담)을 내보내셨다'(창세기 3,23).

그분이 그를 내보내신 뒤 그를 위해 애도하기 시작하셨다. '주님 하느님이 말씀하셨다. '보아라, 그 사람(아담)이 우리 가운데 하나처럼 됐다'고 말한다."

주 해

1 '사람(아담)'이라고 불릴 수 있다는 것은 그가 게으르지 않다는 것을 전제로 하기 때문이다.

2 아담의 아름다움은 하와를 뜻한다.

[21,3]

'그(아담)의 크기가 하늘에 이르고 그의 머리가 구름에 닿는다고 해도'(욥기 20,6).

(이 구절은) '그가 구름에 닿을 때까지'(라는 뜻이다).

하나나 랍비의 아들 예호슈아 랍비와 시몬 랍비의 아들 유다 랍비는 엘아자르 랍비의 이름으로 말했다.

"그분이 세상의 동쪽에서 서쪽까지 전체를 채우려고 그(아담)를 만드셨다. (어떻게 알 수 있을까?) '당신(하느님)은 나(아담)를 뒤(서쪽)와 앞(동쪽)으로 빚으셨습니다'(시편 139,5)라고 말한다.[1]

북쪽에서 남쪽까지. 어떻게 알 수 있을까? '하늘의 이쪽 끝에서 하늘의 저쪽 끝까지'(신명기 4,32).[2]

심지어 세상의 높은 곳을 채우려고 그를 만드셨다. 어떻게 알 수 있을까? 이렇게 가르친다. '제 위에 당신의 손을 얹으셨습니다'(시편 139,5).[3]

'그(아담)는 자기 오물처럼 영원히 사라집니다'(욥기 20,7).

그는 가벼운 계명을 오물로 여겼기 때문에 에덴동산에서 쫓겨났다.

그래서 '그를 본 자들이 '그 사람(아담)은 어디 있지?'라고 말합니다'(욥기 20,7). 그가 쫓겨나갔기 때문에 그분이 그를 위해 애도하기 시작했다. '주님 하느님이 말씀하셨다. 보아라, 그 사람(아담)이 우리 가운데 하나처럼 됐다.'"

주해

1 고대 이스라엘 사람들의 방향 감각으로 뒤는 서쪽이고, 앞은 동쪽이다.

2 이쪽과 저쪽을 남쪽과 북쪽으로 풀이할 수 있다.

3 하느님은 에덴동산에 있는 아담의 위에 그의 손을 얹었다. 에덴동산은 세
  상에서 높은 곳에 위치한다. 왜냐하면 에덴에서 강이 흘러나와, 거기에서
  갈라져서 네 줄기가 됐기 때문이다(창세기 2,10).

[21,4]

'당신이 그를 영원히 강하게 하셨으니 그는 갔습니다. 당신이
그의 얼굴을 바꾸어놓으시고 그를 내보내셨습니다'(욥기 14,20).

찬미받으시는 거룩하신 분이 첫 번째 아담에게 주신 그 힘은
영원한 것이었다. 항상 그랬다. 그런데 그가 찬미받으시는 거룩
하신 분의 뜻을 버리고 뱀의 뜻을 따랐기 때문에 '당신(하느님)이
그의 얼굴을 바꾸어놓으시고 그를 내보내셨다.'[1]

그분이 그를 내보내시자 그를 위해 애도하기 시작했다. '주님
하느님이 말씀하셨다. '보아라, 그 사람(아담)이 우리 가운데 하
나처럼 됐다.''

주해

1 하느님은 자기 모습으로 사람을 만들었다(창세기 1,26). 그래서 아담은 에덴
  동산에 있을 때 영원히 사는 권능을 가지고 있었다. 그러나 아담이 죄를
  짓자 하느님이 아담의 얼굴을 바꾸어놓았다고 풀이한다. 그렇지 않으면
  하느님의 모습을 닮은 아담의 자손들이 어떻게 죄를 지을 수가 있겠느냐?
  '주님은 땅에 사람의 사악함이 많아졌고, 온 종일 그의 마음속에 궁리한
  어떤 것도 오직 사악한 것임을 보았다'(창세기 6,5). 따라서 아담이 에덴동산
  에서 나오기 전에 하느님의 모습을 닮은 아담의 얼굴을 바꾸어놓아야 한
  다. 아담의 얼굴은 아담의 영광이라고 풀이한다(본서 23장 [11,2] 참조).

[21,5]

파피아스 랍비는 해설했다.

"'보아라, 그 사람(아담)이 우리 가운데 하나처럼 됐다.'

이것은 그가 시중드는 천사들 가운데 하나처럼 됐다는 뜻이다."

아키바 랍비는 그에게 말했다.

"파피아스, 됐소."

그(파피아스)는 그에게 말했다.

"그렇다면 '우리 가운데'라는 것을 어떻게 설명하겠습니까?"

그(아키바)는 그에게 말했다.

"편재하신 분이 그를 위해 그 앞에 두 길을 보여주셨습니다. 생명의 길과 죽음의 길이었습니다. 그러나 그는 그 스스로 다른 길을 택했습니다."[1]

예후다 바르 시몬 랍비는 말했다.

"(우리 가운데 하나처럼)은 세상의 유일하신 분처럼 (됐다는) 뜻이다. 이렇게 말한다. '들어라, 이스라엘아, 주님은 우리의 하느님이고 주님은 하나다' (신명기 6,4)."

랍비들은 말했다.

"(우리 가운데 하나처럼)은 (천사) 가브리엘처럼 (됐다는) 뜻이다. '그런데 그들 가운데 한 사람이 아마포 옷을 입었다' (에스겔 9,2). 즉 달팽이처럼 그의 옷은 그의 몸의 일부다."[2]

심온 라키쉬 랍비는 말했다.

"(우리 가운데 하나처럼)은 요나처럼 (됐다는) 뜻이다.

무엇이 요나 같을까?

편재하신 분이 그를 보내시자 그는 도망갔다. '요나는 주님 앞에서 타르쉬쉬로 도망가려고 일어섰다'(요나 1,2)라고 말한다.

그(요나)가 편재하신 분의 명령을 따르지 않으려 도망간 것처럼 그(아담)도 도망갔다. 그(요나)의 영예가 밤을 지내지 못한 것처럼 그(아담)의 영예도 그분과 함께 밤을 지내지 못했다."[3]

베레크야 랍비는 하나나 랍비의 이름으로 말했다.

"('우리 가운데 하나처럼')은 (예언자) 엘리야처럼 (됐다는) 뜻이다. 무엇이 그럴까?

그(엘리야)가 죽음의 맛을 보지 못한 것처럼 그(아담)도 죽음을 맛보지 않을 수 있었다."

하난 랍비의 이름으로 말한 베레크야 랍비의 의견에 따르면, 아담이 (홀로) 있었다면 그는 하나처럼 됐을 것이다.[4] 그러나 그에게서 갈빗대를 가져간 뒤에 그는 선과 악을 알게 됐다.

주해

1 '다른 길'은 우상 숭배를 말한다. 아담은 뱀(우상)의 뜻을 따랐기 때문에 우상 숭배자가 됐다.

2 아마포 옷을 입은 가브리엘 천사를 가리킨다.

3 아담이 안식일 시작 전에 에덴동산에서 쫓겨났다는 해석과 연결되는 부분이다(『창세기 미드라쉬 랍바』 11장 [본서 23장] 참조).

4 여기서 '하나'는 한 분인 하느님을 뜻한다.

[21,6]

‘이제 그가 그의 손을 뻗쳐서 생명나무에서도 또한 가져다 가 먹고, 영원히 살면 안 되겠다’(창세기 3,22).

아바 바르 카하나 랍비는 말했다.

"이 구절은 찬미받으시는 거룩하신 분이 그에게 회개할 기회를 준 것을 가리킨다.

‘이제’는 (시간적으로) 지금이 아니라 회개를 뜻한다. (성경에) ‘이제, 이스라엘아, 주님 하느님이 너에게 무엇을 요구하시겠느냐? 참으로 주님 하느님을 두려워해야 한다’(신명기 10,12)고 말한다.[1]

그분은 ‘안 되겠다’고 말씀하셨다. ‘안 되겠다’는 부정적인 뜻이다.

찬미받으시는 거룩하신 분이 ‘그가 그의 손을 뻗쳐서 생명나무에서도 또한 가져다가 먹고’라고 말씀하셨다. 만일 그가 먹으면 영원히 살 것이다. 그러므로 ‘주님 하느님이 그를 에덴동산에서 내보내셨다’(창세기 3,23). 그를 내보내시고 그분은 그를 위해 애도하기 시작했다. ‘주님 하느님이 말씀하셨다. 보아라, 그 사람(아담)이 우리 가운데 하나처럼 됐다.’"

주해

1 이제 사람이 회개하면 생명나무의 열매를 먹을 수 있다. 회개를 해야 구원을 받을 수 있다(본서 3장 [1,4] 참조). 유대교 전통에 따르면, 생명나무는 토라(하느님의 가르침)를 은유적으로 표현한 단어다.

[21,7]

'주님 하느님이 그를 에덴동산에서 내보내셨다' (창세기 3,23).

예후다 랍비와 느헤미야 랍비.

예후다 랍비는 말했다.
"그분이 그를 이 세상의 에덴동산에서 내보내셨으며, 오는 세상의 에덴동산에서도 내보내셨다."

느헤미야 랍비는 말했다.
"그분이 그를 이 세상의 에덴동산에서 내보내셨으나, 오는 세상의 에덴동산에서는 내보내시지 않았다."

예후다 랍비의 의견에 따르면, 그분은 그(아담)에 대해 엄격한 (법도를 적용한) 것이며, 느헤미야 랍비의 의견에 따르면, 그분은 그(아담)에 대해 관대한 것이다.

후나 랍비는 말했다.
"아다 바르 아하바 랍비와 함누나 랍비 사이에 논쟁이 있었다. 한 사람은 예후다 랍비의 의견을 말하고, 다른 사람은 느헤미야 랍비의 의견을 말했다.
다음 구절은 느헤미야 랍비의 의견을 지지한다. '나는 의로움으로 당신(하느님)의 얼굴을 보며 깨어날 때 당신의 모습에 만족합니다' (시편 17,15).
(다윗은 이렇게 말했다.)
'당신(하느님)의 모습으로 만들어진 이(아담)가 깨어날 때, 그

때에 나는 의로움으로 당신의 얼굴을 볼 것이며[1] 그때에 나는 그 판결을 의롭게 하겠습니다.'[2] 그때에 '보아라, 그 사람(아담)이 우리 가운데 하나처럼 됐다'라고 말한다."

예호슈아 벤 레비 랍비는 말했다.

"그분이 그(아담)를 만드실 때 그분은 심판의 척도와 연민의 척도로 그를 만드셨다.[3] 그분이 그를 쫓아내실 때 그분은 심판의 척도와 연민의 척도로 그를 쫓아내셨다. '보아라, 그 사람(아담)이 우리 가운데 하나처럼 됐다'라고 말한다.[4]

보시오. 아담! 당신은 당신에게 내려진 명령을 심지어 한 시간도 지키지 못했습니다."

놀랍게도 그렇다.

예후다 벤 파다이야 랍비가 해설했다.

"첫 번째 아담이여. 누가 당신 눈에서 흙을 털어주겠습니까? 당신은 당신에게 내려진 명령을 심지어 한 시간도 지키지 못했습니다.[5]

그러나 보십시오. 당신의 자손들은 열매 나무를 처음 심은 후 그 나무에서 수확하지 말라는 명령을 3년 동안이나 기다렸습니다. 이렇게 말씀합니다. '(너희가 그 땅에 들어가 온갖 열매 나무를 심은 경우……) 그것은 너희에게 3년 동안 금지된(할례받지 않은) 것이니 먹지 않아야 한다'(레위기 19,23)."[6]

후나 랍비는 말했다.

"바르 카파라가 이 해설을 듣고는 '내 여동생의 아들의 해설은 멋지다'라고 말했다."

1 미드라쉬에 따르면, '깨어날 때'는 부활의 날을 뜻한다. 『잠언 미드라쉬』에서 그 대표적인 예를 읽을 수 있다. "'현명함은 너를 지켜주며 분별력은 너를 보호한다'(잠언 2,11). 만일 너희가 너희 목에 토라의 멍에를 걸면 그것은 너희를 보호한다. 참으로 '그것(토라)은 네가 걸어 다닐 때에 너를 인도한다'(잠언 6,22)라고 말한다. 이 세상에서. '그것은 네가 누워 있을 때에 너를 지켜준다'(잠언 6,22). 네가 죽을 때에. '그것은 네가 깰 때에 너와 이야기한다'(잠언 6,22). 오는 미래에."

2 하느님이 아담에게 내린 판결(에덴동산에서 쫓겨나가는 벌)은 부활의 날에 철회된다. 아담의 죄가 속죄됨을 뜻한다. 예수의 부활도 이러한 의미에서 찾아볼 수 있다. 새 아담인 예수의 죽음으로 첫 번째 아담의 죄는 속죄됐으며, 예수의 부활을 믿음으로 천국(에덴동산/의로운 공동체)에 들어갈 수 있다.

3 하느님은 인간을 심판하며 또한 인간을 불쌍히 여긴다. 하느님은 땅에 사람의 사악함이 많아진 것을 알고 홍수를 일으켜 사악한 인간을 땅에서 없애버리려고 했을 때 땅에 사람(아담)을 만든 것을 슬퍼하고, 마음속으로 괴로워했다(창세기 6,5-6).

4 아담을 에덴동산에서 쫓아낸 것은 심판의 척도에 따른 것이지만, 그래도 하느님은 그를 불쌍히 여기어 곧바로 죽게 하지 않았다.

5 그래서 하느님은 사람을 불쌍히 여긴다.

6 아담은 하느님의 명령을 지키지 못했지만 아담의 자손들은 토라의 법을 잘 지켰다. 그러므로 이스라엘은 옛 아담의 죄 때문에 벌을 받는 것이 아니라 토라의 법규를 어겨서 벌을 받는다.

[21,8]

'그리고 그분이 그 사람(아담)을 쫓아내셨다'(창세기 3,24).

요하난 랍비와 심온 벤 라키쉬 랍비.

요하난 랍비는 말했다.
"(이것은) 사제의 딸(아내) 같다. 그녀가 이혼하면 다시 돌아올 수 없다."[1]

심온 벤 라키쉬 랍비는 말했다.
"(이것은) 이스라엘의 딸(아내) 같다. 그녀가 이혼하고 다시 돌아올 수 있다."

요하난 랍비의 의견에 따르면, 그분은 그(아담)에 대해 엄격한 (법도를 적용한) 것이며, 심온 벤 라키쉬 랍비의 의견에 따르면, 그분은 그(아담)에 대해 관대한 것이다.

다른 설명

'그리고 그분이 그 사람(아담)을 쫓아내셨다.'
'쫓아내셨다' 라는 것은 그분이 그에게 성전이 무너지는 것을 보게 하셨다는 것이다. 어떻게 알 수 있을까? '그분이 자갈로 내 (딸 시온의) 이를 부서지게 하셨다' (애가 3,16)라고 말한다.[2]

룰리아니 바르 티브리 랍비는 이츠학 랍비의 이름으로 말했다.
"그분이 그를 에덴동산의 바깥마당으로 쫓아내시고 그를 지켜줄 파수꾼들을 그곳에 두셨다. '내(포도원 주인, 즉 하느님)가 구름에게 명령하여 그곳(포도원)에 비를 내리지 못하게 하겠다' (이사야 5,6)라고 쓰여 있다."

주해

1 사제와 이혼한 경우 사제는 이혼녀와 혼인할 수 없기 때문에 그의 전처와 다시 혼인할 수 없다.

2 '딸 시온'은 예루살렘의 은유적 표현이다. 하느님은 아담의 죄 때문에 예루살렘 성전이 부서지게 내버려두었다. 아담의 죄에서 해방되는 길은 예루살렘 성전이 무너지고 새 아담이 새 성전을 세워야 한다.

이러한 해석에서 예수의 성전 파괴 예고와 새 성전을 사흘 만에 세운다는 이야기를 이해할 수 있다. 예수가 성전을 나와 떠나갈 때 제자들이 다가와서 그에게 성전 건물을 가리켜 보였다. 예수는 그들에게 말했다. '(성전은) 허물어질 것입니다'(마태복음 24,1-2). 대제관들과 온 의회는 예수를 죽이려고 그에게 불리한 증인을 찾았다. 마침내 두 사람이 나서서 말했다. '이 자가 말하길, '나는 하느님의 성전을 헐어버리고 사흘 만에 세울 수 있다'고 했습니다'(마태복음 26,57-61). 예수가 말하는 새 성전은 구원의 역사를 실현하는 '믿음의 공동체'다.

[21,9]

'에덴동산 동쪽에 생명나무로 가는 길을 지키기 위하여 크룹들과 번적거리는 칼 (같은) 불길을 세우셨다'(창세기 3,24).

'동쪽에.'
랍은 말했다.
"어느 지역이든지 동편은 피난처다.

첫 번째 아담. '그분이 그를 쫓아내셨고, 에덴동산 동쪽에 살게 하셨다.'

카인. '카인은 주님의 면전을 떠나, 에덴의 동쪽 노드 땅에 살았다'(창세기 4,16).

Ⅱ 에덴동산 신화

살인자. '그때에 모세는 (실수로 살인한 이들의 피신처로) 해 뜨는 동편 요르단 강 건너에 있는 세 도성을 구별하여놓았다(신명기 4,41).'[1]

다른 설명

'동쪽에.'

에덴동산(이 생기기) 전에 천사들이 만들어졌다. 이렇게 쓰여 있다. '그것은 내(에제키엘)가 크바르 강에서 이스라엘의 하느님 아래에서 본 생물이다. 나는 그것들이 크룹들인 것을 알았다'(에스겔 10,20).[2]

'칼.'

이 구절에 대해. '그분의 시종들은 불길 (같은) 불이다'(시편 104,4).[3]

'번적거리는.'

이것들은 남자들로 두 번, 여자들로 두 번, 영혼들로 두 번, 천사들로 두 번 (바뀌며) 번적거린다.[4]

주 해

1 '어제도 그저께도 미워한 일이 없는 이웃을 실수로 죽인 살인자가 그곳으로 피신할 수 있게 했다'(신명기 4,42). 신명기에 수록된 이 법조항과 비교해서 논증하는 랍비의 의도는 아담과 하와가 지식나무의 열매를 먹은 행위는 살인에 해당할 만큼 심각한 죄지만, 그들은 하느님을 미워해서 행한 것이 아니라 실수로 먹었다는 뜻이다. 하와가 뱀에게 속아서 열매를 먹게 됐다고 변호하는 입장이다.

2 '동쪽(케뎀)'은 '옛날, 전前' 등의 뜻도 된다. '에덴동산 동쪽에'를 에덴동산이 만들어지기 전으로 이해한다. 크룹이라는 생물은 천사와 같다.

3 번적거리는 칼이 불길이 활활 타오르는 불 같다고 상상한다.

4 활활 타오르는 불길을 번적거리는 칼로 묘사한 것이며, 번적일 때마다 칼날의 양면에 모습이 보이듯 한다.

다른 설명

'동쪽에.'

에덴동산이 (만들어지기) 전에 지옥이 만들어졌다. 지옥은 (창세) 이튿날에 그리고 에덴동산은 사흗날에 (만들어졌다).[1]

'번적거리는 칼 (같은) 불길을.'

이 구절에 대해, '오는 날에 그들을 불살라버릴 것이다'(말라기 3,19/4,1).

'번적거리는.'

그것(불길)은 그 사람(아담)에게 번적거리며, 그의 머리에서 발까지 그의 발에서 머리까지 불살라버릴 것이다. 사람(아담)은 말했다. '누가 이 타오르는 불에서 내 자식들을 구하겠느냐?'

후나 랍비는 아바 랍비의 이름으로 말했다.

"칼은 할례를 뜻한다. '너는 돌칼을 만들어서 이스라엘의 아들들에게 다시 할례를 해라'(여호수아 5,2)라고 말한다."[2]

랍비들은 말했다.

"칼은 토라를 뜻한다. '그들(경건한 자들)의 목소리(목구멍)로

하느님을 찬양하며 그들 손에는 쌍날칼(이 있다)' (시편 149,6)라고 말한다.[3]

(첫 번째) 아담은 그의 자식들이 지옥으로 내려갈 운명인 것을 알고 나자 그는 열매 맺고 번성하는 일을 자기 스스로 적게 했다. 그러나 스물여섯 세대가 지난 뒤 이스라엘이 토라를 받을 운명이라는 것을 알고 나자 그는 자손(족보)을 세우기로 결정했다.[4] '그리고 그 사람(아담)은 그의 아내 하와를 알았다' (창세기 4,1)라고 말한다."[5]

주 해

1 창세에 지옥이 만들어졌다는 논리는 『창세기 미드라쉬 랍바』 1,6 (본서 4장) 참조.

2 유대인 남자들에게 할례는 반드시 지켜야 할 계명이다.

3 경건한 자들이 그들의 손에 토라를 들고 목소리를 높여 하느님을 찬양하는 모습을 연상하면 쌍날칼은 토라를 뜻한다.

4 창세기 5장에 나오는 아담의 족보를 뜻한다.

5 히브리어로 '남자가 여자를 안다' 는 것은 서로 잠자리를 해서 알게 된다는 뜻이다.

크룹

에덴동산의 생명나무를 보호하기 위해 동산의 입구를 지키라고 세우는 크룹은 거룩한 장소를 지키는 수호자다. 크룹의 모습은 고대 메소포타미아 문화에서 쉽게 관찰할 수 있다. 기원전 30세기의 원통형 인장에 크룹의 형태가 나오며, 바빌로니아와 앗시리아 왕궁의 벽화, 부조浮彫, 조각 등에서 그 모습을 뚜렷이 볼 수 있다. 특히 신앗시리아의 여러 왕들은 높이 약 4미터의 거대한 크룹을 돌로 조각하여 궁전의 여러 입구에 한 쌍씩 양옆으로 세워놓았다.

앗시리아 왕궁과 신전 입구에 세워놓던 수호신상
이 수호신은 사람 얼굴에 황소 몸을 하고 독수리 날개를 달았다. 그 옆에는 왕이 생명나무에 물을 주고 있는 모습이다. 이러한 수호신상은 왕궁이나 신전에 악귀가 들어오지 못하게 막는 역할을 했다. 에덴동산 입구에 세워놓은 문지기 크룹이 이러한 형상이었다고 본다.

신앗시리아의 크룹 모습은 사람 얼굴에 황소(혹은 사자) 몸이고 그 위에 독수리 날개를 펴고 있으며 다리는 황소의 것이다. 이는 고대 이집트의 스핑크스와 비슷한 형상이다.

고대 이스라엘에서 크룹이 등장하는 장면은 계약궤(하느님의 보좌)에서 찾

크룹 - 대추야자
고대 메소포타미아 사람들이 사용했던 원통형 인장의 표면 그림.
가운데 있는 대추야자나무는 생명나무를 상징한다. 그 나무를 지키는
수호신의 모습이 크룹이라고 본다.

아볼 수 있다. 크룹의 형상이 계약궤의 양옆에 세워져 있으며, 크룹은 계약궤를 수호하는 역할을 했다. 이 계약궤 안에는 하느님이 시나이 산 꼭대기에서 모세에게 준 '말씀의 석판'이 있었다. 이 석판은 하느님의 현존을 상징적으로 보여준다. 즉 양 날개를 편 두 마리의 크룹은 '말씀의 석판(하느님의 현존)'을 수호하는 것이다. 계약궤는 하느님의 보좌이며, 하느님의 현존이 계약궤 위에 앉아 있음을 알려준다. 계약궤의 이름은 '궤 위의 크룹들에 앉으신 만군의 주님'(사무엘하 6,2)이다.

솔로몬의 궁전 여러 곳에 크룹의 그림이 있었으며(열왕기상 7,29·36) 예루살렘 성전의 지성소에 주님의 보좌 양옆에 날개를 펼친 크룹이

크룹 인장
기원전 9세기에서 기원전 7세기에 유다 왕국 지역에서 출토된 인장 그림.
인장에 새겨진 글씨는 '레 예히야후 [샬롬]'이라고 읽을 수 있으며, 그 뜻은 '샬롬의 (아들) 예히야후의 (인장)'
이다. '예히야후'는 '야후는 있다'라는 뜻이며 '야후'는 주님(YHWH)의 약칭이다. 이 인장의 그림은 '크룹 위
에 앉으신 이스라엘의 하느님, 주님(YHWH)'(이사야 37,16)의 묘사와 비슷하다. 오른쪽 위에 네 개의 날개를 펼
친 모습은 아마도 이사야 6,2에 표현된 스랍(사자使者)처럼 보인다. '그분(하느님) 위로는 스랍들이 서 있었는
데, 스랍들은 저마다 여섯 개의 날개를 가지고 있었다.'

부각浮刻됐다(열왕기상 8,6).

에덴동산으로 들어가는 길 입구에 크룹을 세워놓았다는 이야기는 에덴
동산이 성전 역할을 하는 곳이라는 점을 알려준다.

III

안식일
신화

하느님이 이렛날에 그분이 하신 일을 끝내시고,

이렛날에 그분이 하신 모든 일에서 멈추셨다.

하느님이 이렛날에(게) 복을 내리시고,

그것을 거룩하게 하셨다.

왜냐하면 하느님이 하시려고,

만들어내신 모든 일에서 그날에 멈추셨기 때문이다.

[창세기 2,2-3]

안식일에
왜 불을 밝혀야 할까

[11,1]

'그리고 하느님이 이렛날에(게) 복을 내리시고 그날을 거룩하게 하셨다'(창세기 2,3).[1]

'주님의 복은 (사람을) 부유하게 하지만 (사람의) 근심은 그것(복)에 보태지 않는다'(잠언 10,22)라고 쓰여 있다.[2]

'주님의 복은 (사람을) 부유하게 한다.' 이것은 안식일을 뜻한다. 이렇게 말한다. '그리고 하느님이 이렛날에 복을 내리셨다.' 그리고 '(사람의) 근심은 그것(복)에 보태지 않는다.'

이것은 애도哀悼를 뜻한다. 이렇게 말한다. '왕은 그의 아들을 위해 근심(애도)했다'(사무엘하 19,3).[3]

주해

1 하느님이 이렛날에(게) 복을 내렸다는 것은 이렛날에 누구에게 복을 내렸다는 뜻이 아니고, 이렛날에게 복을 내렸다는 뜻이다. 이렛날(안식일)을 의인화한 표현이다.

2 하느님은 사람들이 6일 동안 일하고 안식일에 쉬라는 생각에서 안식일에(게) 복을 내렸다. 하느님이 안식일에(게) 복을 내림으로써 안식일을 누리는 사람은 더 부유해질 수 있다. 그런데 사람이 걱정한다고 해서 안식일에 받는 복 이상으로 더 많은 복을 받을 수는 없다.

3 유대교 장례 관습에 사람이 죽으면 곧바로 (만일 안식일에 죽으면 그다음 날에)

장례를 하고 일주일 동안 죽은 이를 위하여 죽은 이의 집에서 곡하는 기간을 갖는다. 이 애도의 일주일 가운데 하루는 반드시 안식일이 걸린다. 안식일은 복을 받은 날이기 때문에 그날에는 곡하지 않는다.

[11,2]

'그리고 하느님이 이렛날에 복을 내리시고 그날을 거룩하게 하셨다.'

이쉬마엘 랍비는 말했다.

"그분은 안식일에 만나로 복을 내리시고 만나로 거룩하게 하셨다. 그분은 안식일에 만나로 복을 내리셨다. 왜냐하면 엿새 동안 매일 만나가 1오메르(2.5리터)씩 내려왔는데 안식일 전야에는 2오메르가 내려왔기 때문이다. 그분은 안식일을 만나로 거룩하게 하셨다. 왜냐하면 안식일에는 (만나가) 전혀 내려오지 않았기 때문이다."[1]

나탄 랍비는 말했다.

"그분이 안식일에 만나로 복을 내리시고 강복降福으로 거룩하게 하셨다."

이츠학 랍비는 말했다.

"그분이 안식일에 만나로 복을 내리시고 나무꾼으로 그날을 거룩하게 하셨다."[2]

그분이 그날을 옷차림으로 복을 내리셨다.

후나 랍비는 말했다.

"(안식일에는 그날을 위한) 옷으로 갈아입어야 한다."[3]

히야 랍비는 요하난 랍비의 이름으로 말했다.

"옷을 (평소처럼) 같이 입어도 된다."[4]

아빈 바르 하스다이는 말했다.

"옷이 내려오도록 입어야 한다."

예레미야 랍비와 제이라 랍비는 함께 걸어가고 있었다. (안식일이 시작되자) 예레미야 랍비는 자기 옷을 걷어 올렸다. 그러나 제이라 랍비는 자기 옷이 내려오도록 했다. 이것은 '옷이 내려오도록 입어야 한다'는 (의견)을 따른 것이다.[5]

주해

1 이스라엘 백성이 이집트에서 탈출한 후 시나이 광야에서 40년 동안 살고 있었을 때 만나(일용할 양식)가 매일매일 하늘에서 내려왔다. 그러나 안식일 전날에는 안식일을 위해 이틀 분량의 만나가 내려왔다. 그래서 안식일은 복 받은 날이다. 안식일에 만나가 내려오지 않음으로써 사람들은 일을 할 필요가 없으며 그날을 거룩하게 지켜야 했다.

2 나무꾼이 안식일에 나무를 하지 않으면 그는 그날을 거룩하게 여긴다고 볼 수 있다. 그러나 만일 그가 안식일에도 나무를 했다면 그는 벌을 받게 된다. 이처럼 나무꾼은 안식일이 거룩한 날임을 알려준다.

3 안식일은 평소와 다르기 때문에 안식일을 위해 장만한 특별한 옷을 입어야 한다.

4 안식일이라고 해서 그날만을 위해 장만한 옷을 꼭 입어야 하는 것은 아니고 평소에 입는 옷을 입어도 된다. 왜냐하면 가난한 사람들에게는 안식일

을 위한 특별한 옷을 장만할 만한 경제적 여유가 없을 수 있기 때문이다. 기원전 2세기 중반부터 70년까지 이스라엘 땅에서 큰 공동체를 이루고 살았던 에세네 사람들의 안식일 규례에 따르면, 안식일에 입을 옷은 미리 세탁해두고 안식일에는 깨끗한 옷을 입어야 한다고 말했다. 지금도 전통을 지키는 종교적인 유대인들은 안식일에 그날을 위해 세탁해둔 옷을 입는다. 이러한 관습은 안식일을 거룩하게 지키려는 노력에서 이루어진다.

5 로마 사회에서 부유한 사람은 옷이 길게 내려오도록 입었다. 이처럼 옷을 입는 것은 부유함의 표상이며, 또한 일하지 않고 있다는 의미도 지닌다. 제이라 랍비는 안식일이 평소와 달리 축복의 날이므로 부유한 옷차림이 그날에 어울린다고 여겼다. 반면에 예레미야 랍비가 안식일이 시작되자 옷을 걷어 올리고 걸은 이유는 걸음을 편하게 하기 위해서다. 안식일에 편한 걸음으로 다니라는 뜻이다. 안식일을 거룩하게 지키라는 계명을 단순히 마음속으로 거룩하게 생각하는 것이 아니라 옷차림에서도 안식일을 지키는 자세가 필요하다. 이처럼 몸과 마음으로 하느님의 말씀을 행하는 것이 법도(할라카)의 기본 입장이다.

엘아자르 랍비는 말했다.

"그분이 (안식일에) 등잔불로 복을 내리셨다. 나에게 이런 일이 일어났다. 한번은 내가 안식일 밤을 위해 등잔불을 켰다. 안식일이 끝나고 와서 보니 등잔불이 여전히 켜 있었으며 기름이 전혀 줄어들지 않았다."[1]

그분이 사람의 얼굴빛으로 (안식일에) 복을 내리시고 사람의 얼굴빛으로 그날을 거룩하게 하셨다. 평일에 사람의 얼굴빛은 안식일의 것과 비슷하지 않다.[2]

그분이 발광체들로 (안식일에) 복을 내리셨다.

아코 사람 심온 바르 예후다 랍비는 심온 랍비의 이름으로 말했다.

"비록 발광체들이 안식일 전야에 저주를 받았지만 그것들은 안식일이 끝날 때까지 늦추어졌다."[3]

이것은 랍비들의 의견이다. 그러나 암미 랍비의 의견은 아니다. 암미 랍비는 이렇게 말했다.

"첫 번째 아담의 영광은 그(아담)와 함께 (안식일) 밤을 지내지 않았다. 어디에서 알 수 있을까? '그리고 아담(사람)은 영예롭게 밤을 지내지 않았으며 사라지는 짐승과 같았다' (시편 49,13)."[4]

그러나 랍비들은 말했다.

"아담의 영광은 그와 함께 밤을 지냈다. 그러나 안식일이 끝나자 그분이 그의 광채를 가져갔으며 그를 에덴동산에서 쫓아내셨다. 이렇게 쓰여 있다. '당신은 그(아담)의 얼굴을 바꾸셨으며 그를 보내셨습니다' (욥기 14,20).

태양이 안식일 밤에 지자 찬미받으시는 거룩하신 분이 빛을 감추시기를 원하셨다. 그러나 그분은 (빛의) 영광을 안식일에(게) 보여주셨다. '그리고 하느님이 이렛날에(게) 복을 내리시고 그날을 거룩하게 하셨다' 라고 쓰여 있다."

주 해

[1] 유대교의 안식일 관습에 따르면, 안식일이 시작하기 조금 전에 등잔불을 켜며 안식일을 위해 축복 기도를 한다. 빛의 축복은 곧 많은 복을 뜻한다. 일상생활에서 등잔불을 켜고 끄는 것은 일의 범주에 속하기 때문에 안식

일에는 불을 켜고 끄는 일을 금지한다. 안식일 시작 전에 켜놓은 등잔불은 저절로 기름이 다 탈 때까지 내버려둔다.

2 사람은 하느님의 모습으로 만들어졌다고 하니까 사람의 얼굴은 하느님을 닮았음이 틀림없다. 하느님이 안식일을 거룩하게 하고 다른 날보다 더 기뻐하는 모습처럼 안식일에는 사람의 얼굴빛도 평일과 다르다. 사람은 평소와 다른 기쁜 얼굴로 안식일을 맞이한다. 유대교의 생활습관에서도 안식일이 더 즐거운 날인 것을 볼 수 있다. 안식일에는 누구나 생업에서 쉬며 포도주로 안식일을 찬미하고 평일보다 더 맛있는 음식을 함께 즐긴다.

3 에덴동산에서 아담이 그의 아내가 준 열매를 먹는 잘못을 했을 때 아담뿐 아니라 그의 죄로 해와 달과 별들 같은 발광체들도 벌을 받았다.

4 창세기 1–3장에 사람(아담)이 만들어진 이야기가 두 차례 나온다. 하나는 창조 엿샛날에 만들어진 것(창세기 1,27)이고, 다른 하나는 에덴동산과 연관되는 이야기(창세기 2,7)에서 나온다. 랍비들은 이 두 단락을 하나의 연결된 이야기로 보며, 에덴동산의 아담은 창조 엿샛날에 만들어진 사람이라고 풀이한다. 아담은 그날(엿샛날) 그의 아내가 주는 열매를 먹는 죄를 지었다고 이야기한다. 이렇게 이해할 경우에 아담과 그의 아내가 에덴동산에서 쫓겨났다(창세기 3,23)는 사건은 언제 생겼을까 하는 의문이 생긴다. 일부 랍비들은 죄지은 아담은 거룩한 안식일을 에덴동산에서 지낼 수 없다고 생각하여 그들이 쫓겨난 시각은 안식일이 시작되기 바로 전이라고 풀이한다. 그러나 다른 랍비들은 욥기의 구절을 들어 그들이 에덴동산에서 안식일을 지냈다고 논박한다.

그분은 무엇으로 그날에 복을 내리셨을까?
빛으로.
태양이 안식일 밤에 지자 (등잔불의) 빛은 (환해지기) 시작했으며 계속해서 빛을 냈다. 모두가 (안식일을) 찬양하기 시작했다. 이

렇게 쓰여 있다. '하늘 아래에서 그들은 모두 그분께 노래합니다' (욥기 37,3).[1]

무엇 때문일까?

'그분의 빛이 땅 끝까지 비춘다' (욥기 37,3)(라고 말하기 때문이다).[2]

시몬 랍비의 아들 예후다 랍비는 말했다.

"하룻날에 찬미받으시는 거룩하신 분이 만들어내신 빛으로 아담은 세상의 이 끝에서 저 끝까지 쳐다볼 수 있었다. 찬미받으시는 거룩하신 분이 홍수 세대와 바벨탑 세대를 보시고 그들의 소행이 타락한 것을 아신 다음 그분은 그 빛을 숨기셨으며 오는 미래의 의인義人들을 위해 준비하셨다.

그것이 숨겨진 것을 어디에서 알 수 있을까?

'악인들에게는 빛이 거부당하고 (그들의) 치켜 올린 팔은 부수어질 것이다' (욥기 38,15)라고 말한다.

그것이 오는 미래의 의인들에게 준비될 것이라는 것은 어디에서 알 수 있을까?

'의인들의 행로는 (아침에) 뜨는 햇빛 같으며 대낮까지 비춘다' (잠언 4,18)라고 말한다."[3]

레비 랍비는 제이라 랍비의 이름으로 말했다.

"그 빛은 36시간 동안 비추고 있었으며, 12시간은 안식일 전날이고 12시간은 안식일 밤이고 12시간은 안식일 낮이다.[4] 안식일이 끝날 때 해가 지자 어둠이 들어서기 시작했으며 첫 번째 아담은 두려워했다. 이렇게 말한다. '나는 말했다. 정말로 어둠이 나를 덮을 것이며 밤이 나를 위해 빛을 비춘다' (시편 139,11).[5]

그(아담)에 대해 '그(사람)가 네(뱀의) 머리를 짓밟고, 너는 그의 발꿈치를 물 것이다' (창세기 3,15)라고 쓰여 있다.

(뱀이 그에게 말했다.)

'와서 나에게 덤벼보아라!'[6]

찬미받으시는 거룩하신 분이 어떻게 하셨을까?

그분은 그(아담)를 위해 두 개의 부싯돌을 준비하셨으며 서로 부딪치게 하여 불꽃이 일어나게 했다. 그러고는 그것에 축복의 기도를 드렸다. 이렇게 쓰여 있다. '밤이 나를 위해 빛을 비춘다.'[7]

그는 어떤 축복 기도를 했을까?

'불을 밝게 하는 빛을 만들어내신 분.'

이것은 쉬무엘의 의견이다. 쉬무엘은 이렇게 말했다.

'우리는 안식일이 끝날 때 왜 빛에 대해 축복 기도를 할까? 왜냐하면 그 빛은 창조 시작에 생긴 것이기 때문이다.'"[8]

후나 랍비는 랍의 이름으로 그리고 아바후 랍비는 요하난 랍비의 이름으로 말했다.

"속죄일이 끝날 때에도 또한 빛에 대해 축복 기도를 한다. 왜냐하면 등잔불이 하루 종일 쉬기 때문이다."[9]

주 해

1 창조 하룻날에 만들어낸 빛은 창조 나흗날에 해와 달과 별들 같은 발광체들이 만들어지면서 숨겨졌으나, 엿샛날에 사람(아담)이 만들어지며 그 빛이 다시 나타나 안식일 밤에 아담의 얼굴을 비추었다고 풀이한다. 창조 하룻날에 만들어진 빛은 등불이나 등잔불 같은 불빛이며(창세기 1,3), 안식일 밤에 사람의 얼굴을 환하게 비추는 빛은 다름 아닌 등잔불이다. 따라서 안식일에 사용하는 등잔대에서 빛나는 불빛은 축복의 빛이다. 유대교에서는 안식일 시작 전에 등잔불을 켜며 하느님을 찬양하는 기도문을 읽는다. 이러한 찬미의 등잔불 가까이 있는 사람의 얼굴은 빛의 영광이 가득한 모습이다. 이러한 배경에서 안식일의 등잔불은 축복과 거룩함을 표상한다.

2 안식일에 등잔불을 켜면서 하느님을 찬양하는 이유는 하느님의 영광의 빛이 땅 끝까지 비추기를 기원하기 때문이다. 그리스도교에서 보면 '땅 끝까지 비추는 빛'은 예수의 진리의 빛(요한복음 1,9)이며, 창조 하룻날의 '빛(진리의 빛)'은 안식일 다음 날인 하룻날에 부활한 메시아('새 아담')의 얼굴을 밝게 비춘다고 볼 수 있다.

3 창조 하룻날에 만들어진 빛은 에덴동산을 비추고 있었다고 풀이한다. 하느님은 사악한 사람들에게는 빛을 숨기고 오는 미래, 즉 메시아의 시대를 위해 빛을 준비했다는 이야기다. 이것을 초대 교회의 신앙과 대비해서 보면 메시아 예수는 창조 하룻날에 만들어진 '진리의 빛'으로, 에덴동산을 비추고 있는 빛이다. 첫 번째 아담은 죄를 지어 에덴동산에서 쫓겨나갔기 때문에 그 영광의 빛을 가지고 있지 못하지만, 예수 그리스도는 새 아담으로 그 영광의 빛을 가지고 있다. 그것을 입증하는 구절이 바로 '영광스러운 변모'의 예화라고 볼 수 있다. '그리고 예수는 그들(제자들) 앞에서 모습이 변했으며, 그 얼굴은 해처럼 빛나고 그 옷은 빛처럼 하얘졌다'(마태복음 17,2).

4 창조 엿샛날에 하느님은 사람(아담)을 만들어내고 에덴동산에 데려다놓았다. 그리고 그가 홀로 있는 것이 좋지 않다고 하여 그의 갈빗대로 그의 아내를 만들어 함께 있게 했다. 그때 창조 하룻날의 빛이 아담에게 비추기 시작했으며 안식일 밤과 낮 동안 비추었다. 이러한 일이 생긴 시간은 모두 36시간이며, 이것을 좀 더 구체적으로 구분하여 안식일 시작 전의 12시간(이 시간에 아담의 아내가 만들어졌다)과 안식일이 시작된 밤 12시간 그리고 안식의 낮 12시간으로 설명한다. 〔예를 들어 오후 6시가 해 지는 시각이라고 하면 ① 금요일 오전 6시~오후 6시, ② 금요일 오후 6시~토요일 오전 6시, ③ 토요일 오전 6시~오후 6시로 구분해 말할 수 있다.〕

5 에덴동산 이야기에서 열매를 받아먹은 아담은 하느님이 오가는 소리를 듣고 뒤로 숨는다. 그때 아담은 '내가 벌거벗었기 때문에 두려워서 숨었습니다'(창세기 3,11)라고 대답한다. 아담이 왜 두려워하게 됐을까? 아담을

두렵게 한 실체는 어둠이었다. 아담은 그의 아내에게서 열매를 받아먹고 곧바로 어둠이 그에게 엄습하는 느낌을 받았으며, 그는 에덴동산에서 쫓겨나가 어둠의 세계로 가야 하는 운명인 것을 직감하게 됐다. 한편 일부 랍비들은 하느님이 아담으로 하여금 안식일을 경험하게 하고 에덴동산에서 쫓아냈다고 풀이한다. 죄지은 사람이 자신의 죄를 회개하면 하느님이 그를 용서한다. 하느님은 자비로운 분이다. 초대 교회의 신앙에 비추어보면 예수 그리스도의 복음을 믿는 사람은 천국인 빛의 세상에 살기 때문에 어둠을 두려워하지 않는다. 메시아 예수는 자비로운 분이다.

6 하느님은 뱀이 아담의 아내를 오도誤導했다고 해서 뱀과 아담의 아내와 아담에게 벌을 내렸다. 뱀은 어둠의 세력이며 사람들은 늘 어둠과 싸운다.

7 '빛이 있어라!' 해서 빛이 생겼다는 창세 신화에서 그 빛을 부싯돌로 비유하는 해석은 매우 중요한 점을 시사한다. 어둠과 같은 원시사회에서 문명사회로 전환하게 되는 과정에서 부싯돌과 같은 불이 가장 핵심 요소였다는 설명이다. 불을 사용하게 됨으로써 새로운 세상을 만들 수 있게 됐다고 이해한 것이다. [고대 그리스 신화의 프로메테우스(예지자豫知者) 이야기와도 연결되는 부분이다.] 이처럼 창세기의 창세 신화는 문명사적 관점에서 이해해야 바른 해답을 얻을 수 있다. [창세기 창세 신화는 우주 생성을 설명하려는 의도가 없다.] 부싯돌이 불꽃을 일으키는 것처럼 밤에 떠오르는 별들과 달이 사람을 위해 빛을 비추게 한다고 해석한다. 별들과 달 등을 일상생활에 이용한다는 점이다.

8 창조 첫날에 만든 빛은 부싯돌로 불꽃을 일으켜 만든 그런 빛이다. 창조 첫날의 빛은 자연의 발광체가 아니라는 점을 알 수 있으며 또한 창조 첫날의 빛은 어둠을 밝히는, 즉 어둠을 몰아내는 불빛이다(『창세기 미드라쉬 랍바』 3,1 [본서 7장] 참조). 안식일이 끝날 때에 창조 시작의 빛을 축복하는 것은 우리가 세상 창조를 경험하며 살아가야 한다는 점을 알려준다. 창조 6일은 우리의 일상생활로 생업을 하며 사는 날이고, 안식일은 거룩한 날로 오는 세상을 체험하는 날이다. 안식일이 지나면 다시 세상 창조의 일상생활을

되풀이한다.

9 속죄일은 1년 동안의 잘못을 모두 회개하고 새로 시작하는 날이다. 속죄일이 시작되기 전에 등잔불을 켜고 축복 기도를 하며 안식일의 등잔불처럼 스스로 꺼지게 한다.

24 안식일은 왜 복을 받는 날일까

[11,3]

그분은 (사람이 안식일을 위해 쓰는) 비용으로 그날에 복을 내리셨다.[1]

레비 랍비는 하니나 랍비의 아들인 요세 랍비의 이름으로 말했다.

"(창조 기간에) 매일 만들어진 것들은 (사람들이 먹어서) 부족하기 때문에 축복의 말씀('참 좋았다')이 쓰여 있다. 그래서 결국 하나도 부족하지 않다.

(예를 들어) 닷샛날에 새들과 물고기가 만들어졌다. 사람들은 새들을 잡아서 먹으며 물고기를 낚아서 먹는다. 그러나 축복의 말씀이 쓰여 있기 때문에 하나도 부족하지 않다.[2]

엿샛날에 사람과 짐승이 만들어졌으며 사람들은 짐승을 잡아서 먹는다. 그리고 사람들은 죽는다. 그러나 그날을 위해 쓰여 있는 축복('그리고 보라, 매우 좋았다' (창세기 1,31)라고 하기) 때문에 하나도 부족하지 않다."

이렛날에 대해 무엇을 말할 수 있을까?

레비 랍비는 하니나 랍비의 아들인 하마 랍비의 이름으로 말했다.

"(추가) 비용으로 그렇게 된다."[3]

엘아자르 랍비는 요세 랍비의 이름으로 말했다.

"(사람은) 민감한 위를 가지고 있기 때문이다."[4]

주해

1 안식일은 거룩한 날이기 때문에 음식도 잘 장만해야 하고 옷도 세탁한 옷을 입어야 하며 당연히 노동은 하지 않아야 한다. 따라서 안식일로 인해 여러 가지 일상비용이 더 들어가게 된다. 그러나 사람이 안식일로 인해 비용을 더 쓰게 함으로써 안식일에 복을 내렸다는 설명이다. 왜냐하면 안식일로 인해 들어간 추가 비용에 대해 하느님은 그보다 더 많이 갚아주시기 때문이다.

2 사람들이 새와 물고기를 잡아먹더라도 하느님이 보니 '참 좋다'고 복을 내렸기 때문에 그 수효는 감소하지 않는다.

3 창조의 평일에는 그날에 만들어진 것들이 있고 축복의 말씀이 있어서 사람이 만들어진 것을 소비한다고 해도 다시 채워지지만, 안식일에는 축복의 말씀만 있지 그날을 위해 만들어진 것이 없다. 안식일을 위해서는 오직 소비만 할 수밖에 없다. 그래서 안식일을 위해 특별한 축복이 필요하며 하느님은 안식일에 더 많은 복을 내린다고 풀이한다. 사람들이 안식일을 위한 좋은 음식을 준비하기 위해 많은 비용을 들여도 결국 그 이상으로 복을 받게 된다는 말이다.

4 사람들은 안식일을 위해 특별한 음식을 장만하여 안식일을 '기쁜 날'로 즐긴다. 안식일에 많이 먹는 일이 종종 생기기 때문에 하느님은 사람의 위장을 상당히 민감하게 만들었다고 추론한다.

[11,4]

그분은 맛있는 음식으로 그날에 복을 내리셨다.

우리의 선생(예후다 랍비 대표)은 안토니우스 황제를 위해 안식일에 잔치를 베풀었다.[1] 그는 그에게 식은 음식을 대접했으며 그는 그것을 먹고 흡족해했다. 그는 평일에 그를 위해 잔치를 베풀었다. 그는 끓는 음식을 그에게 대접했다.[2]

그는 그에게 말했다.

"지난번에 먹은 것이 이것보다 더 맛있소."

그는 그에게 말했다.

"이번 것은 재료 하나가 부족합니다."

그러자 그는 그에게 말했다.

"왕실의 식품 창고에도 부족한 것이 있단 말이오?"

그는 그에게 말했다.

"안식일이 부족합니다."

그러자 그는 그에게 말했다.

"당신은 안식일을 가지고 있소?"[3]

요세 랍비의 아들 이쉬마엘 랍비는 (예후다) 랍비에게 질문했다.

"바빌로니아에 사는 유대인들은 무슨 공덕으로 생명을 부지합니까?"[4]

그는 그에게 말했다.

"토라(를 공부하는) 공덕으로 그렇습니다."

"이스라엘 땅에 사는 유대인은 무슨 공덕으로 그렇습니까?"

그는 그에게 말했다.

"십일조를 하는 공덕으로 그렇습니다."

"그렇다면 외국에 사는 유대인은 무슨 공덕으로 그렇습니까?"

그는 그에게 말했다.

"그들은 안식일과 명절을 존중하는 공덕으로 그렇습니다."[5]

주해

1 유대인 공동체의 대표였던 예후다 랍비가 안토니우스 황제를 만나 유대인들이 로마의 통치에서 유대교의 전통을 지킬 수 있는 방안을 그와 논의했다고 탈무드에 전한다.

2 요리는 일의 범주에 속하기 때문에 안식일에 요리를 하지 못하고 안식일에 먹을 음식은 안식일 전날에 준비한다. 그래서 랍비는 황제에게 식은 음식을 대접했다.

3 랍비는 같은 음식을 한 번은 식은 채로, 한 번은 끓는 채로 대접한 것이다. 황제의 입맛에 식은 음식이 더 맛있었던 것은 아마도 그 어떤 상황에 달렸던 것 같다. 그러나 랍비는 안식일이라는 묘수로 답변하여 황제에게 유대인들이 자기 종교의 전통을 지켜야 하는 당위성을 피력한다.

4 135년에 일어난 제2차 유대인 항쟁이 실패로 돌아가게 되자 로마의 압제가 더욱 극심해졌으며 갈릴리 지방에서 활동하던 랍비들은 점차 바빌로니아 지역으로 이주했다. 200년경 예후다 랍비가 『미쉬나』를 편찬할 즈음에는 바빌로니아가 유대교 학문의 중심지가 됐다.

5 십일조를 하는 것이나 안식일과 명절을 지키는 것은 모두 계명을 존중하는 일이다. 계명을 지키는 것도 토라를 공부하는 공덕에 버금간다.

히야 바르 아바 랍비는 말했다.

"한번은 라오도키아 사람이 나를 (그의 집에) 초대했다. 그는 우리 앞에 있는 테이블에 열여섯 개의 쟁반을 들여왔다. 거기에는 창조 6일 동안에 만들어진 모든 것이 있었다. 한 아이가 우리 사이에 앉았으며, 그 아이는 '그리고 땅과 그에 가득 찬 것들, 세상과 그곳에 살고 있는 것들은 주님의 것입니다'(시편 24,1)라고 읊었다.

왜 (이 구절을 인용)했을까?

집주인이 그런 대접으로 인해 자기 스스로 자만하지 않도록 하는 것이다.

나는 그에게 말했다.

'주인장, 당신은 무슨 공덕으로 이 모든 영광을 얻을 수 있었습니까?'

그는 나에게 말했다.

'나는 푸주한이었습니다. 나는 평소에 잘생긴 짐승을 보면 안식일을 위해 따로 챙겨놓았습니다.'

나는 그에게 말했다.

'당신은 쓸데없이 공덕을 쌓은 것이 아닙니다.'"[1]

탄후마 랍비는 말했다.

"로마에서 큰 금식일(속죄일) 전날에 생긴 일화다.

한 재단사가 물고기 한 마리를 사려고 (시장에) 갔다. (시장에 물고기 한 마리만 남아 있었다.) 그와 총독의 신하는 물고기 한 마리를 놓고 가격을 흥정하기 시작했다. 한 사람이 가격을 올리고 다른 사람이 또 가격을 올려서 12디나르까지 됐다. 재단사는 그 가격에 물고기를 샀다.[2]

저녁식사에 총독은 그의 신하에게 말했다.

'너는 왜 물고기를 상에 올리지 않았느냐?'

그는 그에게 말했다.

'총독님, 제가 당신에게 어떻게 속죄를 구하겠습니까! 제가 (물고기를 사려고 시장에) 갔습니다. 그런데 물고기가 한 마리만 남아 있었습니다. 한 유대인이 저와 가격을 흥정하게 됐으며, 그 사람과 저는 12디나르까지 되도록 가격을 올렸습니다. 총독님은 제가 물고기 한 마리에 12디나르를 주고 사오기를 원하시겠습니까?'

놀랍게도 그랬다.

총독은 그에게 '그 사람이 누구냐'고 물었다.

그는 그에게 '유대인 아무개입니다'라고 말했다.

그래서 그는 그를 불러들여 그에게 말했다.

'유대인 재단사가 12디나르를 주고 물고기를 먹겠다니 무슨 일이오?'[3]

그는 그에게 말했다.

'총독님, 우리에게는 우리가 1년 동안 지은 죄를 용서받을 수 있는 하루가 있습니다. 그날이 오면 우리는 그날을 매우 존중해야 합니다.'[4]

총독은 그에게 말했다.

'네 말에도 일리가 있으니 이제 너는 가도 좋다.'

찬미받으시는 거룩하신 분이 그(재단사)에게 어떻게 갚아주셨을까? 그는 집으로 돌아와서 (음식을 준비하기 위해) 물고기의 배를 갈랐다. 그런데 그는 그 속에 값진 진주가 있는 것을 발견했다. 그는 그것으로 남은 일생을 먹고 살 수 있었다."[5]

주해

[1] 푸주한이 좋은 고기는 안식일에 먹으려고 준비하는 공덕으로 부자가 됐다. 그는 안식일을 존중하는 공덕으로 생명을 부지했다는 예후다 랍비의 말에 대한 한 일화다.

[2] 디나르는 화폐 단위이며, 12디나르는 은 60그램 정도 된다.

[3] 평범한 유대인이 물고기 한 마리를 12디나르씩 주고 사려는 의도가 무엇인지를 총독은 알고 싶었다.

[4] 속죄일 전날에 잘 먹는 것은 속죄일에 금식하는 것만큼 중요하다.

[5] 외국에 사는 유대인은 안식일과 명절을 지키는 공덕을 쌓아 복을 받는다.

[11,5]

사악한 틴네우스 루푸스는 아키바 랍비에게 질문을 했다.[1]

"이날(안식일)이 다른 날들에 비해 무엇이 있습니까(무엇이 다릅니까)?"

그는 그에게 말했다.

"이 남자가 다른 남자들에 비해 무엇이 있습니까?"[2]

그는 그에게 말했다.

"내가 당신에게 무엇을 말했습니까? 당신은 나에게 무엇을 말했습니까?"

그는 그에게 말했다.

"이날이 다른 날에 비해 무엇이 있냐고 당신이 내게 말한 것은 안식일이 다른 날에 비해 왜 다르냐는 것입니다. 그리고 이 남자가 다른 남자들에 비해 무엇이 있냐고 내가 당신에게 말한 것은 루푸스가 다른 남자들에 비해 왜 다르냐는 것입니다."

그는 그에게 말했다.

"그것은 황제가 나를 존중하기를 원하기 때문입니다."

그(아키바)는 그에게 말했다.

"찬미받으시는 거룩하신 분도 역시 그날을 존중하기를 원하시기 때문입니다."

그(루푸스)는 그에게 말했다.

"당신은 내게 그것을 어떻게 입증하겠습니까?"

그는 그에게 말했다.

"보십시오, 삼바티욘 강은 평일에 돌들을 실어 나릅니다. 그러나 안식일에는 쉽니다."

그는 그에게 말했다.

"당신은 나를 전혀 반대 방향으로 놓습니다."[3]

놀랍게도 그렇다.

그(아키바)는 그에게 말했다.

"그렇다면 남자 성기로 죽은 이를 올라오게 하는 자가 그것을 입증하게 합시다. 왜냐하면 평일에는 그(죽은 이)가 올라오는데 안식일에는 올라오지 않습니다. 가서 당신 아버지를 한번 시험해보십시오."

그는 가서 그의 아버지를 시험해보았다. 평일에는 그가 나왔으나 안식일에는 나오지 않았다. 안식일 다음 날 그(루푸스)는 그를 나오게 했다.[4]

그는 그에게 말했다.

"아버지, 당신은 죽은 후에 유대인이 됐습니까? 놀랍습니다. 무슨 이유로 평일에는 나오는데 안식일에는 나오지 않습니까?"

그는 그에게 말했다.

"너희(산 자들)에게는 누구든 자기 뜻에 따라 안식일을 지키지 않아도 되지만 여기에서는 자기 의지에 상관없이 그날을 지켜야 한다."

그는 그에게 말했다.

"당신들에게 참으로 무슨 노역이 있기에 당신들은 평일에 일하고 안식일에 쉽니까?"

그는 그에게 말했다.

"평일에 우리는 심판받으며 안식일에는 쉰다."

루푸스는 아키바 랍비에게 돌아와서 그에게 말했다.

"만일 당신 말대로 찬미받으시는 거룩하신 분이 안식일을 존중한다면 그분은 그날에 바람을 일으키지도 비를 내리지도 싹이 돋아나게도 하지 않아야 합니다."[5]

그는 그에게 말했다.

"이 사람, 정신 나갔소! 내가 당신에게 비유를 들어보겠습니다. 두 사람이 한 안뜰에 살고 있습니다. 만일 (안식일이 시작되기 전에) 이 사람은 (안뜰에) 안식일 음식을 갖다놓지 않았고 저 사람은 안식일 음식을 갖다놓았다면, (안식일에) 이 사람이 안뜰로 (음식을) 가져오는 것은 허용됩니까? (아닙니다.) 그러나 만일 혼자 안뜰에 산다면 그는 안뜰 어디에서나 허용됩니다.[6]

이처럼 찬미받으시는 거룩하신 분이 누구와도 그분의 권한을 공유하지 않고 이 세상은 그분에 속하기 때문에 그분에게는 이 세상 모두가 허용됩니다. 더욱이 만나를 먹은 이들에게서 그것을 입증하지 않았습니까? 평일에는 만나가 내려왔지만 안식일에는 내려오지 않았다는 것입니다."[7]

주해

[1] 틴네우스 루푸스는 유대아 지방의 총독이었다.

[2] 이날은 안식일을 뜻한다. '이 남자'는 총독을 가리킨다. 안식일이 다른 날에 비해 어떻게 다르냐고 묻자 총독이 다른 사람에 비해 무엇이 다르냐고 반문한다. 아키바 랍비는 그가 스스로 대답을 구할 수 있는 방법을 택한 것이다.

[3] 총독은 삼바티욘 강이 무엇인지를 모른다. 삼바티욘 강은 유대인들의 전설에 나오는 강 이름이다. 이 강 건너에 이스라엘의 잃어버린 열 부족들이 유배되어 살고 있다고 한다. 평일에는 이 강에 돌과 흙이 흐르기 때문에 건너갈 수가 없으나 안식일에는 강도 쉬어 건널 수 있지만 유대교 법규에 유배된 사람들은 안식일에 강을 건너지 못한다고 규정했다. 삼바티욘 강은 아시아나 에티오피아에 있다고 전한다.

[4] 죽은 이의 혼이 저승에서 올라오게 하는 주술 행위를 가리킨다. 심지어 주술가도 안식일에는 그 권능을 발휘하지 못한다.

[5] 하느님이 안식일을 존중하여 사람을 쉬게 한다면 자연도 쉬게 하라는 반문이다.

6 두 사람이 같은 안뜰에 살고 있는데, 한 사람은 유대교 규례를 지키고 다른 사람은 지키지 않는 경우를 든다. 유대교 규례를 지키는 사람이 안식일 전날에 안식일에 먹을 음식을 준비하여 안식일이 시작되기 전에 안뜰의 식탁에 옮겨놓았다. 그러나 다른 사람은 그렇게 하지 않았다. 그렇다고 이 사람이 안식일에 음식을 만들어 안뜰의 식탁에 가져와 식사를 하는 것은 규례를 지키는 사람에게 누를 끼치는 처사다. 유대교 규례를 지키지 않는 사람이라도 지키는 사람의 관습을 존중해야 한다. 세상을 안뜰로 비유한 것이다.

7 하느님은 이 세상에 홀로 권한을 가지고 있기 때문에 허용되거나 되지 않는 범주가 없다. 안식일을 지켜야 하는 규례는 하느님의 가르침이며, 하느님이 주인인 이 세상에서 이 규례를 부정할 권한은 없다. 안식일에 비를 내리지 않게 하든지 싹이 돋아나지 않게 하는 것은 하느님의 권한에 속하는 것이기 때문에 하느님께 요구할 필요가 없다.

[11,6]

어떤 철학자가 호샤야 랍비에게 질문했다.

"만일 할례가 소중하다면 무슨 이유로 첫 번째 아담은 (할례를) 받지 않았습니까?"[1]

그는 그에게 말했다.

"무슨 이유로 이 사람은 머리의 일부는 깎는데 수염은 내버려 둡니까?"

그는 말했다.

"왜냐하면 그것(머리카락)들은 어리석게도 그와 함께 자랐습니다."[2]

그는 그에게 말했다.

"만일 그렇다면 그 눈을 멀게 하고 그 손을 잘라버리고 그 발을 부러뜨리시오. 그러면 그것들이 어리석게도 자랄 것입니다."

그는 그에게 말했다.

"우리가 왜 이런 논쟁을 하게 됐습니까!"

놀랍게도 그렇게 됐다.

그는 그에게 말했다.

"나는 당신을 빈손으로 돌려보낼 수 없습니다. 창조 6일 동안에 만들어진 것은 어느 것이나 더 만들 것이 필요합니다. 예를 들어 겨자에는 단맛이 필요하고 부추에도 단맛을 넣어야 하며 밀은 가루로 빻아야 합니다. 심지어 사람도 고쳐야 할 필요가 있습니다."[3]

주 해

1 유대교에서 할례가 그렇게 소중하다면 왜 에덴동산 이야기에서 아담이 할례를 받았다는 구절이 없을까 하는 질문이다. 그러나 철학자의 의도는 만일 할례가 필수적인 것이라면 왜 아담을 그렇게 만들어내지 않았느냐고 하느님의 창조에 반론을 제기하는 것이다.

2 사람이 태어날 때 머리카락은 이미 자랐지만 수염은 나이가 들어서야 자란다. 머리카락은 사람이 배우기 전에 자라지만 수염은 학식을 얻은 후에 생기는 것이므로 수염은 자신의 지성을 보여준다고 철학자는 대답한다. 한편 호샤야 랍비는 사람이 머리카락을 자르는 이유는 자신의 용모를 갖추기 위한 것이라고 설명한다.

3 사람도 태어나서 그냥 자라는 것이 아니고 보충해야 하며 그 과정 가운데 필수적인 것이 할례라는 설명이다.

[11,7]

요하난 랍비는 요세 바르 할라프타 랍비의 이름으로 말했다.

"아브라함이 안식일을 지켰다고 성경에 쓰여 있지 않지만, 그는 한정된 세상을 유업으로 이어받았다. 이렇게 말한다. '일어나서 이 땅의 길이와 너비로 걸어 다녀라'(창세기 13,17).[1]

그러나 야곱은 안식일을 지켰다고 성경에 쓰여 있다. 이렇게 말한다. '그리고 그는 도성 앞에서 천막을 쳤다(쉬었다)'(창세기 33,18). 그는 석양에 (천막을 친 땅에) 들어왔으며 아직 낮인 동안에 그는 그곳을 (안식일의) 경계 지역으로 정했다. 그래서 그는 한정 없는 세상을 유업으로 이어받았다. '네(야곱의) 자손은 땅의 먼지처럼 (많게) 되고 너는 서쪽과 동쪽, 북쪽과 남쪽으로 퍼져 나가리라'(창세기 28,14)라고 말한다."[2]

주해

[1] 아브라함에게는 이 땅에서 길이와 넓이로만 돌아다닐 수 있는 한정된 지역을 그의 유업으로 받았다.

[2] 야곱의 후손, 즉 이스라엘 공동체는 안식일을 지킴으로써 이 세상의 동서남북으로 퍼져 나가 살 권리가 있다고 주장한다. 유대교의 안식일은 초대 교회의 '주主의 날'에 알맞다.

위의 미드라쉬를 복음서의 마지막 부분과 비교할 수 있다. '그 후 예수는 스스로 그들(제자들)을 통해 동쪽에서부터 서쪽에 이르기까지 영원한 구원에 대한 거룩한 불멸의 (복음) 선포를 두루 미치게 하셨다. 아멘'(마가복음 16, 결어 : 이 부분은 다른 고대 사본에 첨가되어 있음). 이 세상의 이 끝에서 저 끝까지 그리스도의 복음을 선포해야 하는 이유는 '주의 날'을 알리기 위한 것이다. 메시아 예수가 부활한 날을 기억하고 지킴으로써 믿음의 공동체가 이 세상을 유업으로 이어받을 수 있다. 안식일이 있었기 때문에 부활한 그리스도를 예배하는 '주의 날'이 생길 수 있었다. 부활은 안식일을 지킴으로써 이루어질 수 있는 안식일 신화의 한 부분이다.

[11,8]

다른 설명

왜 '그분은 그날에(게) 복을 내리셨을까?'

베레크야 랍비와 도스타이 랍비와 쉬무엘 바르 나흐만 랍비.

베레크야 랍비와 도스타이 랍비는 말했다.
"왜냐하면 안식일에는 그 짝이 없었기 때문이다. 창조의 하룻날은 이튿날이, 사흗날은 나흗날이, 닷샛날은 엿샛날이 그 짝이지만 안식일은 그 짝이 없다."

쉬무엘 바르 나흐만 랍비는 말했다.
"그것은 다음 날로 미루지 못하기 때문이다. 명절은 다음 날로 미룰 수 있고 속죄일도 다음 날로 미룰 수 있다. 그러나 안식일은 다음 날로 미루지 못한다."[1]

심온 바르 요하이 랍비는 미쉬나의 가르침을 전했다.
"안식일은 찬미받으시는 거룩하신 분 앞에서 말했다.
'세상의 주군이시여, 이 세상 모든 것에는 그 짝이 있습니다. 그러나 내게는 그 짝이 없습니다.'
찬미받으시는 거룩하신 분이 그에게 말씀하셨다.
'이스라엘 회중이 바로 네 짝이다.'
이스라엘 (백성)이 시나이 산 앞에 서 있을 때 찬미받으시는 거룩하신 분이 그들에게 말씀하셨다.
'내가 안식일에게 '이스라엘 회중이 바로 네 짝이다' 라고 한 말을 기억하라.'

그러므로 '안식일을 기억하여 거룩하게 지켜라!' (출애굽기 20,8)
라고 말한다."²

주해

1 명절이나 속죄일 등은 달력(月曆)에 의해 그 날짜가 정해진다. 매년 그 지
키는 날짜가 바뀐다. 그러나 일주일에 한 번씩 돌아오는 안식일은 달력과
무관하게 고정되어 있다.

2 이스라엘 회중(공동체)이 안식일의 신랑이라는 비유이며, 창조의 완성은
바로 이러한 관점에서 찾아볼 수 있다. 복음서에 신랑과 신부의 비유가 나
온다. '천국은 저마다 등불을 가지고 신랑을 마중하러 나간 열 처녀와 같
을 것입니다……. 슬기로운 처녀들은 등불과 함께 그릇에 기름도 갖고 있
었습니다……. 준비하고 있던 처녀들은 신랑과 함께 혼인잔치에 들어가
고 문이 닫혔습니다. 나중에 나머지 처녀들이 와서 '주님, 주님, 우리에게
문을 열어주십시오' 하고 청했습니다. 그러나 그는 대답하여 말했습니다.
'나는 여러분을 모릅니다.' 그러니 여러분은 깨어 있으시오' (마태복음 25,1-
13). 초대 교회에서는 그리스도가 신랑이고 그리스도 공동체가 그리스도
의 신부라고 표현했다.

[11,9]

'왜냐하면 하느님은 하시려고 만들어내신 모든 일에서 그날
에 멈추셨기 때문이다' (창세기 2,3).

레비 랍비는 하마 바르 하니나 랍비의 이름으로 말했다.
"찬미받으시는 거룩하신 분이 창조의 하루하루에 세 가지 것들
을 만들어내셨다. 하룻날에는 하늘과 땅과 빛을, 이튿날에는 창공
과 지옥과 천사들을, 사흗날에는 나무와 풀과 에덴동산을, 나흗날

에는 해와 달과 별들을, 닷샛날에는 새와 물고기와 레비아탄을, 엿샛날에는 아담과 하와와 기는 것(뱀)들을 만들어내셨다."

핀하스 랍비는 말했다.
"엿샛날에 그분이 여섯 가지를 만들어내셨다. 그것들은 아담과 하와와 뱀과 집짐승과 들짐승과 귀신들이다."

베나이 랍비는 말했다.
"'하느님이 만들어내시고 만드신'이라고 쓰여 있지 않고 '하느님이 만드시려고 만들어내신'이라고 쓰여 있다. 이것은 찬미 받으시는 거룩하신 분이 앞으로 이렛날에 만들어낼 모든 것들을 미리 엿샛날에 만들어내셨다는 뜻이다."[1]

주해

1 엿샛날에 왜 여섯 가지를 만들어내야 했는지에 대한 보충 설명이다. 창세기의 창조 이야기에 따르면, 엿샛날에 집짐승과 기는 것과 들짐승을 만들어내고 보니 '참 좋았다'(창세기 1,25)라고 하느님은 말했다. 그다음에 하느님은 자기를 닮게 사람을 만들어내고 보니 '그리고 보라, 매우 좋았다'(창세기 1,31)라고 말한다. 창세기 1장 창조 이야기에서 매일 만들어낸 것이 있고 보니 '좋았다'는 구절로 하루를 끝마친다. 그런데 엿샛날은 그 구절이 두 번 나온다. 핀하스 랍비는 여기에 착안하여 하느님이 아담을 만들려는 생각은 원래 엿샛날 다음이었으나 안식일에 쉬어야 하기 때문에 아담의 창조를 앞으로 당겼다고 설명한다. 핀하스 랍비의 의견과 레비 랍비의 의견을 비교해보면 앞으로 당긴 세 가지는 아담과 하와와 귀신들이다. 과연 귀신들이란 무엇을 가리킬까? '귀신들'이라고 번역한 단어는 글자 그대로 '보이는 모습들'이다. 모습으로 존재한 것들을 뜻한다. 이것들은 다름 아닌 죽은 이들의 혼령이라고 볼 수 있다. 아담의 창조와 더불어 그들이

죽는 것은 이미 정해졌다. 에덴동산에서 아담이 죄를 범했기 때문에 죽음을 면치 못하는 것이 아니라 죽을 운명으로 태어났다.

[11,10]

핀하스 랍비는 호샤야 랍비의 이름으로 말했다.

"'왜냐하면 하느님이 하시려고 만들어내신 모든 일에서 그날에 멈추셨기 때문이다'라는 구절이 그분이 그분의 세상의 일에서 쉬셨다는 뜻으로 말하겠지만, 그분은 악인들의 일과 의인들의 일에서 쉬신 것은 아니다. 그분은 이들과 저들과 함께 일하신다. 그분은 이들에게 대표적인 예와 저들에게 대표적인 예를 보여준다.[1]

악인들에게 벌을 주는 것이 일의 범주에 속한다는 것을 (성경의) 어디에서 알 수 있을까? '주님이 그분의 무기고를 여시고 그분 분노의 온갖 무기를 꺼내셨다. 왜냐하면 이것은 주님 하느님이 하신 일이기 때문이다'(예레미야 50,25)라고 말한다.

의인에게 보상을 준다는 것이 일의 범주에 속한다는 것을 어디에서 알 수 있을까? '당신을 두려워하는 이들을 위해 당신이 쌓아두신 당신의 좋은 것들이 얼마나 많습니까! 사람들을 상대로 당신께 피신하는 이들을 위해 당신은 일하십니다'(시편 31,20)라고 말한다."[2]

주해

1 안식일에도 하느님은 악인들과 의인들이 행하는 일을 감찰하고 있다. 그래서 심판의 날에 그 대표적인 예를 들어 그들의 죄와 공덕을 판단한다.

2 하느님은 안식일에도 악인에게 벌을 주고 의인에게 보상을 베푸는 일을 한다. 만일 하느님이 안식일에 쉬고 있다면 사람들은 안식일을 골라 죄를 범할 것이 아니겠는가!

랍비들의 상반된 해석과 죽음에 관하여

창세기 1-3장의 미드라쉬에서 누누이 되풀이하며 이끌어가는 핵심은 하느님의 가르침(미쉬나와 미드라쉬)을 공부하고, 그에 따라 행함으로써 구원을 받을 수 있다는 것이다. 구원의 관점에서 창세기 미드라쉬를 엮어 나간다. 하느님의 구원을 목표로 세상은 창조됐으며, 이 세상은 오는 세 상의 심판을 준비하기 위해 사는 것이다. 그러므로 이 세상 삶의 잘잘못 에 따라 사람의 운명이 좌우된다. 이러한 울타리 안에서 랍비들은 성경 구절의 이해를 성경의 다른 구절을 찾아서 해보려고 노력한다. 따라서 랍 비들 사이에 한 구절에 대한 해석이 다른 구절을 인용하며 달리 해석하는 경우를 빈번하게 볼 수 있다.

랍비들의 상반된 해석에 대해

유대교의 해설자들은 한 구절에 대해 서로 다르게 해석하는 방법을 종 종 택했으며, 서로 간에 합의가 이루어지지 않으면 그들의 다른 견해를 그대로 편집하는 데에 주저하지 않았다. 때로는 학파를 형성하며 자기 학 파의 해석이 타당하다는 것을 입증하기 위해 다른 학파와 극심하게 논쟁하는 경우도 볼 수 있다.

샴마이 학파와 힐렐 학파 그리고 예수

랍비들이 학파를 이루며 상반된 견해로 대립했던 사건들 중에 가장 잘 알려진 예는 기원전 1세기 후반에 활동했던 샴마이와 힐렐의 논쟁을 들 수 있다. 미쉬나와 탈무드에 수록된 이야기에 따르면, 그들은 제각기 학파를 이루어 150여 년 동안 사사건건 상반된 해석을 했다. 그 한 예를 『미쉬나』「축도」1,3에서 읽어볼 수 있다.

샴마이 학파는 말했다.

"저녁때 낭송하면 모두 편하게 기대어도 되지만 아침에는 일어서야 한다. 왜냐하면 '네가 누워 있을 때에든지, 일어날 때에든지'(신명기 6,7)라고 쓰여 있다."

그러나 힐렐 학파는 말했다.

"누구든지 자기 길로(방식으로) 낭송하면 된다. 왜냐하면 '네가 길을 갈 때에든지'(신명기 6,7)라고 쓰여 있다."

그렇다면 왜 '네가 누워 있을 때에든지, 일어날 때에든지'라고 쓰여 있을까? 그것은 사람이 늘 누워 있거나 늘 일어날 때를 뜻한다.

타르폰 랍비는 말했다.

"내가 언젠가 여행길에 샴마이 학파의 말대로 (쉬마를) 누워서 낭송했다. 그때에 도둑들에게 변을 당했다."

그들이 그에게 말했다.

"당신은 힐렐 학파의 말을 우습게 생각했으니 그렇게 당해도 쌉니다."

이처럼 1세기에는 바리새 랍비들이 두 학파로 갈라져 성경의 법규 해석에 첨예하게 대립했다. 이런 상황에서 예수는 힐렐 학파에 비중을 많이 두는 편이었으나 때로는 샴마이 학파의 의견이 옳다고도 했다. 예수의 해석과 샴마이 학파와 힐렐 학파의 해석 사이에 어떤 연관성이 있는지를 다음 예에서 볼 수 있다(『바빌로니아 탈무드』「샤바트」31a).

한 이방인이 샴마이 앞에 와서 그에게 말했다.

"나를 개종자로 만들어주십시오. 그러나 한 가지 조건이 있습니다. 내가 한 발로 서 있는 동안 토라의 모든 것을 내게 가르쳐주십시오."

샴마이는 그가 들고 있던 측량 잣대로 그를 쫓아냈다.

그는 힐렐 앞에 와서 그와 똑같이 말했다.

그는 그에게 말했다.

"너에게 싫은 것을 네 이웃에게 하지 마라. 이것이 토라의 모든 것이며 나머지는 그 해석이다. 가서 그것을 배워라."

이와 같은 힐렐의 언명은 '그러므로 여러분은 무엇이든지 사람들이 여러분을 위해 해주기 바라는 것을 그대로 그들에게 해주십시오. 이것이 토라(모세오경)와 예언서입니다'(마태복음 7,12)라고 말한 예수의 가르침과 비슷하다. 하나는 긍정문이고 다른 하나는 부정문이라는 차이뿐이다.

한편 이혼 문제에 대해서 예수는 샴마이 학파의 의견에 동조하는 것을 알 수 있다. 『바빌로니아 탈무드』「기틴」9,10에 나오는 단락에서 그 예를 읽어볼 수 있다.

샴마이는 말했다.

"남편이 아내에게서 부정한 것을 찾아내지 못했다면 이혼할 수 없다."

힐렐은 말했다.

"남편은 어떤 이유로든지 그의 아내와 이혼할 권리가 있다. 심지어 그녀가 그를 위해 음식을 못 먹게 만들었다고 해도 그렇다."

예수의 경우 삼마이 학파의 의견에 동조하는 것을 복음서의 한 단락에서 볼 수 있다.

> 바리새 사람들이 예수에게 다가와서 물었다.
> "어떤 사유로든지 사람이 자기 아내를 버려도 됩니까?"
> 예수는 대답하여 말했다.
> "여러분은 읽어보지 못했습니까? ……음행도 하지 않았는데 자기 아내를 버리고 다른 여자와 혼인하는 자는 간음한 것입니다."(마태복음 19,3-9)

복음서에서는 삼마이와 힐렐 두 학파를 바리새 사람들이라고 불렀으며, 위의 예에서 볼 수 있듯이 예수는 힐렐 학파나 삼마이 학파에 동조하는 경우도 있고 때로는 모두 비판하기도 했다. 복음서에 전해진 바리새 사람들에 대한 이야기에서 그들 일부는 예수의 성경 해석에 긍정적이고 일부는 부정적인 경우를 볼 수 있는데, 그 이유도 당시 바리새 랍비들이 두 학파로 나뉘어 있었기 때문이다. 당시 분파들(바리새, 사두개, 에세네, 초대 교회 등) 사이의 성경 해석 차이로 사회 분위기가 불안했던 것 같으며, 그들의 극심한 논쟁으로 인해 때로는 극한 상황까지 벌어졌다. 예수의 죽음도 이러한 맥락에서 이해해볼 수 있다. 예수의 견해가 바리새 사람들뿐 아니라 사두개 사람들의 해석과 매우 큰 차이가 있다는 것은 복음서에 잘 나타난다. 그 한 예로 바리새 사람들이 말하는 전통에 대한 이해와 예수의 해석은 매우 다르다. 바리새 사람들은 예수에게 이렇게 질문한다.

> "어찌하여 당신 제자들은 선조들의 전통을 어깁니까? 그들은 빵을 먹을 때 손을 씻지 않습니다."
> (……)
> 예수는 모인 사람들에게 말했다.

"입으로 들어가는 것은 사람을 더럽히지 않습니다. 오히려 입에서 나오는 것이 사람을 더럽힙니다."

그때에 그의 제자들이 다가와서 그(예수)에게 말했다.

"바리새 사람들이 그 말씀을 듣고 그들이 졌다는 것을 아십니까?"

(마태복음 15,1-3 ; 10-12)

바리새 사람들은 식사 전에 손을 씻는 정결례의 전통에 대한 예수와의 논쟁에서 성공하지 못했다. 한편 예수가 바리새 사람들에게 질문하는 경우에서 성경 해석에 대한 논쟁을 볼 수 있다.

바리새 사람들이 모여들자 예수는 그들에게 질문했다.

"여러분은 메시아에 대하여 어떻게 말합니까? 그는 누구의 아들입니까?"

그들은 "다윗의 아들입니다"라고 말했다.

그는 그들에게 말했다.

"어떻게 다윗은 영혼으로 그(메시아)를 주님(아돈)이라고 말합니까? 왜냐하면 이렇게 말합니다. '주님(YHWH)이 내 주님(아도나이)에게 하신 말씀이다. 내가 네 원수들을 네 발아래에 (잡아) 놓을 때까지 내 오른편에 앉아라'(시편 110,1).

이처럼 만일 다윗이 그(메시아)를 주님(아돈)이라고 불렀다면 그(메시아)가 어떻게 그(다윗)의 아들이 되겠습니까?"

그러자 아무도 그(예수)에게 답변을 할 수 없었다.(마태복음 22,41-46)

바리새 랍비들이 예수의 성경 해석에 대한 질문에 대답하지 못했다는 것은 그들의 학식이 예수보다 못하다는 것을 드러낸다. 당시 성경의 법규 해석을 주도했던 바리새 랍비들이 어느 학파에도 속하지 않은 예수에게 성경 해석 문제에서 사사건건 실패했다는 굴욕감은 매우 컸을 것 같다.

랍비들이 풀어 쓴 창세 신화

예수의 죽음과 성경 해석의 문제

바리새 사람들과 사두개 사람들은 예수의 성경 해석에 불만을 품고 급기야 서로 작당하여 예수를 산헤드린(대의회)에 고발, 예수는 산헤드린 법정에서 심문을 받게 된다. 여기에서도 성경 해석 문제가 나와 결국 죽음의 판결로 이어진다. 복음서에 전해진 예수의 재판 과정에서 이러한 장면을 볼 수 있다.

> 대사제가 예수에게 말했다.
> "당신이 하느님의 아들, 바로 그 메시아인지 우리에게 말하시오."
> 예수는 그에게 말했다.
> "당신이 말했습니다. 그러나 나는 여러분에게 말합니다. 이제부터 여러분은 사람의 아들이 전능하신 분의 오른편에 앉아 있는 것을 보고 또한 하늘의 구름을 타고 오는 것을 보게 될 것입니다."
> 그러자 대사제는 자기 옷을 찢으며 말했다.
> "보시오, 그는 신성모독을 했습니다. 우리에게 증인들이 무슨 필요가 있습니까? 보시오, 이제 여러분은 그의 신성모독을 들었습니다. 여러분은 무엇을 원하십니까?"
> 그들은 대답하여 말했다.
> "그는 죽을죄를 지었습니다." (마태복음 26,63-67)

『미쉬나』에 따르면, 산헤드린의 심판관은 신성모독의 소문을 들은 것을 확인할 때 자기 옷을 찢고 다시는 꿰매지 않는다(『미쉬나』「산헤드린」7,5). 예수의 산헤드린 재판 과정에서 대사제가 자기 옷을 찢은 이유는 예수가 신성모독을 하고 다닌다는 소문을 예수의 입에서 나오는 말로 확인했기 때문이다. 그리고 산헤드린의 모든 심판관들이 예수가 죽을죄를 지었다고 판결하는 것은 그가 하느님의 이름을 속되게 했다고 판단했기 때문이다. 이는 회개로도 용서받을 수 없으며 속죄일에 속죄예식으로도 되돌릴 수 없는 죄다.

『나탄 랍비의 선조들』에 따르면, 세상에는 네 가지 종류의 속죄가 있다고 가르친다.

마타티야 벤 헤레쉬 랍비는 이쉬마엘 랍비의 이름으로 말했다.

"네 가지 종류의 속죄가 있다.

사람이 '하라' 는 계명을 어겼으면 회개를 하라. 그러면 그 자리에서 움직이지 않아도 그분이 곧 용서하신다. '돌아와라, 말썽부리는 자식들아. 내가 너희 말썽을 고쳐주겠다' (예레미야 3,22)라고 쓰여 있다.

사람이 '하지 말라' 는 계명을 어겼으면 회개를 하라. 그러나 그 회개는 속죄일까지 연기되어 속죄할 수 있다. '이날은 속죄일이며 너희를 위해 주님 하느님 앞에서 속죄한다' (레위기 23,28)라고 쓰여 있다.

재판으로 추방되거나 사형에 처할 그런 죄를 지었다면 회개를 하라. 그 회개는 속죄일까지 연기되며 고난이 따른다. '나는 그들의 죄악을 지팡이로, 그들의 악행을 피부병으로 벌했다' (시편 89,33)라고 말한다.

그러나 누구든 그의 손에 하느님의 이름을 속되게 했으면 회개로 연기될 힘이 없으며 속죄일에 속죄도 못한다. 그리고 고난을 받지 않으며 죽음으로 (그의 회개는) 연기된다. '만군의 주님이 내 귀에 드러내셨다. 이 악행은 너희가 죽을 때까지 너희를 위해 속죄되지 않는다. 만군의 주님이 말씀하셨다' (이사야 22,14)라고 말한다.

그의 죽음이 그를 위해 속죄할 수 없을까?' 보라, 나는 너희 무덤을 열고 너희를 무덤에서 들어올리겠다. 내 백성이여, 내가 너희를 이스라엘 땅으로 데려가겠다' (에스겔, 37,12)라고 쓰여 있다.

이처럼 산헤드린의 관점에서 보면 예수의 잘못은 성전에서는 속죄되지 않는 죄에 속한다. 그래서 예수는 십자가에 처형된다. 유대교의 형벌에 따르면, 십자가 처형은 저주의 형벌이다. 〔그러나 예수는 무덤에서 일어나 밖으로 나왔다. 예수는 자신의 죽음으로 속죄를 받은 경우다.〕

그렇다면 예수는 어떻게 해서 신성모독이라는 죄를 짓게 됐을까? 예수가 '이제부터' 하면서 말한 두 인용구에서 하느님의 이름을 속되게 했다는 해석이 나온다. 첫 번째 문장은 '나(하느님)의 오른편에 앉아라'(시편 110,1)이고, 두 번째는 '사람의 아들 같은 이가 하늘의 구름을 타고 왔다'(다니엘 7,13)다. 이 두 인용구 모두 메시아 문구로, 메시아적 미드라쉬에 자주 인용됐다. 예수의 인용 문장에서 두 번째 인용구는 다니엘 7,13과 거의 같은데 첫 번째 것에는 문제가 있다.

예수는 "여러분은 사람의 아들이 전능하신 분의 오른편에 앉아 있는 것을 봅니다"라고 말한다. 이 문장에서 정확한 인용구는 '나(하느님)의 오른편에 앉아라'(시편 110,1)이며, 여기에서 예수는 '나의'를 '전능하신 분의'로, '앉아라' 하는 명령형을 '앉을 것이다'라는 서술형 동사로 바꾸어 말했다. 가장 심각한 문제는 이렇게 변형된 인용구에 주어(사람의 아들)를 삽입한 점이다. 이것이 바로 예수의 미드라쉬(성경 해석)다. 따라서 예수의 이 문장은 '사람의 아들'이 하느님의 오른편에 앉아 있을 것이라는 해석이다. '전능하신 분'은 하느님의 우회적 표현으로, 초기 유대교 문헌에서 자주 사용됐다. 첫째 인용구(시편 110,1)에서 하느님의 오른편에 앉는 인물은 왕이며, 랍비들은 메시아 시대에 메시아 왕이 하느님의 오른편에 앉을 것이라고 해석했다.

산헤드린의 심판관들은 예수의 시편 인용구 해석에서 '사람의 아들'을 문제 삼았다. 당시 '사람의 아들'이라는 숙어적 호칭은 어떤 특별한 은사가 있는 사람을 지칭했다. 기원전 2~1세기경의 유대교 문헌으로 추정되는 자료에 따르면, '사람(아담)의 아들(벤 하-아담)'이라는 명칭을 지닌 사람은 탁월한 심판관으로, 기적을 행사하기도 하며 특별한 사려로 언사를 구별하는 사변가이고 구원자인 메시아로도 불렸다. 1세기 전반기의 사제들과 랍비들 처지에서 보아도 '사람의 아들'이라고 불리는 사람이 메시아로 백성들에게 추앙받을 수 있었다. 많은 치유의 기적을 일으킨 권능자이며 탁월한 토라 해석자였던 예수가 '사람(아담)의 아들'이라는 칭호로 불린 것은 당연하다. [당시 여러 인물들은 스스로 메시아라고 칭한 경우가 많았다.] 그러나 '사람의 아들'이라는 명칭은 왕에게 붙이는 호칭은 아니었다. '사람의 아들'이 하느님 오른편에 앉는 것이 아니라 메시아 왕이 앉아야 된다. 예수는 왕이 아니기 때문에 잘못된 해석이며, 또한 사람의 아들이 어떻게 하느님 오른편에 앉을 수 있느냐는 반문이다. 사람의 아들이 하느님과 함께 앉는다고 해석하는 것은 결국 하느님의 이름을 속되게 한다는 논리다. 이래서 산헤드린 심판관들은 예수에게 사형에 처할 죄를 지었다고 판결한 것이다.

이처럼 1세기 바리새의 전통을 이어온 후대 랍비들도 성경 문구에 대한 상반된 해석으로 극하게 대립했으며, 이로 인해 심지어 죽음에 이르기도 했다. 이런 상황을 잘 보여주는 일화가 있다. 한 랍비의 의견이 다른 랍비들의 것과 다르다는 이유로 논쟁이 붙어 결국 파문되는 이야기다.

논쟁으로 파문된 엘리에제르 랍비의 일화

'뱀 화로'라는 제목으로 알려진 일화를 읽어본다(『바빌로니아 탈무드』 「바바 메찌아」 59a-b).

> 『미쉬나』에서 가르친다.
> 만일 (점토) 화로를 조각으로 나누고 조각들 사이에 모래(반죽)를 넣었으면, 엘리에제르 랍비는 그것(화로)은 정淨하다고 결정했으나 랍비들은 부정不淨하다고 결정했다. 이것이 '뱀 (무늬의) 화로'다.

『미쉬나』에 따르면, 점토 그릇이 일단 부정해지면 그것을 정하게 할 수 없다. 점토 그릇이 부정해지는 경우는 쉽게 찾아볼 수 있다. 예를 들어 계명을 지키지 않아 부정해진 사람이 화로를 만졌다면 그 화로는 부정해진다. 그렇게 되면 그 화로는 더 이상 사용할 수가 없게 된다. 만일 그 화로의 주인이 가난한 사람이어서 새 화로를 살 만한 여유가 없다면 어떻게 하겠느냐는 경우가 생긴다. 그 방법을 구하기 위해 엘리에제르 랍비가 생각한 것이 앞의 경우다. 일단 점토 그릇이 부서지면 그것은 더 이상 그릇이 아니기 때문에 부정하지 않다. 그렇다면 부정해진 화로를 조각으로 나눈 다음 이 조각들을 모래와 찰흙을 섞어 만든 접착제로 붙여서 다시 사용할 수 있지 않느냐는 것이다. 이것이 엘리에제르 랍비의 법도(할라카)다. 그러나 대부분의 랍비들은 이렇게 다시 만든 화로는 정淨하지 않다고 주장한다. '뱀 화로'는 부서진 화로 조각 사이에 접착제를 넣어 붙인 모양이 뱀처럼 보인다고 하여 생긴 표현이다.

　왜 뱀일까?
　예후다 랍비는 쉬무엘이 아래와 같이 말했다고 전한다.
　"그들(랍비들)이 그(엘리에제르)를 뱀처럼 말로 둘러쌌으며, 그것은 부정하다고 결정했기 때문이다."

　여기서 초점은 '뱀 화로'라는 숙어는 그 모양이 뱀 무늬처럼 보였기 때문에 만들어졌겠지만, 엘리에제르 랍비에게 반대하는 랍비들이 그를 둘러싸고 그에게 뱀과 관련된 말(간교, 모사 등)로 그를 모욕했다는 것이다. 또한 에덴동산 이야기에서 모든 짐승 가운데 가장 교묘한 뱀이 아담의 아내에게 질문하는 것과 같았다는 뜻으로도 볼 수 있다. 이 단락에서 다수가 소수의 의견을 무시하는 것뿐 아니라 잔혹한 언사로 그에게 잘못했다는 것을 알 수 있다.

　이렇게 가르쳤다.
　그날 엘리에제르 랍비는 세상에서 답변할 수 있는 모든 답변을 했지만, 그들은 그의 의견을 받아들이지 않았다.

그는 그들(랍비들)에게 말했다.

"만일 법도(할라카)가 내가 말한 대로라면, 이 상록수가 그것을 입증할 것입니다."

그러자 상록수는 제자리에서 뽑혀 100보 갔다. 어떤 이는 4보 갔다고 말한다.

그들이 그에게 말했다.

"누구도 상록수로 입증하지 못합니다."

그러자 상록수는 제자리로 돌아갔다.

그는 그들에게 말했다.

"만일 법도가 내가 말한 대로라면, 이 물길이 그것을 입증할 것입니다."

그러자 물이 거꾸로 흘렀다.

그들은 그에게 말했다.

"누구도 물로 입증하지 못합니다."

그러자 물은 그 자리로 돌아갔다.

그는 그들에게 말했다.

"만일 법도가 내가 말한 대로라면, 토라 공부 학교의 벽이 그것을 입증할 것입니다."

그러자 토라 공부 학교의 벽이 무너지려고 기울어졌다.

예호슈아 랍비는 그들을 책망하며 말했다.

"현인들의 제자들이 법도 문제로 서로를 쓰러뜨리려 한다면 당신들에게 좋을 것이 무엇이겠습니까?"

엘리에제르 랍비는 자신의 법도가 옳다는 것을 기적을 통해 밝히려는 것이다. 그러나 대부분의 랍비들은 기적으로 자신의 의견이 옳다는 것을 입증하는 것은 받아들일 수가 없으며, 기적으로 다수의 의견이 틀렸다는 것을 입증하지 못한다고 설명한다. 현인들의 제자들은 토라 공부 학교에서 공부하는 학생으로, 상당한 수준에 올라선 이들을 가리킨다.

　　이렇게 가르쳤다.
　　예호슈아 랍비를 존중하기 때문에 벽은 무너지지 않았으며, 엘리에제르 랍비를 존중하기 때문에 벽은 바로 서지도 않았다. 벽은 여전히 기울어져 있었다.
　　그(엘리에제르 랍비)는 그들에게 말했다.
　　"이것이 내가 말한 대로라면, 하늘에서 그것을 입증할 것입니다."
　　그러자 하늘의 소리가 나오면서 그들에게 말했다.
　　"법도는 어디에서든지 엘리에제르 랍비의 의견대로인데, 여러분은 그와 함께 무엇을 하고 있는 것입니까?"

　　예호슈아 랍비는 반복해서 기적을 행하며 자신의 법도를 입증하려는 엘리에제르 랍비의 태도를 책망할 뿐만 아니라, 다수 의견을 지지하며 문제에 간섭한 것이다. 학교 벽이 무너지지도, 바로 서지도 않았다는 것은 다른 방법이 동원되어야 문제가 해결될 수 있다는 것을 보여준다. '하늘의 소리'는 하느님의 계시를 말한다. 예를 들어 예수가 요한 세례자의 세례를 받고 강물에서 올라오니 하늘이 열리고 '하느님의 기운(바람/영靈)이 비둘기처럼 내려와 예수 위에 이르렀다. 그때 하늘에서 소리가 났다. '이는 내 사랑하는 아들이니 나는 그에게서 즐거워한다'라고 말한다'(마태복음 3,16-17). 바로 이러한 하늘의 소리가 하느님의 계시를 뜻한다.

　　예호슈아 랍비는 두 발로 일어서서 말했다.
　　"그것(계명)은 하늘에 있지 않다"(신명기 30,12).
　　'그것은 하늘에 있지 않다'는 것은 무엇일까?
　　예레미야 랍비는 말했다.
　　"당신이 이미 시나이 산에서 그것(계명)을 주셨기 때문에 우리는 하늘의 소리를 듣지 않습니다. '너는 다수를 따르라'(출애굽기 23,2)라고 쓰여 있습니다."

예호슈아 랍비는 하늘에서 들리는 소리로 자신의 의견이 옳다고 주장하는 것이 틀렸다는 것을 논증하기 위해 계명은 이제 더 이상 하늘의 계시를 따르지 않으며, 또한 시나이 산에서 하느님의 계명을 받은 후 그다음 단계의 계명은 다수의 의견에 따라 결정된다고 그 입증 문구를 제시한다. 랍비들의 세계에서 토라를 해석할 수 있는 권한을 받은 현인들의 결정은 하느님 말씀의 권위를 가지고 있다. 따라서 현인 다수의 결정으로 하느님의 단편적인 계시를 무시할 수 있다는 것을 보여준다. 이로써 현인들 사이의 갈등이 하느님과 현인들 사이의 갈등으로 펼쳐진다.

나탄 랍비는 엘리야에게 와서 그에게 말했다.
"거룩하신 분은 그때 무엇을 하셨습니까?"
그는 그에게 말했다.
"그분(하느님)은 웃고 미소를 지으며 말씀하셨다. '내 아들들이 나를 이겼구나. 내 아들들이 나를 이겼구나.'"

엘리야를 '계약의 전달자'(말라기 3,1)라고 부르는 것처럼 엘리야는 하느님의 말씀을 사람들에게 전해주는 전달자의 역할을 한다는 전승이 있었다. 초기 유대교 문헌에도 엘리야는 이처럼 자주 등장한다. 복음서에서 예수는 세례자 요한을 엘리야라고 말한다(마태복음 11,14). 나탄 랍비는 신비한 경험을 통해 엘리야를 만나고, 그에게 이 사건을 해결할 수 있는 실마리를 물어본 것이다. 하느님은 엘리에제르 랍비의 의견이 옳다고 하늘의 소리를 통해 알려주었지만, 다수의 의견이 옳다고 주장하는 랍비들이 모세오경에서 그 입증 문구를 제시했으니, 하느님은 현인들이 옳다고 말하며 성경에도 자가당착이 있다는 점을 털어놓는다. 또한 하느님의 성격이 사람들의 것과는 다르다는 것을 알게 한다. 사람은 자신이 패배했으면 슬퍼지지만, 하느님은 자신이 패배했을 때 스스로 기뻐한다고 랍비들은 설명한다.

그때 그들은 엘리에제르 랍비가 정결하다고 한 모든 정한 것들을 가져와 불에 태웠으며 투표해서 그를 파문했다.

그들은 말했다.

"누가 가서 그에게 알려주겠습니까?"

아키바 랍비가 그들에게 말했다.

"내가 가서 그에게 알려주겠습니다. 어울리지 않는 사람이 가서 알려주었다가는 세상을 무너뜨릴 것입니다."

그는 무엇을 했을까?

그는 검은 옷을 입고 (얼굴을) 검게 발랐으며 신발을 벗고 가서 그의 앞에서 4보 떨어진 곳에 앉았고, 그의 눈에서 눈물이 흘렀다.

그(엘리에제르 랍비)는 그에게 말했다.

"아키바, 왜 오늘은 다른 날들과 다릅니까?"

그는 그에게 말했다.

"내 생각으로는 당신의 동료들이 당신을 떠나려고 하는 것 같습니다."

그의 눈에서도 눈물이 흘렀으며, 그는 신발을 벗고 자기 의자를 치우고 바닥에 앉았다.

엘리에제르 랍비에 반대하는 랍비들은 엘리야의 이야기를 듣자 마치 그들이 이긴 것으로 생각하고는 엘리에제르 랍비가 그동안 정하다고 결정했던 모든 물건들을 가져다가 불에 태우고는 다수의 찬성으로 그를 파문한 것이다.

아키바 랍비가 엘리에제르 랍비에게 이 소식을 잘 설명하여 그의 분노를 줄여주겠다는 의도다. 하느님은 사람들과의 논쟁에서 패배해도 기뻐하지만, 하느님의 가르침을 해석할 수 있는 권능을 가진 랍비들은 자신의 논쟁에서 패배하면 슬프다는 것을 보여준다.

아키바 랍비가 검은 옷을 입고 몸에 재를 뿌려 검게 하는 것은 거상居喪과 참회의 의례에서 볼 수 있는 모습이다. 아키바 랍비가 이러한 모습을 하고 엘리에제르 랍비에게 가면 그는 방문자의 겉모습에서 자신의 운명을 즉시 감지할 것이다. 『미쉬나』에 따르면, 파문된 사람은 부정不淨하기 때문에 사람들은 그 앞에서 적어도 4보의 거리를 두고 이야기한다.

신발을 벗고 바닥에 앉는 것은 참회하는 의식이며, 의자를 치우는 것은 선생으로서의 자격을 버린다는 뜻이다. 다수의 랍비들이 엘리에제르 랍비에게 지나치게 행동한 것에 비해 그는 순순히 자신의 운명을 받아들이며 스스로 자신의 위치에서 내려앉는 현인임을 보여준다. 다수의 언행이 잘못된 것을 극명히 드러낸다.

엘리에제르 랍비가 그의 만년에 동료들에게서 파문되어 유배 중에 죽은 때는 96년경이다. 그가 자기 동료들에 대해 어떻게 생각했는지를 보여주는 다음과 같은 그의 언명이 『선조들의 어록』에 전한다.

> 네 동료의 귀중함이 네 것처럼 너에게 다정해야 한다.
> 쉽게 화내지 말라.
> 네가 죽기 전에 하루 회개하라.
> 현인들의 화로에 마주 앉아 몸을 따뜻하게 하라. 그러나 그들의 타는 숯에 데지 않게 조심할 것이다. 그들의 입맞춤은 여우의 입맞춤이며, 그들의 침은 전갈의 침이며, 그들의 속삭임은 독사의 속삭임이다. 그들의 모든 말은 불타는 숯 같다. (『선조들의 어록』 2,10)

랍비 동료들 사이의 언쟁이 '타는 숯'이라고 말할 정도로 심각한 것임을 알 수 있다. 동료들의 위선을 '독사의 속삭임'이라고 전하는 문구는 바리새들에게 일곱 차례 불행을 선언하는 예수의 언명에서도 읽을 수 있다. '독사 족속아, 너희가 어떻게 지옥에 갈 심판을 피하겠느냐?' (마태복음 23,33) 또한 많은 바리새들과 사두개들이 세례자 요한의 세례를 받으러 왔을 때 요한이 그들에게 말하는 저주의 말투에서도 회개와 독사의 두 단어가 등거리로 사용되는 것을 본다. '독사 족속아, 닥쳐올 진노를 피하라고 누가 너희에게 일러주더냐? 회개에 합당한 열매를 맺어라' (마태복음 3,7-8). 예수와 바리새들 사이에 논쟁이 심각했음을 이러한 문구에서 찾아볼 수 있다. 결국 예수의 죽음을 초래했다.

죽음이 좋다니 무슨 뜻일까

『창세기 미드라쉬 랍바』 9,5 (본서 11장)에 아래와 같은 단락이 나온다.

> 메이르 랍비의 성경에 이렇게 쓰어 있는 것을 보았다.
> '그리고 보라, 매우 좋다' (창세기 1,31). 그리고 죽음은 좋다.

창세기 1장에 전해진 세상 창조에서 다른 날에는 '좋다'고 하느님이 말씀하시는데, 이 경우에는 왜 '매우 좋다'고 말씀하시는가? 사람을 만들고 그에게 양식을 준비하시는 하느님은 '매우' 좋으신 분이지만 사람에게 '죽음'을 정해주셨다. 왜냐하면 '참으로 (하느님의) 사랑은 죽음처럼 강하다' (아가 8,6)라고 말씀하기 때문이다. 여기에서 '죽음처럼'의 문구를 '매우'라는 뜻으로 해석한다. 따라서 '매우 좋다'는 것은 '죽음처럼 좋다'는 뜻이며, 다시 말해 '죽음은 좋다'로 해석한 것이다. 죽음을 세상 창조와 연결하여 설명하며 세상 창조에서 '죽음은 좋다'고 해석할 수 있는 여지는 죽은 이도 하느님이 돌봐주시기를 바라는 희망에서 나온 것으로 보인다. 이처럼 '죽음은 좋다'고 랍비들이 일반적으로 받아들이는 그 실체가 어디에 있는지를 초기 랍비들의 토라 해석 논쟁에서 찾아보고자 한다.

어느 민족에게나 죽음에 대한 신화와 관습 또는 언명 등이 전해진다. 히브리 성경에서는 인간의 죽음에 대하여 두 가지 이유를 든다. 첫째는 하느님이 흙으로 사람을 만들었기 때문에 흙으로 다시 돌아간다는 설명이며(창세기 2,7 ; 3,19 ; 욥기 10,9), 다른 하나는 에덴동산에서 아담과 하와가 지은 죄 때문이라는 것이다(창세기 3,22-23).

죽음은 인간이 경험하는 당연한 결과다. 유대교 현인들도 인간의 죽음을 하느님의 선善에 대한 도전으로 생각하지 않았다. 오히려 인간이 죽음을 맞이하기 위해 가져야 하는 자세를 설명하려고 애쓴다.

히브리 성경의 관점에서 보면, 죽음이 죄지은 대가로 받는 벌이라는 생각은 흔히 에덴동산의 아담과 하와의 이야기에서 찾는다.

> 주님 하느님이 말씀하셨다.
> "보아라, 사람이 선과 악을 아는 우리 가운데 하나처럼 됐다. 지금 그가 그의 손을 뻗쳐서 생명나무에서도 또한 가져다가 먹고 영원히 살면 안 되겠다."
> 그래서 주님 하느님은 땅을 일구기 위하여 그를 데려온 에덴동산에서 그들을 내보냈다. (창세기 3,22-23)

여기에서 아담과 하와가 에덴동산에서 쫓겨나는 것은 하느님에게서 죽음의 판결을 받았다는 뜻으로 랍비들은 해석한다. 그리고 그들은 안식일이 시작하기 전에 쫓겨났다고 일부 랍비들은 이해한다. 『엘리에제르 랍비의 해설집』19장에 전해진 단락에서 그 예를 볼 수 있다.

> 안식일이 시작되는 날 7시(금요일 오후 1시)에 첫 번째 아담이 에덴동산에 들어왔다. 만군의 천사들이 그를 찬양하며 그를 에덴동산으로 들여보냈으며, 그는 안식일이 시작되는 해 질 때에 쫓겨나갔다.

만군의 천사들이 그를 부르며 말했다.

'아담은 영화榮華 속에 밤을 지내지 못하고 도살되는 짐승들과 같다'(시편 49,12). '도살되는 짐승'이라고 쓰여 있지 않고 '도살되는 짐승들'이다. 즉 둘이다(아담과 하와를 뜻한다).

안식일이 다가와서 첫 번째 아담을 위해 변호인이 되어 그분 앞에서 말했다.

"세상의 주군이시여, 창조의 엿새 동안 이 세상에서 누구도 살해되지 않았습니다. 당신은 나에게서 (살해의 역사를) 시작하시겠습니까? 그것이 나를 거룩하게 하는 것이며 나를 찬미하는 것입니까? 이렇게 말합니다. '하느님이 이렛날에게 복 내리며 그것을 거룩하게 하셨다'(창세기 2,3)."

안식일 덕분에 아담은 지옥의 심판에서 구해졌다. 아담이 안식일의 힘(권능)을 보고 말했다.

"찬미받으시는 거룩하신 분이 거저 안식일에게 복 내리고 거룩하게 하시지는 않았습니다."

그는 안식일을 위해 시편과 노래를 부르기 시작했다. 이렇게 말한다. '시편, 안식일을 위한 노래'(시편 92,1).

이쉬마엘 랍비가 말했다.

"첫 번째 아담이 이 시편을 불렀으나 모든 세대 동안 잊었다가 모세가 와서 그것을 새롭게 했다. 이렇게 전한다. '시편, 안식일을 위한 노래.' 온전히 안식일이며 오는 세상의 삶에서 쉬는 날을 위하여. '주님께 감사드림은 좋습니다'(시편 92,2)."

첫 번째 아담이 말했다.

"나에게서 모든 세대는 배울 것이다. 누구든지 자기 죄를 고백하고 버리면 지옥의 심판에서 구해진다." 이렇게 말한다. '주님께 감사드림은 좋습니다. 아침에 당신의 자비를 이야기함이 (좋습니다)'(시편 92,3).

(아담이 말했다.)

"이것은 오는 세상에 오는 모든 이에게 아침과 같다."

"밤에 당신의 미더움을 (이야기함은 좋다)"(시편 92,3).

(아담이 말했다.)

"이것은 이 세상에 있는 모든 이에게 밤과 같다. 그들은 찬미받으시는 거룩하신 분의 미더움과 자비를 이야기하고 말할 것이다. 그분이 나에게 행하시고 지옥의 심판에서 나를 구하셨다."

안식일은 의인화되어 아담을 위한 변호인으로 등장한다. 아담이 하느님의 계명을 어겼기 때문에 벌을 받아 처형되게 됐는데 안식일 변호인이 나서서 아담을 옹호한다. 거룩한 안식일에 아담의 죽음을 초래하는 사건이 일어나지 않게 안식일이 시작되기 전에 아담을 에덴동산에서 쫓아내는 것이 지혜롭다는 이야기다. 그래서 안식일 시작 바로 전에 아담이 시편 92편을 낭송하며 에덴동산을 떠나는 광경이다. 아담과 하와가 에덴동산에서 쫓겨나가는 상황을 유죄 판결을 받아 처형장으로 가는 모습으로 비유한다. 에덴동산에서 쫓겨나가는 벌은 죽음과 같다는 논리를 입증하는 문구로 그들은 마치 도살되는 짐승들과도 같다는 구절을 인용한다. 죄지은 벌로 에덴동산에서 쫓겨나가는 것을 죄로 인한 죽음으로 해석한다.

한편 아담이 지옥의 심판에서 구원받은 이유는 안식일에는 망자가 지옥의 지배 아래 있지 않기 때문이다. 유대인들은 관습에 따라 사람이 죽은 후 일주일 동안 죽은 이를 위하여 죽은 이의 집에서 곡을 한다. 그러나 이 기간 동안 걸리는 안식일에는 곡을 하지 않는다. 안식일은 죽음의 지배 아래 있지 않기 때문이다.

만일 아담이 에덴동산에 산다면 그는 하느님처럼 영원히 살 수 있다는 것을 알 수 있다. 에덴동산 이야기에 대한 초기 랍비들의 미드라쉬에서 죽음은 영생의 반대어(antithesis)라는 점을 알 수 있다. 한편 사람은 흙으로 만들어졌기 때문에 흙으로 돌아간다는 죽음은 삶의 마지막을 뜻한다.

미드라쉬에 따르면, 영생에 반대되는 죽음은 죄 때문에 생기는 것이며, 흙으로 돌아가는 죽음은 자연적이고 생물학적인 것이다. 이와 같은 죽음과 죄의 관계에 대해 초기 유대교 현인들과 랍비들의 견해를 살펴보고자 한다.

인간에게는 처음부터 악한 성향이 존재한다

기원전 2세기 말경에 편집된 초기 유대교 문헌인 「벤씨라서(집회서)」에서 죽음에 대한 논박을 읽어볼 수 있다.

> 죽음은 더디 오지 않고
> 저승의 법칙은 너에게 알려지지 않았다는 것을 기억해라.
> 네가 죽기 전에 사랑하는 이에게 잘해주고
> 네 손의 소유물을 그에게 주어라.
> (……)
> 모든 육신은 옷처럼 낡아지는 법이고
> 영원한 법칙은 숨을 거둔다는 것이다. (14,11-17)

여기에서 사람이 죽어야 하는 법칙은 육신이 소멸되는 것을 뜻한다. 즉 죽음을 인간 창조와 연결하는 내용이다. 그러나 벤 씨라는 다음 단락에서 죽음을 죄와 연결한다.

> 하느님이 '처음에'부터 인간을 만드셨으며
> 그를 그의 유괴자의 손에 놓으셨다.
> 그분은 그의 성향의 손에 그를 맡기셨다.
> 네가 원하면 계명을 지킬 것이며
> 각자ַצֶר는 그분의 뜻을 행한다. (15,14-15)

'처음에(베레쉬트בראשית)'는 창세기 1,1을 시작하는 단어다. 즉 창세기 1-3장을 가리킨다. 전통적으로 '유괴자'는 '악한 성향'이라고 말한다. 사람에게는 처음부터(태어나면서부터) 악한 성향이 존재하지만 토라를 배움으로써 이해가 깊어지고 선행을 하게 된다는 해석이다. 그래서 인간은 죄의 굴레에 들어가지 않을 수 있다. 벤 씨라도 분명히 죽음의 두 가지 관점을 이야기한다. 따라서 죄짓지 않는 삶의 길과 죄짓는 죽음의 길 가운데 선택하는 것은 인간의 성향에 달렸다.

인간의 성향으로 행한 일들은 결국 토라에 의해 저울질된다. 기원전 30년경까지 살았던 현인 아카비야의 아래와 같은 언명에서 이와 같은 해석을 읽을 수 있다.

> 아카비야 벤 마하랄렐은 말한다.
> 세 가지 것을 쳐다보아라.
> 그러면 죄의 손아귀에 들어가지 않는다.
> 네가 어디에서 왔는지, 어디로 가는지,
> 훗날 누구 앞에 전말서顚末書를 내는지 알라.
> 네가 어디에서 왔느냐? 악취 나는 몇 방울에서.
> 네가 어디로 가느냐? 흙과 구더기와 벌레가 있는 곳으로.
> 훗날 누구 앞에 전말서를 내느냐? 왕들 중에 왕들 중에 왕, 찬미받
> 으시는 거룩하신 분 앞에. (『선조들의 어록』 3,1)

여기에서 '세 가지 것'은 『선조들의 어록』 1장에 수록된 언명인 '세상은 세 기둥 위에 서 있다'는 그 세 기둥을 가리킨다. 즉 토라와 예배와 자비 혹은 정의와 진리와 평화 등을 뜻한다. '전말서(딘 뷔-헤쉬본)'는 글자 그대로 '판결을 받기 위한 계산서'라고 설명할 수 있다. '사람은 흙으로 만들었으니 흙으로 돌아간다'(창세기 3,19)라는 구절과 '인간은 구더기요, 사람의 자식은 벌레로다'(욥기 25,6)라는 구절에서 '흙과 구더기와 벌레'를 선

택한 문구다. 사람은 죽지만 그것으로 끝나는 것이 아니고 하느님 앞에서 자신의 삶에 대한 심판을 받게 된다는 것을 상기시킨다. 이 전말서의 내용이 토라에 위배되면 그는 지옥으로 가게 된다. 이러한 개념이 죄로 인한 죽음이며, 죽은 이의 죽음의 도착지는 지옥이다.

창세기 미드라쉬에 따르면, 지옥은 창조 전에 만들어졌거나(1,4 ; 본서 3장) 혹은 창조 이튿날 만들어졌다(11,9 ; 본서 24장). 하느님이 사람을 만들어내기 이전에 이미 지옥을 준비했다는 설명이다. 따라서 토라에 따라 걷지 않는 뻔뻔스러운 사람들은 지옥으로 가고, 하느님의 법도를 배우고 수치스러워하는 사람은 에덴동산으로 간다(『선조들의 어록』 5,20).

의로운 자의 죽음은 하늘의 보상이다

아담과 하와가 에덴동산에서 죄를 짓게 되어 하느님은 죽음의 천사를 만들어 이 세상에서 죄와 악을 일으키는 무리를 다스리게 했다(『출애굽기 미드라쉬 랍바』 30,3). 그러나 이스라엘이 죽음의 천사로부터 자유로워지기(해방되기) 위해 모세는 시나이 산에서 하느님께 토라를 받았다. 이스라엘 백성은 하느님의 손가락으로 새긴 토라를 받음으로써 생명의 길을 추구하고 죽음의 굴레에서 해방될 수 있는 기회를 얻었다. 그러나 금송아지 사건으로 말미암아 사람들은 에덴동산에서의 아담처럼 다시 죽음의 심판을 피할 수 없게 됐다(『출애굽기 미드라쉬 랍바』 32,1). 〔모세는 금송아지를 가루로 만들어 물에 뿌려 죄지은 사람들에게 마시게 했다(출애굽기 32,20). 그리고 그들을 죽였다. 그들에게 왜 마시게 하고 죽였을까? 『미쉬나』에 따르면, 시체는 부정不淨한 것이다. 사람이 시체를 만지면 사람도 부정해진다. 따라서 그 금가루가 시체 속에 있으면 사람들이 그 금가루를 만지지 못하게 된다.〕

사람이 죄를 지으면 지옥행의 죽음을 피하기 어렵다는 것이 랍비들의 지론이다. 『바빌로니아 탈무드』에 수록된 다음 단락은 유대교 문헌에 자주 인용된다(「샤바트」 55b).

아미 랍비는 말했다.

"죄 없이 죽음이 없으며 잘못 없이 고난이 없다. 이렇게 쓰여 있다. '죄지은 사람. 그는 죽는다. 아들은 아버지의 잘못을 짊어지지 않고 아버지는 아들의 잘못을 짊어지지 않는다. 의로운 자의 정의는 그에게 있게 되고 악한 자의 악도 그에게 있게 된다'(에스겔 18,20).

죄악 없이 고난이 없다. 이렇게 쓰여 있다. '나는 지팡이로 그들의 죄악을 벌하고 역병으로 그들의 잘못을⋯⋯'(시편 89,33).

그들(의로운 자와 악한 자)은 논박했다.

시중드는 천사들이 찬미받으시는 거룩하신 분 앞에서 말했다.

'세상의 주군이시여. 무슨 이유로 첫 번째 아담을 죽음으로 벌을 내리셨습니까?'

그분은 그들에게 말했다.

'나는 그에게 오직 한 가지 단순한 계명을 주었으나 그는 그것을 어겼다.'

그들은 그분에게 말했다.

'그러나 모든 토라를 지켰던 모세와 아론도 죽지 않았습니까?'

그분은 그들에게 말했다.

'모두 같은 운명이다. 의로운 자에게나 악한 자에게나'(전도서 9,2)."

아담의 죄 때문에 아담 이후 세대에게 죽음의 심판이 있는 것은 아니라고 랍비들은 말한다. 오히려 다음 세대의 사람들은 스스로 신들처럼 되려고 행동했기 때문에 아담에게 죽음의 벌을 주었다고 죽음의 기원을 해석한다. 여기에서 제기되는 문제는 악한 사람의 죽음과 의로운 사람의 죽음이 다른 것이 아니냐는 질문이다(『창세기 미드라쉬 랍바』 9,5〔본서 11장〕참조).

창세기 미드라쉬에서는 의로운 사람들의 죽음을 쉬는 것(안식)으로 비유한다. 의로운 사람이 토라를 배우고 악한 성향을 누르며 일생을 살다가 죽게 되면 그러한 싸움에서 쉬게 된다는 뜻이다. 안식의 관점에서 보면 악한 자의 죽음으로 하느님은 쉴 수 있으며 의로운 자는 자신의 죽음으로 악한 성향과의 싸움에서 해방되는 것이다.

의로운 자의 죽음을 안식으로 설명하는 것은 의로운 자의 죽음이 하늘의 보상이라고 이해하는 데 있다. 그러나 사람이 하늘의 보상을 받으려고 토라를 지킨다면 그것은 악한 성향이라고 기원전 3세기 후반에 활동했던 현인 안티게노스는 다음과 같이 말했다.

> 보상을 받으려고 주인을 모시는 종처럼 되지 말라.
> 오히려 보상을 받으려 하지 않고 주인을 모시는 종이 되어라.
> 하늘의 두려움이 너희 위에 있어라(『선조들의 어록』 1,3).

보상을 받으려 하지 않아도 주인을 모시라는 안티게노스의 가르침은 일꾼이 하루 종일 일하고 주인에게서 임금을 받지 않아도 된다는 뜻은 아니다. 온전한 종은 하느님께 보상을 기대하지만 보상받는 것을 조건으로 하여 하느님을 섬겨서는 안 된다는 가르침이다. 복음서에서는 '종의 처지'에 관한 비유를 들어 이와 같은 언명을 이야기한다. 종이 지시받은 대로 했다고 하여 주인이 그 종에게 고맙다고 하겠느냐? 오히려 그러한 일은 당연히 해야 할 일을 했다고 생각하라는 말이다(누가복음 17,7-10). 또 다른 예를 들면 '포도원 주인과 일꾼들'의 비유를 들 수 있다. 하루 품삯이 1데나리온이라고 약속한 포도원 주인은 아침부터 일한 사람에게나 오후 늦게 와서 일한 사람에게나 같은 품삯을 준다. 하루 종일 일한 일꾼이 투덜거리자 주인은 1데나리온으로 합의했으니까 그것을 가지고 가라는 것이며 나중에 와서 일한 사람에게도 똑같은 임금을 준다는 이야기다(마태복음 20,1-16). 주인(하느님)을 모시는 일꾼은 많이 일했다고 많은 보상을 받는다고 생각하지 말라는 비유다. 그렇다면 죽음이 하늘의 보상으로 여겨지려면 어떻게 해야 할까?

죽음과 속죄일의 회개는 속죄를 가져온다

『미쉬나』에 따르면, "죽음과 속죄일의 회개는 속죄를 가져온다"(「요마」 8,8)라고 설명한다. 죽음은 속죄의 과정이라는 해석이다(「씨프레 민수기」 112). 또한 속죄일에 회개를 함으로써 하늘의 보상을 받을 수 있다는 뜻이다. 예루살렘에 성전이 있었을 당시에는 성전에 와서 속죄제물을 바쳐 죄 사함을 받았다. 속죄제물은 죄 사함을 받기 위해 바치는 것으로, 죄의 정도나 그 사람의 형편에 따라 제물의 종류가 달라진다. 가난한 자는 비둘기를 가져오지만 사제가 죄를 지으면 소를 바쳐야 한다. 짐승의 굳기름은 제단 위에서 태우고 살코기는 사제들의 몫이다. 그러나 죄지은 자가 사제이거나 백성 전체일 경우는 예외다.

고대 이스라엘의 여러 제사 가운데 속죄제나 화목제 등을 지낼 때 제단에 뿌리거나 제사 드리는 사람들에게 뿌리는 데 쓰이는 짐승의 피는 제사 의례에서 가장 큰 역할을 한다. 이른바 '계약의 피'(출애굽기 24,8)라고 알려진 것이다. 피를 뿌리는 의례가 속죄의 핵심이 된 것은 고대 메소포타미아의 인간 창조 신화에서 유래한다. 태초에 세상에는 큰 신들과 지위가 낮은 신들이 있었다고 한다. 낮은 신들이 노동을 하여 큰 신들을 부양했다. 그러나 그들의 노역이 점차 극심해지면서 작은 신들은 불평불만을 토로하기 시작했고, 급기야 큰 신들에 대항하여 반란을 일으켰다. 이때 지혜의 신이 인간을 만들어 낮은 신들의 노고를 대치하자고 제안한다. 그래서 반란을 주도한 낮은 신들의 우두머리를 처형하여 그 피를 점토와 섞어 사람을 만들었다. 고대 이스라엘에서 거행된 속죄제사에서 사제들이 짐승의 피를 제단에 뿌림으로써 속죄받는 의례는 반란한(죄지은) 신의 피로 인간이 만들어졌다는 고대 메소포타미아의 전승과 같은 맥락에서 이해할 수 있다(『수메르 신화』, 1장 참조).

70년에 예루살렘 성전이 무너지고 성전과 관련된 모든 종교 법규는 새롭게 해석됐다. 예를 들어 유월절 식사의 식탁은 성전 시대의 속죄제를 위한 제단과 같은 역할을 하게 됐다. 『바빌로니아 탈무드』「하기가(축제)」

에서 그 해석을 읽을 수 있다. "성전이 서 있을 때에 제단은 사람을 위해 속죄하여 주었지만 이제 사람의 식탁이 그를 위해 속죄하여 준다"(27a). 또한 성전이 없는 상황에서 속죄예물에 관한 인식도 바뀌었다. 요하난 벤 자카이 랍반의 예화에서 이러한 상황을 볼 수 있다.

> 요하난 벤 자카이 랍반이 예루살렘을 떠났으며, (그의 제자) 요슈아 랍비는 그의 뒤를 따라가고 있었다. 요슈아 랍비는 허물어진 성전을 보고 말했다.
> "이스라엘의 죄를 사하여주는 장소가 허물어졌으니 얼마나 원통합니까!"
> 요하난 벤 자카이 랍반은 말했다.
> "내 아들아. 그리 슬퍼하지 마라. 우리에겐 속죄하는 다른 방법이 있다."
> "무엇입니까?"
> "그것은 자비를 행하는 것이다. 이렇게 말한다. '나(하느님)는 자비를 원하지 희생제사가 아니다'(호세아 6,6)."

이 인용구(호세아 6,6)는 복음서에도 잘 알려진 구절이다. 예수는 그 집에서 음식을 드시고 있었는데 마침 많은 세리들과 죄인들이 와서 예수와 그분의 제자들과 함께 상을 받았다. 그런데 바리새 사람들이 보고 그분 제자들에게 '어찌하여 당신네 선생은 세리들과 죄인들과 함께 먹습니까?' 하고 물었다. 그분은 들으시고 말씀하셨다. '의사는 건강한 사람들에게 필요한 것이 아니라 앓는 사람들에게 필요합니다. 여러분은 가서 '나는 자비를 원하지 희생제사가 아니다'라고 하신 말씀이 무슨 뜻인지 배우시오'(마태복음 9,10-13). [여기서 '죄인'은 유대교의 종교 법규를 지키지 않는 부류의 사람들을 말한다.] 예수가 죄인들과 함께 식사를 하지 않아야 하는 것은 당시 유대교 법도에 비추어보면 예수가 사제의 신분이나 정결례를 지키는 랍비와 같은 지위에 속하기 때문이다.

복음서의 예를 위의 요하난 벤 자카이 랍반의 이야기와 비교해보면 〔요하난 벤 자카이 랍반은 30세 정도 됐을 때 예수가 활동을 시작했던 갈릴리 지역에서 랍비 임무를 했다.〕 복음서의 그 구체적인 맥락은 속죄와 관련된다. 즉 가난한 사람들에게서도 세금을 걷어가는 세리들이나 종교 의례를 지키지 않아 죄인이 된 사람들이 예수와 함께하는 식사를 통해 속죄될 수 있다는 의미로 보인다.

자비를 행함으로써 속죄될 수 있다고 풀이한 요하난 랍반의 가르침은 후대에 큰 영향을 주었으며, 그 한 예로 『바빌로니아 탈무드』「브라코트」(17a)에 전해진 쉐쉐트 랍비의 기도에서도 그 일면을 읽어볼 수 있다.

세상의 주군이시여, 성전이 있었을 당시에 사람이 죄를 지으면 그는 기름과 피(즉 짐승)로 희생제물을 드려 죄 사함을 받았다는 것을 잘 알고 있습니다. 이제 저는 금식의 날을 지키며, 제 자신의 기름과 피가 줄어들고 있습니다. 그래도 저의 줄어든 기름과 피가 당신 앞 제단 위에 바치는 희생제물로 여겨지는 것이 당신의 뜻이기를 바랍니다. 그래서 저에게 호의를 베풀어주십시오!

금식의 날을 지키는 것은 모든 계명을 지키고 산다는 대표적인 표현이다. 〔금식의 날만 지키고 다른 계명은 지키지 않는 것은 상상할 수 없다.〕 유대교에서 종교적인 금식의 날은 일주일에 이틀이다. 쉐쉐트 랍비는 금식을 통해 토라를 실천함으로써 자신의 목숨을 하느님께 속죄제물로 바친다는 기도를 한다. 자신에게 일어나는 악한 성향을 버리고 항상 금식의 날을 지키며 '그러나 우리는 당신을 위해 날마다 죽으며 도살되는 양처럼 여겨집니다'(시편 44,23)를 낭송한다.

삶을 위한 죽음이란 무엇인가

이처럼 '날마다 죽으며' 구원의 가르침(토라)을 배우고 행하는 초기 유대교 현인들은 '삶을 위한 죽음이란 무엇인가?' 하는 질문에 대한 해답을 찾으려고 애썼다. '사람은 천수를 누리기 위해 무엇을 해야 하는가?' 이러한 질문에 대하여 유대교 현인들의 견해를 탈무드에 전해진 알렉산드로스 대왕의 아가다(짧은 이야기)에서 단편적으로 읽을 수 있다. [다음의 번역은 『바빌로니아 탈무드』 「타미드」 32a에 나오는 부분이다.]

알렉산드로스 대왕은 랍비들과 함께 논박과 대담을 즐겼다고 쓰여 있다. 어느 한 경우, 그는 한 무리의 랍비들과 어울려 생각을 자아내는 질문을 그들에게 계속했다고 전한다.

그는 질문했다.

"누가 지혜로운가?"

랍비들은 서로 모여 숙덕거리고는 잠시 후 그들의 우두머리가 말했다.

"미래를 예견할 수 있는 자입니다."

알렉산드로스 대왕은 질문했다.

"누가 용감한가?"

랍비들 가운데 한 사람이 재빨리 대답했다.

"자신의 본성을 누르는 자입니다."

권력 있는 정복자는 말했다.

"자, 그렇다면 누가 부유한지를 나에게 말하시오."

어느 랍비가 말했다.

"부유한 자는 자기 몫에 만족하는 자입니다."

그는 말했다.

"사람이 천수를 누리려면 무엇을 해야 하느냐?"

랍비들은 다시 서로 끼리끼리 모여 잠시 논쟁을 했으며, 대변자가 황제에게 말했다.

"사람은 (토라) 공부와 열심히 행함으로써 자신을 죽여야 합니다."

뜻밖의 대답에 놀란 알렉산드로스는 말했다.

"그렇다면 사람은 죽기 위해 무엇을 해야 하느냐?"

그들은 말했다.

"오히려 자신의 삶을 쉽게 하는 방법과 수단으로 자신을 살아남아 있게 해야 합니다."

하느님의 계명을 지키는 토라 공부와 자신의 소유를 이웃에게 베푸는 선행(자선)으로 자신의 악한 성향을 죽이면, 즉 죄를 짓지 않으면, 자신의 삶은 천수를 누릴 수 있다는 견해다. 이것이 영원한 생명을 얻는 길이다. 자신의 소유를 가난한 이에게 주고, 하느님의 토라를 가르치는 선생을 따라가는 길을 말한다.

복음서에 전해진 예수의 이야기(마태복음 19,16-22 ; 마가복음 10,17-22 ; 누가복음 18,18-23)에서도 이와 같이 토라(하느님의 가르침)를 지키고, 자신의 소유물을 팔아 가난한 자에게 주고, 예수(선생)를 따르는 것이 영생을 얻는 길임을 볼 수 있다.

토라를 위해 자신을 죽이는 의로운 사람의 죽음을 하느님의 입맞춤의 죽음이라고 한다. 하느님의 거룩한 이름을 위하여 자신의 목숨을 버리는 순교의 대표적인 예로 「마카비 2서」 7장에 나오는 '어머니와 그녀의 일곱 아들'의 이야기에서 찾아볼 수 있다. 다음 단락은 『바빌로니아 탈무드』 「기틴」 57b에 전해진 일곱 아들과 어머니의 이야기다.

'그러나 우리는 당신을 위하여 날마다 죽으며 도살되는 양처럼 여겨집니다'(시편 44,23).

랍 유다는 말했다.

"이것은 '어머니와 그녀의 일곱 아들'을 가리킨다.

첫 번째 아들이 황제 앞에 끌려왔다.

그는 그에게 말했다.

"이방 신에게 절해라!"

그러나 그는 대답했다.

"토라에 '나는 네 하느님이다' (출애굽기 20,2)라고 쓰여 있습니다."

그는 끌려 나가 처형됐다.

다음 아들이 황제 앞에 끌려왔다.

그는 그에게 말했다.

"이방 신에게 절해라!"

그러나 그는 대답했다.

"토라에 '너에게는 나 외에 다른 신들이 없다' (출애굽기 20,3)라고 쓰여 있습니다."

그는 끌려 나가 처형됐다.

다음 아들이 황제 앞에 끌려왔다.

이처럼 그녀의 아들들이 하나씩 끌려와서 우상 숭배를 강요받았으나 각자 토라의 말씀을 인용하여 처형됐다. 나머지 아들들이 인용한 토라의 문구는 다음과 같다. '주님 외 다른 신들에게 제물을 드리는 자는 처형되어야 한다' (출애굽기 22,19). '다른 신에게 절하지 말라'(출애굽기 34,14). '들어라, 이스라엘아, 주님은 우리의 하느님이고 주님은 하나다' (신명기 6,4). '너는 오늘 알아라, 마음에 새겨두어라, 주님은 위로 하늘의, 아래로 땅의 하느님이며, 그 외에 다른 신은 없다는 것을' (신명기 4,39). 마지막 아들이 끌려와서 우상 숭배를 강요받자 그는 다음 구절을 인용하여 자신의 신앙을 밝힌다. '오늘 주님은 너와 이렇게 합의해주셨다. 주님은 네 하느님이고 너는 그분의 길을 따라 걸으며, 그분의 규정과 계명과 법규를 지키고 그분의 말씀을 들어야 한다는 것이다' (신명기 26,17-18).

그도 또한 처형되자 그들의 어머니는 통치자에게 말했다.

"내가 내 아들에게 잠시나마 입맞춤을 하게 해주십시오."

그녀는 그에게 말했다.

"내 아들아, 네 선조 아브라함에게 가서 말해라. '당신은 제단 하나를 세웠지만 나는 제단 일곱 개를 세웠습니다.'"

그녀 역시 지붕 위로 올라가 떨어져 죽었다. 하늘에서 소리가 들렸다. '아들들의 어머니는 기뻐한다!' (시편 113,9)

아브라함이 제단 하나를 세웠다는 것은 아브라함이 그의 아들 이츠학을 제단에 바쳤다는 이야기(창세기 22,1-13 ; 본서 13장 [1,4]의 해설 참조)에 근거한다. 참으로 '기뻐하는 어머니'는 목숨을 다하여 하느님의 이름을 거룩하게 지키는 일곱 아들을 둔 어머니다. 이러한 죽음은 축복이며 하느님의 입맞춤의 죽음이라고 랍비들은 해석한다. 하느님을 위한 죽음은 죽음의 고통을 느끼지 않는다고 말한다. 아키바 랍비의 순교 이야기는 그 좋은 예로 인용된다.

아키바 랍비는 132년 로마 황제 하드리아누스의 강압 정책에 반발해 일어난 강경파 유대인들의 민족항쟁을 찬양한 학자다. 그는 유대인들에게 자주독립의 희망을 심어주었으며, 많은 법도와 규례, 규범을 세웠고, 그의 업적은 100여 년 후에 편집된 『미쉬나』의 근간이 됐다. 유대인들이 항쟁을 일으킨 지 3년 만에 그들은 로마군에 의해 진압되고, 반란에 참여한 사람들은 처형됐다. 아키바 랍비도 유대인 반란을 공모한 혐의로 로마 군대에 의해 처형됐다. 다음 단락은 그가 마지막 숨을 거두는 순간을 이야기한다(「바빌로니아 탈무드」, 「브라코트」 61b).

아키바 랍비가 처형될 때는 쉬마(를 낭송하는) 시간이었다. 로마 군인들이 그의 육신을 갈퀴로 긁고 있을 때 그는 하느님의 왕권을 받아들이고 있었다.

그의 제자들이 그에게 말했다.

"우리 선생님, 이 지경까지도 (당신은 고난을 받아들입니까)?"

그는 그들에게 대답했다.

"내 평생 심지어 그분이 네 목숨을 가져간다고 하여도 '네 온 목숨으로'(신명기 6,5)라는 말씀에 대하여 고민했다. 내가 그것을 완성할 기회가 왔다고 생각한다. 이제 내가 행하겠다. 그런데 그것을 완성하지 말라는 것이냐?"

그는 '에하드(하나)'와 함께 숨이 넘어갈 때까지 마지막 단어 '에하드'를 길게 낭송했다.

로마 군인들은 아키바 랍비를 고문하며 로마 종교로 전향하라고 요구했다. 그러나 그는 유대교 기도문 가운데 가장 자주 사용되는 쉬마를 낭송하고 있었다. '쉬마, 이스라엘 아도나이 엘로헤이누 아도나이 에하드(들어라, 이스라엘아, 주님은 우리의 하느님이고 주님은 하나다)'(신명기 6,4). 아키바 랍비는 쉬마의 마지막 단어 '에하드(하나)'를 목숨이 다하는 순간까지 소리 내었다는 이야기다. 이것은 목숨을 다하여 하느님이 하나인 것을 입증했다는 설명이다. 아키바 랍비 역시 기쁜 마음으로 그의 목숨을 다하여 하느님의 토라를 지킨 순교자다. '주님은 하나'라는 신앙 고백의 뜻이 무엇인지를 목숨을 바치며 지켜보니 그 뜻을 알겠다는 해석이다.

이러한 해석은 메이르 랍비의 창세기 미드라쉬에 나오는 "'그리고 보라, 매우 좋다'(창세기 1,31). 보라, 죽음은 좋다"라고 주석을 하는 전통이다(본서 11장).

인간 창조에서 죽음이 좋은 것은 『바빌로니아 탈무드』「브라코트」60b의 글에서 찾아볼 수 있다.

나의 주여, 당신이 나에게 주신 영혼은 깨끗합니다.

당신이 그것을 만드시고 만들어내셨습니다.

그리고 그것을 나에게 불어넣어 주셨습니다.

결국 당신은 나에게서 가져가시고 오는 세상에 나에게 돌려주실 것입니다.

죽은 몸들에 영혼을 돌려주시는 주님, 당신을 찬양합니다.

'처음에' 하느님이 흙으로 사람 모양을 만드시고 그 콧속에 생명의 숨을 넣어주셨기 때문에 죽으면 '흙(육체)은 전에 있던 흙(땅)으로 돌아가지만 목숨(영혼)은 그것을 주신 하느님께로 돌아간다'고 전도서(12,7)에서는 말한다. 탈무드 전승은 전도서의 해석을 더 발전시켜 죽어서도 죽은 몸에 하느님이 그 영혼을 다시 돌려주실 것이라는 희망으로 설명한다.

종교적인 유대인들은 하루에 세 번 「아미다」 기도문을 낭송한다. 이 기도문의 원형은 기원전 1세기 초반에 형성됐다. 유대인들은 하느님이 죽은 이의 믿음을 붙잡아주신다고 하루에 세 번씩 기도한다.

주여, 당신은 영원히 용감하십니다.

당신은 죽은 이를 살리십니다.

구원하시는 당신의 권능은 위대합니다.

당신은 자애로 산 자들을 돌보십니다.

당신은 많은 자비로 죽은 이들을 살리십니다.

당신은 쓰러진 사람을 보호하시고 아픈 사람을 치유하십니다.

포로를 풀어주시고 흙 속에 잠든 이들의 믿음을 붙잡아주십니다.

인간 창조에서 죽음이 좋은 이유는 죽은 이가 살아나는 부활이 있기 때문이다. 에덴동산에서 죄지은 첫 번째 아담의 세상이 지나고, 죄짓지 않은 새 아담의 세상이 오는 것은 오직 죽음을 통하여 이루어질 수 있다. 따라서 새 아담의 세상에 들어갈 수 있는 죽음은 좋은 것이다.

사람이 새 아담의 세상에 들어가기 위해 토라를 배우고 가르치며 행해야 한다는 것은 랍비들의 지론이다. 이러한 토라 공부를 통해 악한 성향을 버리게 되고 온전한 마음으로 오는 세상에 한몫을 차지할 수 있다. 유대교에서 토라 공부는 구원의 방법이다.

　　그리스도교에서는 그리스도를 믿음으로써 구원에 이를 수 있다고 말한다. 예수의 가르침을 믿고 행하면 그렇게 될 수 있다는 뜻이다. 이를 랍비들의 지론과 비교해보면, 토라(하느님의 가르침)는 곧 그리스도다. 예수 그리스도의 가르침이나 토라를 믿고 배우며 행하는 길이 곧 오는 세상에 한몫을 차지할 수 있는 방법인 것이다. 이런 관점에서 랍비들의 미드라쉬를 읽으며 예수의 가르침을 이해볼 수 있다.

| 참고문헌 |

『창세기 미드라쉬 랍바』 원문

미드라쉬 랍바 임 콜 하메포라쉼 ('모든 주석들과 함께 엮은 대大미드라쉬'), 베레쉬트
(창세기), מדרש רבה עם כל המפרשים בראשית, 예루살렘.

Theodor, J. and Albeck, Ch., *Midrash Bereshit Rabba : Critical Edition with
Notes and Commentary*, Jerusalem : Shalom Books, 1996.

창세기 미드라쉬에 관한 참고문헌

Freedman, H.(trans.), *Genesis I*, in Freedman, H. and Simon, M.(ed), *The Midrash
Rabbah I*, London : The Soncino Press, 1983.

Neusner, J., *Genesis Rabbah. the Rabbinic Commentary to the book of Genesis. a
new American translation*, Atlanta : Scholars Press, 1985.

──────, *Confronting Creation : How Judaism Reads Genesis - An Anthology of
Genesis Rabbah*, Columbia : University of South Carolina Press, 1991.

──────, *Judaism's Story of Creation : Scripture, Halakhah, Aggadah*, Leiden :
Brill, 2000.

Shuchat, W., *The Creation According to the Midrash Rabbah*, Jerusalem : Devora,
2002.

초기 유대교에 관한 참고문헌

반더캄 지음, 박영식 옮김, 『초기 유다이즘 입문』, 서울 : 성서와 함께, 2004.

VanderKam, J. C., *An Introduction to Early Judaism*, Michigan : William B.

Eerdmans, 2000.

안성림·조철수, 『사해문헌』 I, 서울 : 한국문화사, 1997.

조철수, 『유대교와 예수』, 서울 : 길, 2002.

Charlesworth, J. H. & L. L. Johns(ed.), *Hillel and Jesus : Comparisons of Two Major Religious Leaders*, Minneapolis : Fortress Press, 1997.

Chilton, B. & J. Neusner. *Judaism in the New Testament : Practices and Beliefs*, London : Routledge, 1995.

Collins, J. J., *Apocalyptic Imagination : An Introduction to Jewish Apocalyptic Literature*, Michigan : Eerdmans Publishing Company, 1998.

Collins, J. J and Sterling, G. E.(ed), *Hellenism in the Land of Israel*, University of Notre Dame Press, 2001.

Fine, S.(ed.), *Jews, Christians, and Polytheists in the Ancient Synagogue : Cultural interaction during the Greco-Roman period*, London : Routledge, 1999.

Hengel, M., *Judaica et Hellenistica : Kleine Schriften I*, Tübingen : J. C. B. Mohr, 1996.

──────, *Judaica, Hellenistica et Christiana : Kleine Schriften II*, Tübingen : Mohr Siebeck, 1998.

Levine, L., *Judaism and Hellenism in Antiquity : Conflict or Confluence?*, Massachusetts : Hendrickson Publishers, 1999.

Segal, A. F., *Rebecca's Children. Judaism and Christianity in the Roman World*, Massachusetts : Harvard University Press, 1986.

랍비 문헌과 미드라쉬에 관한 참고문헌

노이스너 지음, 서휘석·이찬수 옮김, 『토라의 길. 유대교 입문』, 서울 : 민족사, 1992.

조철수, 『선조들의 어록』 초기 유대교 현자들의 금언집, 서울 : 성서와 함께, 1998.

──, 『잠언 미드라쉬』, 서울 : 성서와 함께, 2007.

Fishbane, M., *The Exegetical Imagination : On Jewish Thought and Theology*, Harvard University Press, 1998.

Freedman, H. and Simon, M.(ed), *The Midrash Rabbah*, London : The Soncino Press, 1983.

Hammer, R., *The Classic Midrash*, New York : Paulist Press, 1995.

Neusner, J., *Introduction to Rabbinic Literature*, New York : Doubleday, 1994.

──────, *Rabbinic Judaism : Structure and System*, Minneapolis : Fortress Press, 1995.

──────, *Invitation to Midrash : The Workings of Rabbinic Bible Interpretation*, Atlanta : Scholars Press, 1998.

──────, *Recovering Judaism. The Universal Dimension of Judaism*, Augsburg Fortress, 2001.

────── and Avery-Peck, A. J. (ed.), *Encyclopaedia of Midrash : Biblical interpretation in formative Judaism*, Leiden : Brill, 2005.

Rubenstein, J. L., *Talmudic Stories : Narrative Art, Composition, and Culture*, Baltimore : The Johns Hopkins University Press, 1999.

Schwartz. G. D. *Midrash and Working out of the Book*, Bloomington : Authorhouse, 2004.

Stemberger, G., *Introduction to the Talmud and Midrash*, Edinburgh : T&T Clark, 1996.